DEFINICIONES

Bandito Giuliano, o Salvatore Giuliano[1]: Bandido siciliano (Montelepre 1922 - Castelvetrano 1950). En 1943 creó una banda que extendió sus actividades por el oeste de Sicilia, pudiendo contar con el título de Esercito volontario per l'indipendenza della Sicilia (EVIS) (Ejército Voluntario para la Independencia de Sicilia) y llevando a cabo una actividad criminal que incluía el terrorismo político contra los partidos de izquierda (el 1 de mayo de 1947 llevó a cabo la masacre de Portella della Ginestra junto a la OTAN). El secreto de Estado sobre la muerte de Salvatore Giuliano se mantuvo hasta 2016. Según las declaraciones de algunos colaboradores de justicia, y la desclasificación de algunos documentos del Servicio Secreto italiano, el bandido Giuliano fue reclutado por la nobleza local siciliana con la misión de combatir a los comunistas para permitir la instalación de armas y equipos estadounidenses en el territorio. Una vez en el poder, Giuliano reclamaría, quizá en nombre de sus propios manipuladores, la independencia de Sicilia, y allí sería asesinado por algunos de sus antiguos colaboradores.

Compare[2]: Masculino singular, derivado del latín compater -tris, comp. de con - y pater "padre": 1. El que bautiza o confirma al hijo de otro (en cuyo caso es sinónimo de padrino). En un sentido figurativo, es ser indispensable en algún asunto; 2. El testigo en la boda de uno de los novios con respecto al novio o a la novia; 3. Portador de los anillos de boda o de los anillos por la tarea que le está o estaba reservada de entregar los anillos a los novios en la ceremonia nupcial, a menudo como su regalo personal; 4. Título dado a un viejo amigo o a quien, incluso ocasionalmente, se considera como tal.

Exilio (Estancia Obligatoria): A menudo, los colaboradores de justicia utilizan varias expresiones para referirse a la "estancia obligatoria". Esta última es una medida restrictiva o cautelar, abolida por referéndum el 11/07/1995, por la que el tribunal obligaba a los ciudadanos juzgados como especialmente peligrosos a residir temporalmente en un municipio asignado del territorio nacional, bajo la supervisión de la policía. En general, en el texto nos referimos a esta medida en diversas formas, por mera cuestión de traducción, aunque el significado jurídico sea otro[3].

Gladio

La organización Gladio era una organización paramilitar Stay Behind (nombre original de la organización internacional), presente en todos los países de Europa occidental, fruto de un acuerdo entre la CIA, los servicios militares estadounidenses y el ejército italiano. La función original de Gladio era "expatriar" a personalidades consideradas estratégicas en caso de invasión soviética. Con el tiempo, Gladio adquirió el carácter de una auténtica organización paramilitar, que debía llevar a cabo, en caso de emergencia, sabotajes, maniobras de guerra psicológica y guerrilla tras las líneas enemigas, con la colaboración de los servicios secretos y otras estructuras con las que entró en contacto a lo largo del tiempo.

La revelación de su existencia tuvo lugar con el Primer Ministro Giulio Andreotti en 1990, y suscitó un acalorado debate sobre su finalidad y legitimidad, teniendo en cuenta que había innumerables personalidades en sus filas pertenecientes al mundo de la economía, la inteligencia y la política.

Golpe de estado de los corleonesi: El golpe de estado corleonés es una estrategia utilizada por la corriente mafiosa perteneciente a Totò Riina, que preveía la eliminación de los antiguos dirigentes mafiosos, anclados en sus concepciones (lógica, ética y moral) a la mafia histórica. Esta estrategia

---

1 Definición extraída principalmente del diccionario Treccani en la versión en línea y adaptada por el autor del texto. Fuente: https://www.treccani.it/enciclopedia/salvatore-giuliano/

2 Definición extraída principalmente del diccionario Treccani en la versión en línea y adaptada por el autor del texto. Fuente: https://www.treccani.it/vocabolario/ricerca/compare/

3 Definición extraída principalmente del Dizionario Internazionale, y adaptada por el autor del texto. Fuente: https://dizionario.internazionale.it/parola/soggiorno-obbligato

pretendía eliminar la "memoria de la mafia", es decir, los códigos de honor que impedían que la mafia degenerara en un mero comité de poder y se convirtiera en una proyección de los servicios secretos italoestadounidense, así como en una célula masónica. Algunos autores, entre ellos quien escribe, formulan la hipótesis basadas en la información disponible de que esta estrategia fue hábilmente dirigida por los servicios secretos italianos y estadounidenses con el fin de eliminar el componente ético de Cosa Nostra y debilitar sus costumbres, tradiciones y autonomía.

Golpe (de estado) Borghese[4]: El golpe Borghese fue un intento de golpe de estado que tuvo lugar en Italia durante la noche del 7 al 8 de diciembre de 1970 y fue organizado por Junio Valerio Borghese, ultraderechista, antiguo fascista y fundador del Frente Nacional. El golpe fue cancelado por el propio Borghese mientras se estaba llevando a cabo, por razones que nunca se han aclarado. Probablemente, debido a la intervención del Partido Comunista Italiano, que había alertado a los servicios y al comando soviético. Para evitar ser detenido, Borghese huyó a España, donde permaneció hasta su muerte en Cádiz, el 26 de agosto de 1974.

Guerra contra el Estado: En los años 90, un grupo terrorista llamado Falange Armata, formado por organizaciones criminales, masonería y servicios de inteligencia nacionales y extranjeros, decidió desestabilizar Italia con atentados terroristas.
Tras la caída del Muro de Berlín, los servicios de seguridad de todos los países europeos decidieron tomar el relevo de sus respectivas clases políticas. Lo mismo ocurrió en Italia, pero, como siempre, con cambios que no fueron indoloros. De hecho, los asesinatos de Falcone y Borsellino marcaron un acuerdo entre la CIA, los servicios secretos italianos y una parte las instituciones nacionales. Los dos jueces con sus investigaciones lograron llegar al corazón del "sistema italiano", tocando las relaciones que unían el tráfico de armas, droga y la masonería angloamericana. Sus descubrimientos, único en el mundo por tiempo y metodología, también marcaron sus condenas.

Guerras de Mafia: La primera guerra de Mafia fue un conflicto interno de Cosa Nostra que tuvo lugar en la primera mitad de la década de 1960. La Segunda Guerra de Mafia fue un "conflicto" interno de Cosa Nostra que tuvo lugar en Sicilia entre 1981 y 1984, y que vio el surgimiento del clan Corleonesi como facción hegemónica. Más que un conflicto como tal, dicha guerra fue una serie de depuraciones, una eliminación gradual de los personajes indeseables. Exploraremos este aspecto en las entrevistas que figuran a continuación.

Jefedecena: Es un cargo que se ocupa en el ejército de Cosa Nostra. El jefedecena administra, generalmente, a 10 hombres de honor (o más).

Jueces Giovanni Falcone e Paolo Borsellino: Giovanni Falcone fue un magistrado italiano que dedicó su vida a la lucha contra la Mafia.
Fue uno de los primeros en comprender la estructura unitaria y vertical de Cosa Nostra y creó un método de investigación que se ha convertido en un modelo en todo el mundo. (...) Falcone instruyó el primer Maxijuicio de Cosa Nostra, su obra maestra. Los esfuerzos excepcionales de un puñado de magistrados dirigidos por Falcone, tras años de absoluciones por insuficiencia de pruebas, llevaron a juicio a 475 de los jefes y asociados de Cosa Nostra y terminaron con 19 cadenas perpetuas y 2665 años de cárcel. (...) Hace más de 40 años, Giovanni Falcone se dio cuenta de que las mafias iban a traspasar las fronteras italianas y teorizó sobre la importancia de la cooperación judicial internacional. La resolución aprobada por unanimidad por 190 países en la 10ª Conferencia de la Convención de Palermo de 2000 contra la Delincuencia Transnacional, celebrada en Viena en octubre de 2020, lleva su nombre, su obra y su sacrificio.
El 23 de mayo de 1992, Giovanni y su esposa Francesca, de regreso de Roma, aterrizan en Palermo a bordo de un jet del SISDE, un avión de los servicios secretos que salió del aeropuerto romano de

---

4 Texto extraído principalmente de la versión italiana de Wikipedia, en la sección "Golpe Borghese", consultada el 19/05/2023.

Ciampino a las 16.40 horas. Les esperan tres furgones blindados. Es la escolta de Giovanni, el equipo encargado de custodiarle tras el fallido intento de asesinato de 1989 en Addaura.

Tras tomar la autopista en dirección a Palermo, en el cruce de Capaci, una aterradora explosión desintegra la comitiva y mata a Giovanni Falcone, a su esposa Francesca Morvillo y a los agentes de la escolta, Rocco Dicillo, Antonio Montinaro y Vito Schifani[5].

Paolo Borsellino (Palermo 19 gennaio 1940 - 19 luglio 1992) fue un magistrado italiano, víctima de Cosa Nostra/Falange Armata en la masacre de Via D'Amelio junto con los agentes de su escolta. Borsellino era amigo íntimo de Giovanni Falcone, y quizá su mejor amigo. La masacre de Capaci del 23 de mayo le afectó profundamente. Tras el atentado, Borsellino se convirtió en el blanco de los ataques de sus colegas, la policía y los políticos, que hicieron todo lo posible para exponerle a un posible atentado de la Falange Armada. La tarde del 19 de julio de 1992, Paolo Borsellino fue a casa de su madre. A pesar de las numerosas advertencias para desalojar las inmediaciones de la calle "via Mariano D'Amelio", y convertirla en un lugar seguro, las medidas de precaución no se llevaron a cabo y Borsellino murió como consecuencia de la explosión de un coche bomba. El comando que activará la bomba fue accionado por el propio Borsellino, cuando tocó el timbre de la puerta de su madre: una tecnología que sólo es prerrogativa de los expertos en explosivos (y de los miembros de Gladio). Borsellino era consciente de que iba a morir, hasta el punto de que, 2 días antes de su muerte, el 17 de julio, abrazó uno a uno a sus colegas, llegando uno de ellos a preguntarle: "Paolo, ¿pero qué haces?", y él: "¿Y por qué os sorprendéis? ¿No puedo saludaros?".

Antonino Caponnetto, antiguo jefe de oficina de Falcone y Borsellino, una vez en el lugar del crimen, llevado por la más absoluta desesperación, agarró la mano del periodista, y afirmó: "Todo ha terminado, no hay nada más que hacer". Al funeral de Borsellino asistieron unas 10.000 personas, momento en el que el juez Caponnetto manifestó su pensamiento: "Querido Paolo, la lucha que apoyaste debe convertirse y se convertirá en la lucha de cada uno de nosotros".

En el funeral de Borsellino, la población, también llena de rabia por el pasado atentado contra Falcone, estuvo a punto de matar a los políticos que habían venido a rendir hipócritamente homenaje a los héroes. El Presidente de la República, el prefecto y varios políticos fueron evacuados a toda prisa, no sin antes recibir innumerables golpes, botellazos e insultos. El Presidente de la República y el Prefecto consiguen salvarse gracias a su escolta y a los agentes del Servicio Secreto. Los mismos que no pudieron, ni quisieron, defender a Falcone y Borsellino.

Juez Antonino Scopelliti: (Campo Calabro, 20 de enero de 1935 - Piale, 9 de agosto de 1991) fue un magistrado italiano, asesinado por la 'Ndrangheta en Calabria.

Ley Anselmi: La Ley Anselmi 17/1982 prohíbe las asociaciones que oculten actividades y miembros que puedan interferir en: el ejercicio de las funciones de los órganos constitucionales, las administraciones públicas y los organismos o servicios públicos de interés nacional. La Ley fue redactada específicamente tras el escándalo de la infiltración de la Logia Propaganda 2 (o P2) en las instituciones italianas, concretamente en la política, el mundo empresarial e incluso los Servicios Secretos.

Loggia Propaganda 2 o P2[6]: Logia masónica encubierta (es decir, cuyos miembros no son conocidos por los afiliados de otras logias), originalmente perteneciente al Gran Oriente de Italia. Disuelta formalmente en 1974 y reconstruida subrepticiamente en 1975, bajo la dirección de L. Gelli, se convirtió en una poderosa fuerza oculta capaz de condicionar el sistema económico y político italiano. El descubrimiento y la publicación (1981) de las listas de afiliados y del programa de la asociación abrieron un caso político y judicial. Disuelta por la autoridad como asociación secreta, fue objeto de una investigación parlamentaria y de diversos procedimientos judiciales. A sus miembros se les suele denominar "P2istas" o "piduistas".

---

5 Definición extraída de Fondazione Falcone y traducida por el autor del texto. Fuente: https://www.fondazionefalcone.org/giovannifalcone/

6 Definición extraída del diccionario Treccani en la versión en línea. Fuente: https://www.treccani.it/enciclopedia/p2/

Luciano Liggio[7]: Luciano Leggio (Corleone, 6 de enero de 1925 - Nuoro, 15 de noviembre de 1993) fue un mafioso siciliano, vinculado a Cosa Nostra y afiliado al clan Corleonesi. En las crónicas se le conoce universalmente como "Luciano Liggio" debido a un error de transcripción en el primer informe de arresto que sancionó el inicio de su carrera delictiva.

Mandamento: Zona de influencia que pertenece a un determinado número de familias que forman parte de la organización mafiosa Cosa Nostra. Según la definición más canónica[8], el Mandamento es la agrupación de tres o más familias territorialmente vecinas. Los representantes de los mandamentos palermitanos y provinciales, elegidos por las familias, componen la Comisión Provincial.

Masacre de Capaci y via d'Amelio: El atentado que costó la vida a Giovanni Falcone el 23 de mayo de 1992, en el que se voló todo un tramo de autopista, utilizando más de 500 kilos de explosivos, cerca de Capaci. El atentado de Via D'Amerlio es el lugar donde Paolo Borsellino encontrará la muerte, concretamente en Via Mariano D'Amelio, en Palermo, el 19 de julio de 1992. En el atentado también perdieron la vida cinco agentes de escolta.

Michele Sindona[9]: (Patti, 8 de mayo de 1920 - Voghera, 22 de marzo de 1986) fue un empresario, banquero y delincuente italiano.
A partir de 1961 fue banquero de la Banca Privata Finanziaria y fue durante este periodo cuando inició sus relaciones con el IOR, el Instituto de Crédito Vaticano, tras conocer al cardenal Montini. En 1972 entró en posesión del paquete de la Franklin National Bank, pero poco después comenzó la crisis de sus bancos que desembocó en su quiebra fraudulenta. También fue miembro de la logia masónica P2 y tuvo claras asociaciones con Cosa Nostra y la familia Gambino en Estados Unidos. Estuvo implicado en el asunto Calvi y fue reconocido como mandante del asesinato de Giorgio Ambrosoli, siendo condenado a cadena perpetua. Envenenado con un café de cianuro de potasio mientras estaba detenido en la supercárcel de Voghera, murió en el hospital de la pequeña localidad de Oltrepò tras dos días en coma profundo, el 22 de marzo de 1986.
A mediados de los años 70, poseía una fortuna estimada en más de 500 millones de dólares de la época; su historia constituye uno de los puntos más inquietantes de la historia política y financiera de Italia.

NAR: Acrónimo de Nuclei Armati Rivoluzionari (NAR) fueron una organización terrorista italiana de ideología neofascista y neonazi de extrema derecha, fundada por Valerio Fioravanti, activa en Italia de 1977 a 1981.

Padrino[10]: 1. Una persona de sexo masculino (si es de sexo femenino, se llama "madrina") que, cumpliendo los requisitos del derecho canónico, presenta a la persona que va a ser bautizada o confirmada para el bautismo o la confirmación, respectivamente, comprometiéndose a cooperar con los padres en la educación espiritual del ahijado; 2. En antropología social, miembro adulto de una comunidad (también llamado compadre) al que se confía una función de patronazgo ritual de un joven. 3. Persona autoritaria e insospechada que, especialmente en el ámbito político, utiliza su poder para encubrir acciones ilícitas y favorecer a sus protegidos.

---

7 Definición extraída principalmente de Wikimafia, y adaptada por el autor del texto. Fuente: https://www.wikimafia.it/wiki/Luciano_Leggio

8 Definición extraída de Wikimafia y traducida por el autor del texto. 05/05/2023. Fuente: https://www.wikimafia.it/wiki/Cosa_Nostra#La_Struttura

9 Definición extraída principalmente de Wikipedia, 04/05/2023, y adaptada por el autor del texto. Fuente: https://it.wikipedia.org/wiki/Michele_Sindona

10 Definición extraída principalmente del diccionario Treccani en la versión en línea y adaptada por el autor del texto. Fuente: https://www.treccani.it/vocabolario/padrino/

Pentapartito: Pentapartito es la expresión utilizada para definir la coalición de gobierno en Italia desde 1981 hasta 1991, formada por el acuerdo entre los siguientes partidos: Democrazia Cristiana, Partito Socialista Italiano, Partito Socialista Democratico Italiano, Partito Repubblicano Italiano y Partito Liberale Italiano. El objetivo del Pentapartito era hacer frente al avance del Partido Comunista Italiano para excluirlo de cualquier posible participación en el gobierno.

Provincia: La Comisión Provincial, también denominada Provincia o Comisión, es un órgano de gobierno que reúne a los principales miembros de Cosa Nostra de Palermo. La Comisión se creó tras la primera guerra de la Mafia, con el fin de evitar nuevos conflictos y derramamientos de sangre. Con el término "Provincia", algunos entienden también la agrupación de los hombres de honor dentro de la provincia geográfica, y no necesariamente los máximos dirigentes de la organización criminal. Por supuesto, esto depende del contexto, y siempre es mejor especificar para no equivocarse, ya que el lenguaje "malavitoso" es tan cambiante como la estructura de Cosa Nostra. La Comisión Provincial, oficialmente, sólo tenía jurisdicción en Palermo, por ser la capital y la ciudad más importante de Sicilia. Tras el golpe de estado de los Corleonesi, por supuesto, quedó despojado de poder, puesto que asumieron el control absoluto.

Pueblo/ciudad: El término "paese", que en italiano significa "país" y también "pueblo", en la jerga de la Mafia designa el pueblo o la ciudad de origen, epicentro del poder de una determinada familia. A diferencia de España, los pueblos en Italia pueden ser de modestas dimensiones y, por lo general, son contiguos entre sí. El pueblo se convierte, por lo tanto, en el bastión de la familia mafiosa y de sus afiliados. Finalmente, pueblo, ciudad o municipio, según la necesidad de traducción y el tamaño de la urbe, se aplica a una familia concreta y a sus afiliados.

Región[11]: La Comisión Regional (o Región) era un órgano de coordinación de Cosa Nostra creado en los años setenta. La tarea de la Comisión Regional consistía en permitir el diálogo entre los representantes de las distintas provincias de Cosa Nostra. Hasta entonces, el único órgano de coordinación interna de la organización había sido la Comisión Provincial.

SISDE: Organismo policial creado por la Ley nº 801 de 24 de octubre de 1977, operó, bajo la dependencia del Ministro del Interior y la dirección del Presidente del Consejo de Ministros, con la misión de defender la seguridad nacional hasta 2007, cuando cambió su nombre por el de AISI (Agencia de Información y Seguridad Interna)[12]. El SISDE era lo que se define como 'servicio secreto', con competencias en materia de criminalidad organizada y defensa del territorio nacional.

SISMI: Organismo creado por la Ley nº 801 de 24 de octubre de 1977 y que sustituyó al SID, desempeñó tareas de información y seguridad para la defensa y, en el plano militar, para la independencia y la integridad del Estado frente a cualquier peligro, amenaza o agresión, bajo la dependencia del Ministro de Defensa y la dirección del Primer Ministro, hasta que en 2007 cambió su nombre por el de AISE (Agencia de Información y Seguridad Exterior)[13]. El SISMI fue un servicio secreto italiano, de naturaleza militar, con competencias en materia de seguridad internacional.

Stidda: Dialecto siciliano que significa "estrella", término que hace referencia a la criminalidad local, en contraste con Cosa Nostra, ya que no formaba parte oficialmente de la estructura. La stidda tenía una red tanto dentro como fuera de Sicilia y podía incorporarse a Cosa Nostra, aunque no formando parte de ella. Los "stiddari" eran considerados la baja delincuencia emergente y

---

11 Definición extraída de Wikimafia y traducida por el autor del texto. 05/05/2023. Fuente: https://www.wikimafia.it/wiki/Commissione_regionale_(Cosa_Nostra)

12 Definición del sitio internet Brocardi.it y traducida por el autor del texto. Fuente: https://www.brocardi.it/dizionario/5688.html

13 Definición del sitio internet Brocardi.it y traducida por el autor del texto. Fuente: https://www.brocardi.it/dizionario/5687.html

generalmente fuera de control, en su mayoría drogadictos y carentes de códigos de honor, moralidad y cultura. La principal diferencia entre un hombre de honor y un stiddaro es la afiliación a través del ritual, y la no pertenencia a Cosa Nostra.

Tangente: La "tangente" es una suma de dinero de la cual se apropia una entidad criminal mediante coacción de un ciudadano, preferiblemente un empresario. Originalmente, se entendía como un impuesto que debían pagar a cambio de la "protección", por ejemplo, por el peaje de un puente y por el acceso a cualquier otro servicio. La "tangente", o extorsión, es un acto ilegal, ya que se sobrepone a la fiscalidad lícita del Estado, y se ejerce siempre mediante el chantaje, la amenaza y el ejercicio de la violencia. La tangente es habitual tanto en el mundo de la delincuencia como en el de la política y la economía. Se llama de esa manera porque deriva del latín "tangere" (tango, is, tĕtĭgi, tactum, ĕre), que tiene los siguientes significados: 1. tocar 2. chocar, golpear, matar, 3. Violar, seducir 4. tomar, apropiarse, robar.

Tangentopoli y Mani Pulite[14]: Tangentopoli es un término utilizado en Italia desde 1992 para definir un sistema generalizado de corrupción política. Inicialmente, fue Milán, considerada la capital moral del País, la que se designó como capital de las "tangentes" tras la detención, el 17 de febrero de 1992, de M. Chiesa, administrador socialista del Pio albergo Trivulzio, una residencia de ancianos. Más tarde, a medida que se extendía el escándalo, el término se utilizó en la jerga política y periodística para referirse a zonas geográficas, organismos públicos y fracciones del partido cuyo funcionamiento parecía estar dominado por la búsqueda de tangentes. En este sentido, el término se convirtió en sinónimo de corrupción como intercambio de dinero privado por acceso privilegiado a las decisiones de la administración pública. En lugar de un intercambio individual entre sobornador y sobornado, gradualmente pasó a referirse a sistemas de corrupción extendida, con intercambios múltiples, complejos y sistemáticos entre cárteles de empresas privadas, clanes de políticos y administradores públicos, intermediarios y, en ocasiones, jefes mafiosos. En la descripción de los acontecimientos políticos italianos, el término tangentopoli surgió con las investigaciones conocidas como "Mani Pulite", es decir manos limpias.

Terrorismo: Italia vivió una guerra civil desde los años sesenta hasta 1980 en la que lucharon principalmente las Brigadas Rojas y los NAR. Tanto comunistas como fascistas fueron infiltrados por los servicios de inteligencia israelíes y estadounidenses para desestabilizar Italia. El Bel Paese[15], en aquella época, fue de hecho el promotor de una política pacífica de distensión con Oriente Próximo, y con Palestina. Las políticas coloniales estadounidense e israelí eran enemigas de la paz y financiaban a los terroristas rojos y negros con armas y apoyo logístico.

---

14 Definición extraída principalmente del diccionario Treccani en la versión en línea y traducida por el autor del texto. Fuente: https://www.treccani.it/enciclopedia/tangentopoli_%28Enciclopedia-Italiana%29/
15 Expresión utilizada para referirse a Italia.

CAPÍTULO I

¿QUÉ ES LA MAFIA?

AUDIENCIA DEL COLABORADOR DE JUSTICIA LEONARDO MESSINA

PRESIDENCIA DEL PRESIDENTE LUCIANO VIOLANTE

4 DE DICIEMBRE DE 1992

PRESIDENTE. De conformidad con el orden del día, se procede a la audiencia del colaborador de justicia Leonardo Messina.

(Se introduce en la sala al Sr. Leonardo Messina).

PRESIDENTE. Buenos días, señor Messina; está usted ante la Comisión Parlamentaria de Investigación sobre la mafia y otras asociaciones criminales similares.

LEONARDO MESSINA. Buenos días a todos.

PRESIDENTE. ¿Puede decirnos sus datos personales?

LEONARDO MESSINA. Soy Leonardo Messina, nacido en San Cataldo el 22 de septiembre de 1955.

PRESIDENTE. ¿Puede continuar?

LEONARDO MESSINA. Soy hombre de honor desde el 21 de abril de 1982; me afilié a la familia de San Cataldo, al frente de la provincia mafiosa de Caltanissetta. Hice algunos años de soldado, fui subjefe de la misma familia: tuve la tarea de representarla, porque el representante era anciano, tenía 84 años, y colaboré con el mandamento[16] más importante de la provincia de Caltanissetta, el de Vallelunga.

PRESIDENTE. ¿Por qué razones decidió salir de Cosa Nostra?

LEONARDO MESSINA. Tuve problemas morales alrededor de 1986-1987.

PRESIDENTE. ¿Puede explicárselos a la Comisión?

LEONARDO MESSINA. Sí. Mientras tanto, aunque antes estaba un poco peor económicamente, hacia 1986-1987, empecé a estar bastante bien, no por la relación que tenía con Cosa Nostra. Vengo de una familia del interior de Sicilia, donde no hay grandes riquezas, aunque, como familia, participamos en todos los tráficos del mundo con nuestra cuota. Las amistades que hice me llevaron a tener una visión clara de la vida y a comprender muchas cosas de mi comportamiento; solía ir de

---

16 "El mandamento (del italiano; mandamenti en plural), en la jerga mafiosa siciliana, indica la zona de influencia de una o más familias afiliadas a Cosa Nostra". Wikipedia, 20/04/2023, "Mandamento", https://es.wikipedia.org/wiki/Mandamento_(mafia)

vacaciones con personas que no pertenecían a la mafia, sino que eran del mundo de los negocios, no empresarios coludidos, sino personas cercanas a la policía o al SISDE o a otra cosa. Tuve un contacto con el SISDE en 1986-1987 y empecé a querer, en cierto modo, salir, pero no fue posible. Cuanto más avanzaba con mis amistades, más aumentaba el terror a permanecer en Cosa Nostra; además, la pérdida de tantas personas desempeñó un papel importante.

Por supuesto que para todo el mundo se trataba de mafiosos y asesinos, pero para mí representaban a personas que vivían conmigo; en esta serie de muertes y acontecimientos que ocurrían a mi alrededor, el deseo de cambiar mi actitud y mi vida se hacía cada vez más vivo en mí. A esto se sumaron una serie de episodios sentimentales que me sacaron de mi mundo, para ganarme la vida dignamente con el trabajo; trabajé en una mina, aunque era un capo de la mafia que coadyuvaba a la Provincia. Tenía amistades en tres provincias, las más importantes del centro de Sicilia, es decir, Agrigento, Caltanissetta y Enna; yo era "compare" de Ribisi y otros que controlaban la provincia de Enna.

Yo salía del trabajo y me iba a casa, es decir, llevaba una vida tranquila, pero el terror a que me llamasen o a enterarme de que mataban en la calle a gente que estaba a mi lado empezó a convencerme, en parte porque ya no era el hombre que se había unido a Cosa Nostra, la cual había examinado y seguido de cerca en todos sus procesos. De hecho, no había jurado ser un asesino, sino sólo pertenecer a una secta, porque Cosa Nostra es una secta secreta.

Al principio me enamoré, también porque la mía es una familia que tradicionalmente pertenece a Cosa Nostra y yo soy la séptima generación que forma parte de Cosa Nostra; no me afiliaron porque fuera un atracador o porque fuera capaz de matar, sino porque por tradición familiar estaba destinado a formar parte de ella. Seguramente mis tíos serán mencionados en los primeros informes antimafia; además, me casé con una mujer del mismo entorno que yo, la sobrina del subjefe de la familia de San Cataldo, por lo que estaba destinado a convertirme en una figura importante del pueblo y, en cierto modo, llegué a serlo.

Cuando me convertí en el personaje del pueblo y de la provincia, ya no era el hombre que quería vivir como un mafioso yendo por Sicilia matando gente.

PRESIDENTE. ¿Puede explicar a la Comisión en qué sentido pasó sus vacaciones con miembros de la policía o personas cercanas al SISDE?

LEONARDO MESSINA. No eran auténticas vacaciones. Eran personas que tenían tiendas, que llevaban una vida tranquila y que no pertenecían al mundo de Cosa Nostra, incluso gente "limpia" que pertenecía al mundo de la política; me hice amigo de estas personas por casualidad, lo que me llevó a tener contactos con el SISDE en 1986-1987. Me reuní varias veces con estas personas, que entonces querían sobre todo noticias sobre terrorismo; algo les dí, pero nunca traicioné a Cosa Nostra. Las relaciones continuaron porque estos hombres tenían una lista de precios de los fugitivos en sus bolsillos, pero yo estaba asustado por sus actitudes, ya que no estaban especialmente atentos a mi seguridad. Querían capturar fugitivos sin importarles de qué modo: tenía que enseñarles el lugar, pero era absurdo, para mí sería como morir. Les di indicaciones que no siguieron: les dije que era necesario seguir a algunos hombres para conseguir atrapar a la comisión mundial de Cosa Nostra.

PRESIDENTE. ¿Estos "informes" suyos no suscitaron ninguna reacción por parte de los demás hombres de honor?

LEONARDO MESSINA. La Comisión Antimafia me ve hoy aquí, en un ambiente ajeno a mi mundo, como un pez fuera del agua, pero yo era entonces un personaje, el representante, el jefe de una familia y el hombre político de la familia, que mantenía contactos tanto con los políticos y las empresas como con los carabinieri y la policía, a veces incluso desorientándolos[17].

PRESIDENTE. Usted ha declarado que también dio información sobre terrorismo.

LEONARDO MESSINA. En aquel momento habían ocurrido algunas cosas, y en particular habían desaparecido algunas ametralladoras de la jefatura de policía de Varese; las sospechas recaían sobre los hombres de San Cataldo y estos hombres me habían enseñado una fotografía con un empleado civil de la jefatura de policía de Varese y querían que les diera las ametralladoras, pero yo les dije que no las tenía. Incluso estaban dispuestos a darme algo de dinero, pero luego armaron un poco de jaleo...

PRESIDENTE. ¿Fue éste el único episodio o hubo otros?

LEONARDO MESSINA. Han querido direcciones y números de teléfono de Roma, que yo les proporcioné.

PRESIDENTE. ¿Sobre personas vinculadas a Cosa Nostra?

LEONARDO MESSINA. Nunca he dado información a la policía sobre personas pertenecientes a Cosa Nostra, pero sí sobre los NAR y otros grupos armados.

PRESIDENTE. ¿Qué usted conocía cómo?

LEONARDO MESSINA. Además de ser un jefe, he estado en la cárcel unos seis años y varias veces también en residencia forzosa[18], por lo que mis movimientos me han llevado a conocer a ciertas personas; en la cárcel también conocí a terroristas. Sin embargo, incluso Cosa Nostra, independientemente de mí, conoce a algunos chicos pertenecientes a los NAR de Roma.

PRESIDENTE. ¿Sólo de los NAR o también miembros de otras organizaciones terroristas?

LEONARDO MESSINA. En aquella ocasión, que fue cuando tuve la reunión, sólo de los NAR.

PRESIDENTE. Usted ha dicho que Cosa Nostra conoce a través de sus hombres, que están en la cárcel o en otros lugares, a miembros de grupos terroristas, independientemente del asunto que nos ha explicado.

LEONARDO MESSINA. Independientemente de eso, me enviaron al Norte; llegué a Roma y me recogió un hombre que pertenece a los NAR, así me dijeron.
Cuando llegamos a Chianciano Terme los carabinieri nos pararon y nos ficharon; sólo después supe el nombre del terrorista, antes no lo sabía porque sólo tenía órdenes de llegar a Fiumicino y él tuvo que reconocerme por un periódico.

PRESIDENTE. ¿Tuvo usted también trato con terroristas de las Brigadas Rojas u otras organizaciones de este tipo?

LEONARDO MESSINA. No, conocí a algunos terroristas en la cárcel, pero están lejos de nuestro comportamiento; conocí a Attilio Casaletti y a otros. No tienen nada que ver, al menos en la época en que los conocí, con Cosa Nostra.

---

17 Es decir, proporcionando informaciones falsas.
18 O estancia obligatoria, dependiendo de la traducción.

PRESIDENTE. ¿Cuáles son los métodos de afiliación a Cosa Nostra, es decir, cómo se llega a ser miembro, desde el punto de vista de los procedimientos formales? ¿Hay alguna ceremonia o algo en particular?

LEONARDO MESSINA. No es que uno se levante por la mañana y diga "a partir de hoy formo parte de Cosa Nostra"; es un tipo de actitud. Te siguen desde pequeño, te educan, te crían, te enseñan a disparar, a matar, a poner bombas, eres un robot: estás predestinado. También hay hombres que entran en Cosa Nostra con el destino de convertirse en líderes, y así es. En Cosa Nostra, el primer acercamiento es el de "acercado"; después de un periodo de acercamiento, que puede durar uno, cinco o veinte años, dependiendo de la persona, alguien "se infiltra" en ti y te dice que ha llegado la hora de entrar en Cosa Nostra. Sin embargo, ya cuando te llaman, tu sabes que se trata de Cosa Nostra, sabes dónde estás entrando, también porque ya has servido a estos hombres durante diez años. Sabes perfectamente cuál es el discurso y, en cualquier caso, siempre hay una persona que te guía: cada hombre de honor tiene unas cinco, diez o quince personas cerca de él (cada uno, no cada familia). Sin embargo, todos los hombres de honor tienen el deber de informar a toda la familia de los nombres de los acercados, porque tienen que saber quiénes son los que llevan los intereses de la propia familia o de Cosa Nostra.

Tras el periodo de iniciación (los primeros asesinatos se llevan a cabo como "acercado"), se celebra una reunión formal, que puede ser de la Provincia o del Mandamento o de la familia. Normalmente, la reunión del pueblo para afiliar a los hombres es como una fiesta a la que asiste muchísima gente. Puedo describir perfectamente mi afiliación. He sido padrino de muchos otros afiliados...

PRESIDENTE. El padrino es el que deja entrar...

LEONARDO MESSINA. El padrino es el que te pincha el dedo. Cuando entras, encuentras a mucha gente reunida. La persona que te ha guiado, que te ha vigilado en nombre de la familia, se coloca detrás de ti y te dice que elijas un padrino.

Cada uno elige el suyo. Hay quien es muy listo y para padrino elige al personaje, es decir, hay quien elige al representante o al jefe del Mandamento (pero todos estos son cargos que no duran toda la vida). Te empiezan a explicar todos los problemas, pero nadie te explica las reglas de Cosa Nostra. Éstas hay que interpretarlas, tienes que adivinarlas por tí mismo, ya te las explicarán después, poco a poco.

Cuando me pincharon, estaba frente a la entonces Provincia de Caltanissetta. La Provincia estaba reunida, allí estaban los mandamentos, el representante, el subjefe y algunos hombres de mi familia. Con el padrino detrás de mí, me dirigí a la Provincia, me sugirieron palabras para decir, me pusieron una estampa[19] quemada en la mano, y después pronuncié estas palabras: "Cómo arde esta carne y cómo arde este papel debe arder mi carne si traiciono a Cosa Nostra". Con la sangre que ha salido del dedo picado, se unta una estampa que luego se quema.

Son cosas que todo el mundo sabe, que los periódicos y los libros han explicado ya durante años. Cualquier persona puede arrepentirse y decir que pertenece a Cosa Nostra, porque el ritual es siempre el mismo, los periódicos lo describen todos los días. Pero si uno pertenece a Cosa Nostra, lo sabe todo, sabe que las fases no son sólo eso.

Yo también elegí mi padrino y, cuando terminó la ceremonia, me abrazaron. Normalmente, en estas circunstancias se hacen regalos sustanciosos. Cuando las familias cuentan, sales de la reunión casi rico (puedes recibir cien o doscientos millones, o cincuenta, diez o cinco millones, depende del

_____

19 De un santo. En italiano se llama "santino".

tamaño y la riqueza de la familia[20]).

PRESIDENTE. ¿A qué se refería cuando dijo que los cargos no duran toda la vida?

LEONARDO MESSINA. Para empezar, la Mafia es un organismo democrático, uno de los organismos democráticos más importantes: no hay votaciones secretas, se vota a mano levantada, delante de todos. El jefe es elegido por la base y no es cierto que tenga esa imagen tan relevante: el epicentro de todo es la familia, el jefe es sólo su representante. Siempre es la familia la que decide, el jefe es votado por la base, por los hombres de honor, que tienen el mismo poder que el "capodecina" (jefedecena). Antes de colaborar con la justicia, yo era el jefedecena de la familia, el hombre que daba las órdenes a todos, que era el amo del territorio.

PRESIDENTE. ¿Se puede destituir a una persona que ha sido elegida jefe?

LEONARDO MESSINA. El líder que no favorece los intereses de la familia que lo eligió en otra reunión es depuesto automáticamente. Si ha hecho cosas graves, se le mata o se le retira la confidencia[21]. Si sólo ha sido negligente, se le aparta y se elige un nuevo jefe, que, a su vez, sólo tiene el deber de elegir al jefedecena, es decir, al hombre de confianza del jefe. El representante se llama el brazo, el subjefe es el jefedecena. La base, los hombres de honor eligen, de nuevo, al consejero, que es el jefe de control de la cabeza, porque la familia se divide en tres secciones (cabeza, corazón y cola).

PRESIDENTE. ¿Puede decirme más sobre quién realiza esta función de control de la cabeza?

LEONARDO MESSINA. Tenga en cuenta que las familias tienen sus propios asuntos y que éstos conciernen a todo lo que se refiere al territorio de las propias familias. Por ejemplo, si hubiera una familia en el municipio de Roma, todo lo que pertenece al municipio le concerniría, desde el punto de vista de la política, los contratos, la extorsión, el tráfico de drogas, etc. En la práctica, la familia es soberana de todo lo que ocurre en ese territorio.

PRESIDENTE. ¿Cuál es el papel del consejero?

LEONARDO MESSINA. Casi siempre surgen disputas entre hombres de honor, por lo que el consejero intenta arreglarlo todo desempeñando un papel similar al del abogado. El consejero es en cierto modo el sabio de la familia. Sin embargo, también tiene un papel de supervisor, porque en la familia circula dinero, por lo cual es necesario que se sepa que el dinero no va...[22]

Últimamente, para evitar que el representante o los jefes de las decenas se embolsaran más dinero del que les correspondía, se estableció el "libro mastro[23]". En cualquier hogar se encuentra un libro de contabilidad en el que, para todos los hombres, se registran los ingresos y los gastos.

PRESIDENTE. En parte, usted ha descrito la estructura interna de Cosa Nostra. ¿Cuáles son, a

---

20 En liras italianas.
21 Literalmente, "puesto fuera de confidencia", es decir, que no goza más de las informaciones de Cosa Nostra.

22 Cuando se suspende o no se termina una frase, se trata de una alusión. Antiguamente, la gente creía que no había necesidad de hablar, o mejor dicho, de detallar específicamente cada concepto, porque si eras una persona inteligente, podías entender incluso de una mirada, una sílaba, un tono de voz. Todo esto es un legado de la cultura medieval de opresión por parte de la Iglesia y la nobleza, donde la gente se comunicaba con gestos, miradas y simples movimientos de cabeza. En la cultura mafiosa ocurre lo mismo. No es casualidad que los jóvenes de hoy sean incapaces de entender ese mundo o incluso de comunicarse, dado que ni siquiera conocen un número suficiente de palabras pertenecientes a su idioma materno.
23 Libro maestro.

todos los niveles, los órganos de dirección?

LEONARDO MESSINA. Siempre empezamos por la familia del pueblo...

PRESIDENTE. ¿La familia coincide con el pueblo?

LEONARDO MESSINA. Sí, con el territorio de los municipios.

PRESIDENTE. ¿De un solo municipio o de varios municipios?

LEONARDO MESSINA. Cada familia tiene un municipio.

PRESIDENTE. ¿Esto es sólo en Caltanissetta o en todas partes?

LEONARDO MESSINA. No, en Palermo hay distritos. Esto sucede cuando la ciudad es grande.

PRESIDENTE. Sin embargo, en Caltanissetta...

LEONARDO MESSINA. Sólo hay una familia en Caltanissetta. Desde hace treinta años, siempre hemos sido los regentes en Caltanissetta.

PRESIDENTE. Entiendo, por tanto, que, por regla general, a cada municipio le corresponde una familia. Sin embargo, cuando el municipio es particularmente grande, puede haber más de una.

LEONARDO MESSINA. Sí, hay unas cuarenta familias en Palermo.

PRESIDENTE. Entonces, ¿puede indicar, a todos los niveles...

LEONARDO MESSINA. Sí. Empezamos siempre con la familia que elige a sus representante. Los representantes de las familias eligen al jefe del Mandamento (generalmente se reúnen tres o cuatro familias, dependiendo de si los municipios son grandes o pequeños); el Mandamento elige al representante provincial, que a su vez nombra al subjefe provincial. Existe entonces un órgano provincial compuesto por los mandamentos, los representantes provinciales, el subjefe provincial y tres consejeros. Los representantes provinciales eligen a los representantes regionales y son, a su vez, miembros de la Región. El componente de la Región siempre nombra a un subjefe y a otros tres consejeros. Esta es la estructura que siempre ha existido y sigue existiendo hoy. Mientras que antes los hombres más feroces se convertían en jefes, tras el golpe de estado de los Corleoneses, estos puestos de liderazgo están ocupados por todos aquellos que crearon la corriente...

PRESIDENTE. Procedamos por orden. También examinaremos este punto más adelante. ¿Cómo se toman las decisiones más importantes?

LEONARDO MESSINA. Debe reunirse la Comisión Interprovincial.

PRESIDENTE. ¿Para todas las decisiones más importantes o sólo para algunas?

LEONARDO MESSINA. Si hay que matar a una persona normal o si hay intereses normales, basta con que el Pueblo informe al Mandamento. En cambio, si tienes que matar a un periodista o a un magistrado, necesitas la orden de la Región...

PRESIDENTE. ¿Incluso para los policías?

LEONARDO MESSINA. Sí, incluso a los policías no se les puede matar sin la orden de la Región. Para matar a un hombre de honor se necesita la orden de la Provincia. Para matar a un jefedecena se necesita la orden de la Región[24].

PRESIDENTE. Se ha referido antes a una especie de golpe de estado de los Corleoneses. ¿Puede explicar cómo se produjo? En primer lugar, ¿quiénes son los corleoneses?

LEONARDO MESSINA. No hay que identificar a los Corleonesi[25] con la familia Corleone o las familias de Palermo: los Corleonesi son una corriente presente en toda Sicilia, porque los nuevos jefes de las provincias son una expresión de los Corleonesi. La antigua estructura de Cosa Nostra -bme refiero a los hombres que murieron, Bontade, Di Cristina (que era el representante provincial) - era la mafia histórica. Los Corleonesi también formaban parte de ese tipo de mafia, luego se fueron apoderando poco a poco del sistema.

PRESIDENTE. ¿Cómo tomaron el poder?

LEONARDO MESSINA. Con sangre. Todo empezó con la muerte de Francesco Madonia en Riesi.

PRESIDENTE. ¿Cuándo murió?

LEONARDO MESSINA. Alrededor de 1978. Francesco Madonia, que era el padre de Pippo, fue asesinado en un paso a nivel entre Riesi y Butera. A Francesco Madonia, no sé por qué, lo confunden con el de Palermo, pero aquellos sólo formaban parte de un mandamento, mientras que aquel Madonia era un miembro regional, que es otra historia. Se apoderaron de este sistema porque llegaron a algunos sitios un poco a codazos. Cuando llegaron al poder mataron poco a poco a todo el mundo. El problema de estos hombres es que hicieron matar a todo el mundo, tal vez por nosotros mismos: unos mataron a su hermano, otros a su cuñado, otros a su primo, porque pensaban que iban a ocupar su lugar. En lugar de eso, se fueron apoderando poco a poco del sistema. Las estructuras siguen ahí, pero en el poder están sus hombres, a los que nadie votó. Sigue siendo así, desde 1983 hasta ahora. Desde 1983 hasta ahora, puedo decir que todos los representantes de las provincias son entonces los Corleoneses, no los Corleoneses de Corleone sino los de la corriente. Esto es una cosa importante.

PRESIDENTE. Si no he entendido mal, este proceso comenzó entre 1977 y 1978 con el asesinato de Francesco Madonia.

LEONARDO MESSINA. Sí.

PRESIDENTE. Siguió hasta 1982, más o menos, cuando se solidificó. ¿Es así?

LEONARDO MESSINA. Sí. Gradualmente, ¿qué hicieron estos señores? No mataban a la gente (los Ginardo de Mazzarino, Bontade, Inzerillo), los hacían matar poniéndolos en una trampa. ¿Qué hicieron? Crearon las condiciones para que sus hombres mataran a la gente, diciendo: "Cometió este error y debe morir". No crearon enemistades con todo el mundo, mientras sabían lo que era[26]... Se apoderaron de los cargos. Hay gente que lleva diez años al frente de Provincias. Estas personas deben responder, desde 1982 hasta hoy, por todo lo que ha sucedido en Sicilia en el ámbito de diputados, magistrados y demás.

---

24 En cuanto al reglamento interno, también se puede pedir permiso para matar a un "colega".
25 Utilizaremos ambas expresiones para que el lector se familiarice con los sustantivos italianos y sus definiciones.
26 La frase de Messina puede parecer un sinsentido, pero es una clara alusión. En este momento Messina quiere decir que no han creado enfrentamientos directos dictados por la enemistad. Formalmente, no se han convertido en enemigos de nadie. Mediante un juego de hipocresía e infiltración, han conseguido su propósito, conscientes de que era imposible en ese sistema, y de que un enfrentamiento directo les conduciría al aislamiento.

PRESIDENTE. ¿Vosotros no comprendisteis que se estaba llevando a cabo este proceso? ¿No lo combatieron? ¿Les pilló por sorpresa?

LEONARDO MESSINA. No, pero nos encaprichamos un poco, porque quitando a los mayores, pensábamos que conquistaríamos el poder, que nos convertiríamos en los nuevos representantes, los nuevos jefes, que lograríamos nuestros intereses, pero no ha sido así. Hasta los Puccio de Palermo se dieron cuenta: primero hicieron la guerra dentro Cosa Nostra, dejaron ganar a los Corleonesi, luego... Incluso Scarpuzzedda... Que Scarpuzzedda estaba muerto se lo dije al SISDE en 1986. Primero eliminaron a sus personajes porque pensaban que con llegar a un sitio bastaba para ser el jefe, pero no era así. Primero nos utilizaron para deshacerse de los antiguos jefes históricos, luego se deshicieron de los que se habían levantado, Mariolino Prestifilippo, Puccio y todos los demás.

PRESIDENTE. Primero pusieron a los jóvenes contra los viejos, ¿es ése el mecanismo?

LEONARDO MESSINA. Exactamente.

PRESIDENTE. Luego, cuando los jóvenes llegaron al poder, los eliminaron.

LEONARDO MESSINA. A menos que esos hombres sean marionetas, que no tienen carácter, que no tienen carisma. Los mantienen ahí y sólo hacen lo que se les dice.

PRESIDENTE. ¿Hubo algún hecho en particular que diera tanto peso a los Corleoneses? ¿Sólo su habilidad o también alguna otra cosa?

LEONARDO MESSINA. No, fue una tragedia continua. Fueron astutos, de hecho.

PRESIDENTE. Entonces, ¿su habilidad?

LEONARDO MESSINA. Sí, sus habilidades. Ya pertenecían a Cosa Nostra, no han hecho una guerra desde fuera, han hecho una guerra desde dentro.

PRESIDENTE. ¿No había ocurrido algo así antes?

LEONARDO MESSINA. Sí, sin embargo era controlable, pero ¿qué han hecho ahora? Pusieron a los hombres más representativos al frente de las provincias, luego crearon nuevas figuras para controlar a los hombres y tener seguridad. Provocaron tragedias en todas las familias. Las familias ya no se ponían de acuerdo: si estaba el viejo decían que tenían que poner al joven y así sucesivamente. Esto es lo que hicieron en Palma di Montechiaro, en Riesi, en San Cataldo, en Enna, en Catania.

PRESIDENTE. Entonces, ¿esto no concierne sólo a la provincia de Caltanissetta?

LEONARDO MESSINA: No, afecta a todas las provincias.

PRESIDENTE. ¿Cuáles son las diferencias más importantes entre la mafia tradicional y la mafia moderna?

LEONARDO MESSINA. Mientras que antes la mafia tradicional se contentaba con estar cerca de los diputados - siempre ha habido contacto entre los políticos y Cosa Nostra, siempre han estado muy cerca - , ahora es una actitud de riqueza. Antes, el jefe, el mafioso no era tan rico e importante. Los políticos se vieron obligados a imponer esta condición; les convenía un poco porque hacen el mismo trabajo que nosotros en cierto sentido[27].

PRESIDENTE. ¿De dónde proviene esta riqueza?

LEONARDO MESSINA. De la droga, de las licitaciones, de la extorsión y también - pero a un cierto nivel, no callejero - de robos o secuestros.

PRESIDENTE. Entonces: ¿drogas, licitaciones y extorsiones?

LEONARDO MESSINA. Sí.

PRESIDENTE. ¿Cosas que antes no se hacían?

LEONARDO MESSINA. Estaban más restringidas. ¿A quién tenían que quitarle el dinero? Ahora hay de quién sacarlo, hay de dónde cogerlo[28].

PRESIDENTE. Usted ha mencionado esta costumbre de los corleonesi de colar a sus hombres en todas las familias: ¿son éstos los embajadores?

LEONARDO MESSINA. No, los embajadores los crearon después, porque no podían moverse al ser todos fugitivos. Hicieron lo mismo conmigo y con otros. Dado que provengo de un tronco histórico de Cosa Nostra soy un "regenerado", es decir, una persona que ellos regeneraron a su voluntad: yo era uno de ellos, de la corriente corleonesa. No hay nadie que fuera afiliado después por su parte: todos pertenecían ya a familias que fueron asimiladas.

PRESIDENTE. Es de interés para la Comisión comprender si esta transformación que usted ha explicado de la antigua Cosa Nostra a Cosa Nostra de hoy se ha producido sólo por esta nueva estrategia política de los Corleonesi o también por la entrada del narcotráfico.

LEONARDO MESSINA. Principalmente por la riqueza que obtuvieron del narcotráfico, porque hay una riqueza inmensa, y también de los corleoneses, que están en una fase de transformación de Cosa Nostra. Están organizando a hombres que ya no se presentan ante nadie. Son figuras nuevas, algunos de ellos los conozco por haber sido uno de ellos, pero ya no los presentan como hombres de honor. En cierto sentido, Cosa Nostra está destinada a desaparecer, a adoptar un nuevo aspecto.

PRESIDENTE. Usted explicó que la transformación de la Mafia estuvo determinada esencialmente por el aumento de la riqueza derivada tanto de las drogas como de los contratos públicos y la extorsión. Antes no había riqueza porque no había nadie a quien sacarle el dinero.

LEONARDO MESSINA. Antes se estaba cerca del príncipe, del barón. Incluso con el político el contacto era diferente, se quitaban el sombrero cuando conocían al político. Los políticos iban a todos los bautizos, incluso vinieron al de mi suegra cuando era niña. Esto honraba a los mafiosos, les hacía sentir importantes. Mientras que ahora la política se ha apoderado un poco de nuestras costumbres porque ya no es una amistad sino una imposición.

---

27 Permitir que un mafioso se convierta en empresario es conveniente para la política italiana. Italia tenía una estrategia desde el principio, y la elección no fue aleatoria. Los mafiosos se convirtieron en empresarios porque Italia se lo permitió.

28 De hecho, Sicilia era una tierra muy pobre desde el punto de vista económico, pero rica en tesoros de inestimable valor en términos de agricultura y recursos alimentarios. La gran riqueza de Sicilia está ligada a la calidad de su tierra, la mejor del mundo, y por consiguiente la mafia del pasado era una mafia agrícola, basada en el poder y el honor y no en la influencia económica. Si antes no había dinero, era imposible arrebatárselo a ciudadanos y empresarios.

PRESIDENTE. ¿Así que ahora es Cosa Nostra la que dicta a los políticos?

LEONARDO MESSINA. Cosa Nostra se está despojando de las viejas alianzas. Está creando de nuevo el sueño de independizarse.

PRESIDENTE. ¿Qué papel desempeñan los embajadores?

LEONARDO MESSINA. Los embajadores pueden ser creados por un representante de un pueblo, un representante provincial o regional, etcétera. Prácticamente comunican... Por ejemplo, yo tenía un asunto con el representante provincial; sin que mi familia estuviera al corriente, yo trataba directamente con el representante provincial y había un hombre que se comunicaba entre él y yo, se saltaba el Mandamento. El representante provincial tenía que servirse del Mandamento para llegar a mí, el Mandamento del representante, el representante del capodecina, y así sucesivamente.

PRESIDENTE. ¿Tienen todas las provincias el mismo peso en la Comisión?

LEONARDO MESSINA. En cierto modo, tienen el mismo peso porque son los creadores de la corriente Corleone. La provincia más importante es Palermo porque de allí sale el mayor tráfico. Nosotros somos una provincia central, ellos estaban en la costa... también porque las oficinas están todas en Palermo.

PRESIDENTE. ¿Qué oficinas?

LEONARDO MESSINA. Considere que también estamos insertos en un contexto político. En Caltanissetta tenemos la Provincia, en Palermo está la Región, así que ahí tenemos que buscar un referente.

PRESIDENTE. Eso da más peso...

LEONARDO MESSINA. Lo son aún más. Piense que en nuestra provincia la realidad mafiosa no está desapareciendo, sino que la gente, mientras antes nos adoraba y se identificaba con la mafia, ahora nos aguanta... tiene miedo.

PRESIDENTE. Usted ha dicho hace un momento, explicando este cambio provocado por la familia de los Corleonesi, que Cosa Nostra está desapareciendo y está surgiendo otra cosa. ¿Puede explicar esta transición?

LEONARDO MESSINA. No es la primera vez que Cosa Nostra cambia de nombre y de piel. Los Corleonesi tienen que desprenderse de todos sus hombres. Cuando llegué como colaborador dije que algo estaba cambiando: el sistema está cambiando, se están regenerando, ya no será Cosa Nostra, se llamará...[29] lo han hecho en el pasado. Se desprenderá de todos los hombres de honor, en parte porque están en la cárcel, en parte porque con la represión los detendrán. En cierto modo le

_____

29 Una vez más nos encontramos ante una alusión, que suele ir acompañada de gestos. En este caso, significa "se le llamará por cualquier nombre y a saber cómo". La predicción de Leonardo Messina se revelará acertada, ya que resultará, unos 30 años más tarde, que Cosa Nostra se fusionará con la 'Ndrangheta en una aglomeración criminal denominada "Cosa Nuova". Matteo Messina Denaro, futuro jefe de Cosa Nostra, último exponente de la corriente de los corleonesi, será el fundador de una logia masónica llamada " La Sicilia" (por lo que parece), que encerrará en su seno a numerosos exponentes destacados de la Isla, confirmando también el origen masónico de Cosa Nostra y la pertenencia masónica de sus principales exponentes. *Gli "invisibili" e la Cosa nuova. Così è cambiata la 'ndrangheta in 30 anni di indagini*, Pablo Petrasso, Corriere della Calabria, 24/12/2021, https://www.corrieredellacalabria.it/2021/12/24/gli-invisibili-e-la-cosa-nuova-cosi-e-cambiata-la-ndrangheta-in-30-anni-di-indagini/ ; *I segreti del padrino. Dalla «borghesia mafiosa» alla massoneria, le ipotesi sui fiancheggiatori di Messina Denaro*, 18 Gennaio 2023, Linkiesta, https://www.linkiesta.it/2023/01/borghesia-mafiosa-massoneria-messina-denaro/ .

estamos haciendo un favor.

PRESIDENTE. ¿Puede explicar mejor este concepto? Es muy importante; quizá no tengamos todas las herramientas para entenderlo, así que, por favor, ayúdenos.

LEONARDO MESSINA. Todos los hombres de honor tradicionales que pertenecen a Cosa Nostra son una molestia para los Corleonesi. Ya han sido identificados por los distintos "pentiti[30]"; están creando otra estructura de no-presentación que sustituirá a Cosa Nostra.

PRESIDENTE. ¿Una estructura secreta?

LEONARDO MESSINA. Otra estructura secreta de no presentación. Ya hay hombres tanto en la zona de Palermo - alguno lo conozco - como en la zona de Caltanissetta que no se presentan ante nadie, aunque hacen sus negocios. Es una Cosa Nostra paralela.

PRESIDENTE. Así que básicamente afirma usted que en este momento al apresar a los hombres de Cosa Nostra se acaba despejándoles el campo, por supuesto, sin pretenderlo.

LEONARDO MESSINA. Sí.

PRESIDENTE. Usted dijo "No es la primera vez que esto ha sucedido". ¿Puede explicar lo que significa?

LEONARDO MESSINA. Considere que tengo treinta y siete años, por lo que puedo pertenecer a este tipo de Cosa Nostra. Como en mi familia siempre ha habido tradiciones de Cosa Nostra... ya sabe, todos los hombres de honor se creen católicos, quieren atribuir el origen de Cosa Nostra al Apóstol Pedro. Desde el Apóstol Pedro hasta ahora ha tenido muchas fases, entre ellas la de la Carbonería y otras; hemos llegado hasta hoy y Cosa Nostra está cambiando de nuevo porque muchos de los hombres de Cosa Nostra pertenecen a la masonería.

PRESIDENTE. Volveremos más adelante sobre este aspecto de la relación entre los hombres de honor y la masonería; sigamos una cierta pauta, porque nos ayuda a comprender. Usted dijo en un interrogatorio que perteneciendo a una provincia que se encuentra en el centro de Sicilia pudo conocer una cantidad de información particularmente grande. ¿Quiere explicar este concepto?

LEONARDO MESSINA. No sólo porque pertenezco a una familia central. A veces se forman grupos de fuegos[31] que pertenecen a varias provincias y yo era uno de los que pertenecía a tres provincias - Caltanissetta, Agrigento y Enna - , así que mis conocimientos abarcan tres provincias.

PRESIDENTE. ¿Qué significa crear un grupo de fuego?

LEONARDO MESSINA. Algunos asesinatos son llevados a cabo por grupos de hombres pertenecientes a dos o tres provincias; depende de qué provincias se trate.

PRESIDENTE. ¿Puede explicar a la Comisión cómo se enteró de la importante reunión que iba a tener lugar en Enna?

LEONARDO MESSINA. Yo estaba muy unido a los representantes. Puedo nombrar algunos porque están muertos: me unía una profunda amistad con el representante de la provincia de Agrigento que

---

30 Literalmente, "arrepentidos", es decir, colaboradores de justicia.
31 El grupo de fuego es la unidad elegida para cometer asesinatos. Todos los miembros de Cosa Nostra son asesinos especializados, pero el grupo de fuego son los mejores.

era Peppe De Caro y con el representante de la provincia de Enna. A partir de Monciovì hasta ahora he conocido a todos los representantes, hasta Salvatore Saitta. Saitta no era de estirpe mafiosa, sino un atracador convertido en representante de una provincia. En esta provincia tuve un amigo fraterno - crecimos juntos de niños - que era Moreno Miccichè, consejero provincial, hombre de confianza de los corleonesi; convirtieron a un buen muchacho en un asesino. Siempre fue un hombre de honor, pero nunca podría llegar a hacer lo que hizo sin ellos. Durante algunos meses antes de la reunión, estos hombres se habían instalado en la provincia de Enna; antes de la reunión llevaban allí desde septiembre-octubre. Iban de caza, se divertían, iban a restaurantes, también porque era una provincia donde no había control policial como en otras.

PRESIDENTE. Y ¿por qué?

LEONARDO MESSINA. Os lo debería preguntar yo a vosotros...

PRESIDENTE. Así que, como había menos control, era más frecuente reunirse allí.

LEONARDO MESSINA. Yo tampoco logro explicármelo: hubo un tiempo en que concentraban sus fuerzas diciendo que la Mafia estaba en Palermo, como si el resto de Sicilia fuera inmune, mientras que yo sé de casi todas las provincias sicilianas que pertenecen o a Cosa Nostra o a la 'Ndrangheta.

PRESIDENTE. ¿A la 'Ndrangheta en Sicilia?

LEONARDO MESSINA. Sí, en Messina.

PRESIDENTE. ¿Se enteró de esta reunión celebrada en Enna a través de Miccichè?

LEONARDO MESSINA. Llegué a saber de esta reunión porque Miccichè era un maestro de escuela, no era un "malavitoso[32]" de nacimiento, no venía de muchas tradiciones. Estuvo afiliado entre 1984 y 1986; no tuvo margen para conseguir nada. Detrás de Moreno Miccichè estaba yo, detrás de Salvatore Saitta estaba yo, detrás del abogado estaba yo.

PRESIDENTE. ¿Detrás de un abogado cuyo nombre no desea mencionar?

LEONARDO MESSINA. No.

PRESIDENTE. Bien. ¿En esta reunión qué se decidió?

LEONARDO MESSINA. La reunión fue el acto final. Llevaban allí unos tres meses...

PRESIDENTE. ¿Allí dónde?

LEONARDO MESSINA. En la provincia de Enna. Habían hecho la nueva estrategia y habían decidido las nuevas conexiones políticas, porque también estaban eliminando las antiguas.

PRESIDENTE. ¿Puede explicar con más detalle este cambio de alianzas?

LEONARDO MESSINA. Cosa Nostra está renovando el sueño de independizarse, de convertirse en el amo de un ala de Italia, un Estado suyo, nuestro.

PRESIDENTE. El objetivo es independizar Sicilia del resto de Italia?

---

32 "Malavita" generalmente viene traducido con "hampa". Pero, sería más correcto "malavida", siendo una palabra formada por "mala", que es igual, y "vita", que es "vida".

LEONARDO MESSINA. Sí. En todo esto, Cosa Nostra no está sola, sino que es ayudada por la masonería.

PRESIDENTE. ¿Hay alguna nueva fuerza a la que están recurriendo?

LEONARDO MESSINA. Sí, hay nuevas fuerzas, están recurriendo a otras entidades.

PRESIDENTE. ¿Puede decir a la Comisión qué fuerzas son?

LEONARDO MESSINA. No quisiera crear aquí situaciones...

PRESIDENTE. De acuerdo. ¿Son formaciones tradicionales o nuevas formaciones?

LEONARDO MESSINA. Son formaciones nuevas.

PRESIDENTE. ¿No son tradicionales?.

LEONARDO MESSINA. No, no son tradicionales.

PRESIDENTE. ¿Son fuertes o débiles en Sicilia?

LEONARDO MESSINA. No son de Sicilia.

PRESIDENTE. Se trata, por tanto, ¿de fuerzas que vienen del exterior?

LEONARDO MESSINA. Del exterior.

PRESIDENTE. ¿Están ahora presentes en Sicilia?

LEONARDO MESSINA. Todavía no. Se están creando, porque se constituirán, pero los que tenían como aliados se quedarán, todavía los tienen.

PRESIDENTE. ¿Puede explicar este concepto?

LEONARDO MESSINA. Los contactos, que algunos tenían, siempre los tendrán.

PRESIDENTE. ¿Con los antiguos partidos?

LEONARDO MESSINA. Con algunos de los partidos; esto o aquello no se puede identificar todo en un contexto mafioso, pero algunos...

PRESIDENTE. ¿Con los personajes?

LEONARDO MESSINA. Con los personajes tradicionales y algunos nuevos.

PRESIDENTE. Usted se ha referido varias veces a la masonería. ¿Quiere explicar esta relación?

LEONARDO MESSINA. Muchos de los hombres de honor, es decir, los que logran convertirse en jefes, pertenecen a la masonería. Esto no debe escapar a la atención de la Comisión, porque es en la masonería donde se puede tener un contacto total con los empresarios, con las instituciones, con los hombres que administran un poder distinto del poder punitivo que tiene Cosa Nostra.

PRESIDENTE. ¿Y es en la masonería donde está surgiendo esta idea de separatismo?

LEONARDO MESSINA. Sí. Quiero dejar claro que todo lo que digo no es fuente de deducción o interpretación personal, sino que es lo que sé.

PRESIDENTE. ¿Sabe usted estas cosas por conocimiento directo?

LEONARDO MESSINA. Sí, las sé por conocimiento directo.

PRESIDENTE. Usted dijo que durante tres meses habían estado allí decidiendo esta estrategia.

LEONARDO MESSINA. Llevaban unos meses en la provincia de Enna.

PRESIDENTE. ¿Cuántas personas estaban allí?

LEONARDO MESSINA. Oficialmente, la reunión tuvo lugar mucho más tarde. Eran cuatro o cinco.

PRESIDENTE. ¿Era la Comisión?

LEONARDO MESSINA. Sí, era la Comisión.

PRESIDENTE. ¿La interprovincial?

LEONARDO MESSINA. Sí. Desde finales de noviembre en esta comisión hay representantes de todas las organizaciones criminales del mundo. Siempre hemos pertenecido a un contexto mundial. Pero Cosa Nostra, en la persona de Salvatore Riina, ha sido la representante desde noviembre.

PRESIDENTE. En uno de sus interrogatorios habló usted de la ayuda prestada a una cooperativa de jóvenes del PDS[33].

LEONARDO MESSINA. Nada de político. Estos jóvenes tenían miedo porque tenían que hacer unas obras en Parra Faranca. A usted le parecerá extraño, pero en Sicilia, antes de colocar un objeto en el territorio, se necesita la orden del Pueblo. Ni siquiera se puede poner una aguja.

PRESIDENTE. Cuando dice del Pueblo, ¿se refiere a la familia?

LEONARDO MESSINA. Por supuesto.

PRESIDENTE. Entonces, ¿estos jóvenes acudieron a usted conociendo su papel?

LEONARDO MESSINA. De hecho, acudieron a otra persona de ese pueblo. Me había encontrado con gente de ese pueblo, que creían que pertenecía a Cosa Nostra, y había dicho a los jóvenes que acudieran a él si lo necesitaban. Acudieron a mí, no en busca de ayuda, sino sólo para saber cuánto tenían que pagar.

PRESIDENTE. ¿Cómo acabó el asunto?

---

33 "Partito Democratico della Sinistra", es decir, Partido Democrático de la Izquierda. Estamos hablando de los poscomunistas, de aquellas personas que cambiaron nombre al Partido y pasaron del Partido Comunista Italiano a la proyección de los intereses democráticos estadounidenses.

LEONARDO MESSINA. El acuerdo era que no iban a pagar nada, solo comprarían el hormigón, el hierro y contratarían mano de obra impuesta por el representante de esa zona.

PRESIDENTE. En estos casos el precio que se paga ¿es normal o superior?

LEONARDO MESSINA. ¿Por una construcción o contrato público?

PRESIDENTE. Por ejemplo, si tengo que comprar hormigón a esa empresa.

LEONARDO MESSINA. El precio es casi siempre el mismo. Es un problema de suministros. Ellos envían a los hombres a trabajar, suministran el hormigón. Tienen el control total.

PRESIDENTE. ¿Qué significa estar "fuera de confidencia"?

LEONARDO MESSINA. Hay muchas maneras de estar "fuera de confidencia". Hay personas que están excluidas por un hecho aún por demostrar. Si se demuestra que uno está "torcido[34]", que ha hecho confidencias a la policía, lo matan. A estos se les puede poner "fuera de confidencia" si es un hecho menor.

PRESIDENTE. ¿Son conscientes de esto los que son puestos "fuera de confidencia"?

LEONARDO MESSINA. Los que están "dejados[35]" no lo saben. A los que están "fuera de confidencia" se lo dice su jefedecena.

PRESIDENTE. Entonces, ¿el "dejado" no lo sabe?

LEONARDO MESSINA. El "dejado" no lo sabe, porque las reuniones se hacen sin él. Por ejemplo, se decide que durante seis meses debe ser observado sin ninguna comunicación. Hablan con él, pero no le cuentan los hechos de la familia. Si es listo se da cuenta.

PRESIDENTE. ¿Quién forma parte hoy de la Comisión Regional o Interprovincial?

LEONARDO MESSINA. Los miembros actuales de la Comisión Regional son Salvatore Riina, como su representante, Giuseppe Madonia, como su subjefe.

PRESIDENTE. ¿El que está detenido?

LEONARDO MESSINA. Sí. También está Bernardo Provenzano.

PRESIDENTE. ¿Sigue con vida Bernardo Provenzano?

LEONARDO MESSINA. Tengo mis dudas. También está Nitto Santapaola. Cuando estaba vivo, estaba también Salvatore Saitta: en aquellas reuniones también ha participado Salvatore Saitta. También estaba el representante de la provincia de Trapani, después de Salvatore Minore, que fue asesinado tras la llegada de Mariano Agate, el representante oficial de Cosa Nostra del ala corleonesa; como ahora está detenido, hay un sustituto.

PRESIDENTE. Por lo tanto, estas personas se vieron en la provincia de Enna en ese momento.

LEONARDO MESSINA. Sí. La provincia de Caltanissetta estaba ayudando a la provincia de

---

34 En italiano la palabra utilizada es "storto".
35 En italiano la palabra utilizada es "posato".

Agrigento porque había algo nuevo que se estaba moviendo. Giuseppe De Caro había muerto, el viejo histórico corleonese estaba ausente y nosotros seguíamos a la provincia de Caltanissetta.

PRESIDENTE. ¿Cuáles son los distintos tipos de relación que tienen con Cosa Nostra? Siendo hombres de honor se está dentro. Pero antes de estar dentro, ¿uno es observado?

LEONARDO MESSINA. Sí.

PRESIDENTE. ¿Hay algún otro tipo de relación además de ser observado con vistas a estar dentro?

LEONARDO MESSINA. ¿Qué quiere decir con "hay otro tipo de relación"?

PRESIDENTE. ¿Existen formas de alianza, de acercamiento a Cosa Nostra hechas con el propósito de no unirse a Cosa Nostra?

LEONARDO MESSINA. Sí, hay gente que nunca quiso entrar y que vive al margen de Cosa Nostra. Saben que existe, respetan a los hombres, hacen tratos. Son hombres de negocios, políticos, etc.

PRESIDENTE. ¿Cómo se llaman en vuestra jerga?

LEONARDO MESSINA. Siempre son "acercados[36]". Algunos nunca quisieron entrar, por voluntad propia. Mientras que otros entraron.

PRESIDENTE. ¿Políticos?

LEONARDO MESSINA. Sí.

PRESIDENTE. ¿Hay magistrados que pertenezcan a Cosa Nostra?

LEONARDO MESSINA. Hay magistrados muy cercanos a Cosa Nostra. En mi provincia, nunca he oído hablar de magistrados que sean "pinchados[37]", es decir, que pertenezcan orgánicamente a Cosa Nostra, pero hay magistrados que están muy cerca de Cosa Nostra. Saben que existe.

PRESIDENTE. Todos sabemos un poco de la existencia de Cosa Nostra. ¿Saben que existe y le ayudan?

LEONARDO MESSINA. Hasta la gente de la calle sabe que Cosa Nostra existe. No se le debe escapar que un poder como la justicia que administra juicios no podía no estar interesada en Cosa Nostra.

PRESIDENTE. ¿Sois ustedes capaces de obtener favores?

LEONARDO MESSINA. Sí.

PRESIDENTE. ¿En base a qué criterios se elige a los "killer[38]"?

---

36 Son aquellos que gozan de una posición privilegiada en Cosa Nostra, pero que no forman parte de ella. Están, de hecho, cerca de Cosa Nostra, y se les llama "acercados".

37 Que realizó el ritual de afiliación a Cosa Nostra. El ritual consistía en pinchar el dedo del iniciado con una aguja, teñir de sangre la estampa de un santo y luego quemarla en su propia mano.

38 La palabra utilizada en el documento original es la palabra en inglés "killer", que significa asesinos.

LEONARDO MESSINA. Los miembros de Cosa Nostra son todos "killer". No existe la palabra "killer" para nosotros.

PRESIDENTE. Me parece que usted la utilizó en un interrogatorio.

LEONARDO MESSINA. Un grupo de fuego. Los puestos más importantes de Cosa Nostra los ocupan los hombres más feroces.

PRESIDENTE. ¿Por qué Madonia utilizó a los gelesi[39] para estas operaciones?

LEONARDO MESSINA. Se utiliza a los gelesi porque no tienen tradición histórica de Cosa Nostra. En Gela uno de los primeros hombres de honor fue el diputado Aldisio, ya fallecido.

PRESIDENTE. No tenían tradición de hombres de honor. ¿Y entonces?

LEONARDO MESSINA. Prácticamente, los utilizaron para cometer todos los asesinatos sin explicar por qué a los chicos.

PRESIDENTE. Con ellos era más fácil.

LEONARDO MESSINA. Era más fácil y no había que dar explicaciones. No llamaban a alguien como yo, que sabía que era el representante del pueblo, era el subjefe, porque yo vivía una realidad total de Cosa Nostra.

PRESIDENTE. ¿Al no tener tradición mafiosa, no se hacían tantas preguntas?

LEONARDO MESSINA. No se hacían tantas preguntas. En Gela, Madonia y Salvatore Polara han restablecido la familia. Él pertenece como hombre de honor a Vallelunga, pero es su padre, Francesco Madonia, quien ha querido reabrir la familia en Gela.

PRESIDENTE. ¿Hubo algún problema de reconocimiento? ¿Los de Gela no estaban reconocidos?

LEONARDO MESSINA. Estaban reconocidos. Están especialmente vigilados por nosotros porque donde van crean confusión, no tienen forma de mimetizarse.

PRESIDENTE. ¿Puede explicar mejor este concepto?

LEONARDO MESSINA. Al ser una mafia joven, quieren aparecer con ropa bonita, con Rolex, Mercedes, BMW, etc., mientras que el mafioso histórico, aunque sea rico, intenta pasar desapercibido.

PRESIDENTE. ¿Usted tenía un Mercedes?

LEONARDO MESSINA. Pero yo tenía un sueldo de tres millones y medio al mes[40]. Trabajé en la mina Pasquasia. Siempre he trabajado. También tenía un lavadero de coches y una carnicería. Ganaba más con el trabajo que con Cosa Nostra. Tenía una mentalidad diferente.

PRESIDENTE. Usted dijo, sin embargo, que el narcotráfico da mucho dinero.

LEONARDO MESSINA. Sí.

---

39 De la ciudad siciliana de Gela.
40 Comparándolo con la actualidad, con 1985 como año de referencia, sería como ganar 4.500 euros al mes.

PRESIDENTE. Entonces, ¿cómo es que usted dice que ha ganado más con su trabajo legal?

LEONARDO MESSINA. Hay que considerar que nosotros no somos los traficantes, nosotros "pertenecemos" cuando la Región trafica, en cigarrillos, drogas y otras cosas y el Mandamento llama a la familia y les pregunta si quieren participar en el tráfico. Muchos ancianos de mi familia nunca quisieron participar; algunos participaron a título personal.

PRESIDENTE. ¿Tienen ustedes, por tanto, una tradición de extrañeza hacia este tipo de tráfico?

LEONARDO MESSINA. En los últimos años, sí; pero también participábamos en los tráficos mundiales como familia.

ALTERO MATTEOLI. ¿Cómo se gestionan? ¿A quién se entrega el dinero?

LEONARDO MESSINA. El dinero se entrega al Mandamento.

PRESIDENTE. ¿Cómo se lleva a cabo la participación en estos tráficos?

LEONARDO MESSINA. Básicamente, el Mandamento incluye a tres o cuatro familias; alguien pasa y pregunta: ¿queréis una cuota para cigarrillos, queréis entrar para drogas? Si la respuesta es sí, hay que "cucchiare[41]" el dinero. Se celebra una reunión, se ve lo que hay en la caja, lo que se quiere añadir, y todas las familias ponen el dinero, para el tráfico que tiene lugar en Palermo, en Roma, en Nueva York, etcétera.

PRESIDENTE. Entonces, ¿se participa en los beneficios?

LEONARDO MESSINA. Claro; luego están los beneficios y el Mandamento dice: ya hay 20 millones dentro del paquete.

PRESIDENTE. Para entender la importancia de este tipo de tráfico, ¿puede decirnos cuánto se obtiene por participar en una operación de narcotráfico por 20 millones?

LEONARDO MESSINA. Muchísimo. Hay gente que ha puesto 200 millones[42] y hoy tiene 25.000 millones[43]. Los padres llevan diez años muertos y le han dejado algo a su hijo, que, por ejemplo, en tres años, después de haber participado por 200 millones con Stefano Bontade, tiene 20 mil millones de propiedades[44].

PRESIDENTE. Volviendo a la Comisión Nacional y a la Comisión Mundial, a las que se ha referido, ¿puede explicarnos mejor en qué consisten?

LEONARDO MESSINA. Sí. La Comisión Regional tiene su representante y las otras regiones tienen su representante, porque no hay otras organizaciones en Italia fuera de Cosa Nostra. Todas las demás son apodos, pero la estructura es siempre la de Cosa Nostra: se llamen Sacra Corona Unita, 'Ndrangheta, Camorra, etcétera, son apelativos, pero la estructura es Cosa Nostra. Me

---

41 Es dialecto siciliano y significa en este contexto "agrupar".

42 Tomando 1994 como año de referencia, y teniendo en cuenta la inflación, la cifra correspondería aproximadamente a 160.000 euros.

43 Tomando 1994 como año de referencia, y teniendo en cuenta la inflación, la cifra correspondería aproximadamente a 20 millones de euros.

44 Tomando 1994 como año de referencia, y teniendo en cuenta la inflación, la cifra sería de aproximadamente 16 millones de euros.

presentaron a unos camorristi como hombres de honor; estuve en contacto con el representante regional de Lombardía y con otros. Las regiones eligen a su representante nacional, que es el contacto con las otras organizaciones, que no hay que confundir con las decenas que las distintas familias tienen repartidas por el mundo, que son otras organizaciones, otras mafias que no son Cosa Nostra.

PRESIDENTE. ¿Se reúnen los organismos nacionales y mundiales cuando hay asuntos especiales?

LEONARDO MESSINA. Sí.

PRESIDENTE. ¿Sólo por esto?

LEONARDO MESSINA. No, también por el interés que puedan tener, por ejemplo, en juicios importantes en los que puedan estar implicados sus propios hombres. Sólo hay un interés: el de una sola organización, no el de cinco organizaciones.

PRESIDENTE. Usted se ha referido a la reunión de Enna en la que se decidió un cambio: ¿cómo es que sólo los representantes de unas pocas familias asistieron a una reunión tan importante?

LEONARDO MESSINA. Eso significa que tuvieron otras reuniones a otros niveles y allí tuvieron que comunicarse. La reunión para informar oficialmente a los demás representantes provinciales tuvo lugar en torno a febrero-marzo. Así que sólo estaban allí para discutir.

PRESIDENTE. ¿Febrero-marzo de este año?

LEONARDO MESSINA. Sí.

PRESIDENTE. ¿Existe una jerarquía según la cual la Comisión Nacional manda a la Comisión Regional?

LEONARDO MESSINA. Sí, como ya he explicado, los niveles son provincial, regional y nacional. El representante nacional se llama siempre subjefe y los otros son parte del nivel nacional: son los representantes de las otras regiones, Campania, Calabria, Apulia, Piamonte, Lombardía y también Toscana (donde hay muchos hombres de honor, pero todavía no hay nivel regional).

PRESIDENTE. Entonces, ¿la Comisión Nacional manda a la Comisión Regional?

LEONARDO MESSINA. Sí, son los mismos hombres. Prácticamente, la situación es más clara ahora, pero con el tiempo Cosa Nostra ha creado los principales exponentes de las otras organizaciones, que son todos hombres de honor.

PRESIDENTE. Entonces, ¿la Comisión Interprovincial de Sicilia ha perdido poder?

LEONARDO MESSINA. No, somos dueños de nuestro territorio, dueños de la región de Sicilia.

PRESIDENTE. Pero antes, cuando no había Comisión Nacional, se decidía en Sicilia lo que había que hacer, mientras que ahora ya no es así...

LEONARDO MESSINA. No, no es eso. Hablo refiriéndome al período que conozco, pero no necesariamente lo sé todo. Para saber más sobre la Comisión Nacional y los otros organismos hay que capturar un provincial.

PRESIDENTE. Sin embargo, que usted sepa, la Comisión Interprovincial ¿tiene un peso considerable?

LEONARDO MESSINA. Claro, porque están en su propia Región, con su propia costumbre. Los de Campania tienen su propio sistema y no tienen que dar cuenta de lo que ocurre en su territorio, salvo que se trate de hechos que puedan ser relevantes a nivel nacional.

PRESIDENTE. ¿Quién le informó de la existencia de las Comisiones Nacional y Mundial?

LEONARDO MESSINA. Que Cosa Nostra pertenecía al nivel mundial lo supe desde 1980; que hoy en día somos los representantes lo supe desde noviembre.

PRESIDENTE. ¿Desde noviembre de este año?

LEONARDO MESSINA. Sí.

PRESIDENTE. ¿Y cómo lo ha sabido?

LEONARDO MESSINA. Una noche estaba en Pietraperzia, en la provincia de Enna, y había muchas cajas de zapatos. Pregunté: ¿qué es, una fiesta? Me contestaron: no, debes estar contento porque tu principal ha sido elegido subjefe mundial. Desde ayer, el representante mundial de todas las organizaciones es Salvatore Riina, y Giuseppe Madonia.

PRESIDENTE. ¿Y las cajas de zapatos?

LEONARDO MESSINA. Hicieron regalos a todos: me sorprendieron todos aquellos valiosos zapatos.

PRESIDENTE. ¿Pero no fue arrestado en noviembre?

LEONARDO MESSINA. No, fui detenido el 17 de abril.

PRESIDENTE. Entonces, estamos hablando de noviembre, no de este año, sino del año pasado.

LEONARDO MESSINA. Sí, me he equivocado antes: me refería a cuando estaba en libertad.

PRESIDENTE. ¿Existen estructuras secretas o reservadas de Cosa Nostra?

LEONARDO MESSINA. Sí, hay estructuras que no comunican: no es que todos los hombres tengan que saber. Hay hombres que no saben más allá de su propia familia, o de su propia decena; es decir, no todos los hombres vienen informados de todo.

PRESIDENTE. Ahora, con los Corleoneses, ¿cómo es este procedimiento?

LEONARDO MESSINA. Es aún peor.

PRESIDENTE. ¿Hay personas que se unen a Cosa Nostra cuyos nombres están destinados a permanecer desconocidos?

LEONARDO MESSINA. Sí, bien porque ocupan cargos políticos, bien porque son hombres públicos y nadie tiene que saber quiénes son. Sólo algunos lo saben. Luego hay otros que son "pinchados" a los que no todos pueden dirigirse, porque hay un paso obligado. Por tanto, el contacto es siempre uno para todos.

PRESIDENTE. ¿En qué prisión estaba usted cuando tuvo lugar la masacre de Capaci[45]?

LEONARDO MESSINA. Estuve en Caltanissetta.

PRESIDENTE. ¿En San Cataldo?

LEONARDO MESSINA. No, hay una cárcel en San Cataldo, pero yo estaba en la cárcel de Caltanissetta.

PRESIDENTE. ¿Cómo se reaccionó en la cárcel a la noticia de la masacre?

LEONARDO MESSINA. Cuando se supo la noticia, hubo un estruendo de celebración, la gente aplaudió, pero más por parte de la "stidda[46]" que por la nuestra, porque éramos los directamente afectados: nos trasladaron de inmediato. Alguien gritó desde las plantas de arriba (en la cárcel de Caltanissetta, Cosa Nostra está en la segunda planta): "ha dicho que se calle todo el mundo"; y todo el mundo se calló. Esto no quitó que, en las celdas, brindáramos y bebiéramos.

PRESIDENTE. Sin embargo, ¿habéis ordenado que no hubiera ruido en la celda para evitar una reacción?

LEONARDO MESSINA. Sí, no teníamos que hacer ruido, pero hubo un estruendo; todo el mundo se dio cuenta.

PRESIDENTE. ¿Puede explicar a la Comisión su relación con Giuseppe Madonia?

LEONARDO MESSINA. Sí; conozco a Giuseppe Madonia desde 1982. En cuanto entré él era el subjefe provincial, porque el provincial era Giuseppe Sorce, de la familia Mussomeli. Digamos que antes era distinto, porque mi familia pertenecía a la antigua alianza de los Di Cristina (porque Luigi Calì, representante de la familia, era "dicristiniano" y, por consiguiente, de Stefano Bontade, Gaetano Badalamenti y otros), pero con la llegada de los corleonesi y de Giuseppe Di Cristina había que tener mucho cuidado. Tuve que justificar dónde estaba el día que mataron a su padre.

PRESIDENTE. ¿Por qué ha tenido que justificar esto?

LEONARDO MESSINA. Porque, perteneciendo al grupo Calì-Di Cristina, pensaba que éramos nosotros los que habíamos matado a su padre; luego Calderone le reveló los hombres que habían matado a su padre, muchos de los cuales están muertos. Sólo quedó uno.

PRESIDENTE. ¿Qué grupo había decidido matar al padre?

LEONARDO MESSINA. De Cristina y Pippo Calderone.

PRESIDENTE. Pero usted no tuvo nada que ver.

LEONARDO MESSINA. No.

PRESIDENTE. Así que se estableció una relación...

---

45 Atentado terrorista en el que perdió la vida el juez Giovanni Falcone.
46 Es la criminalidad que no es parte de Cosa Nostra. Stidda en siciliano significa "estrella".

LEONARDO MESSINA. Se estableció una relación de estima, pero sólo después de 1984-1985, después de que yo hubiera estado en varias cárceles sicilianas; él se había interesado especialmente por mí, entonces me han elegido subjefe de la familia, con la tarea de cuidar al jefe del distrito de Vallelunga, que es la ciudad que dirige también San Cataldo, y también he asistido a Gaetano Pacino; a partir de ese momento, donde quiera que estuviera fugitivo, yo tenía la autorización para ir a verlo.

PRESIDENTE. ¿Se refiere a Madonia?

LEONARDO MESSINA. Sí.

PRESIDENTE. Sabíamos que, por lo general, un jefe se queda en su propio territorio: ¿cómo es que Madonia estaba, en cambio, en el Véneto?

LEONARDO MESSINA. Actualmente, es arriesgado que cada uno se quede en su territorio; sí, los golpistas, los corleonesi, pero también están surgiendo nuevas organizaciones: no son otras organizaciones, si no expresiones de la propia Mafia. Tienen que tener cuidado con los que quieren matarlos, porque hace mucho tiempo estaban consiguiendo matarlos y, cuando ocurre en Sicilia lo que ocurrió con los asesinatos de Falcone y Borsellino, hay muchas fuerzas policiales con las que toparse. Él siempre hacía esto: subía y bajaba del continente[47], pero siempre había otras personas recibiendo órdenes, estaban sus sobrinos, sus cuñados, desde luego no estaba solo.

PRESIDENTE. Subía y bajaba un poco.

LEONARDO MESSINA. Todos suben y bajan un poco.

PRESIDENTE. ¿Riina también?

LEONARDO MESSINA. Sí, sé que siempre se mueven.

PRESIDENTE. ¿Por qué medios se desplazan?

LEONARDO MESSINA. Con coches muy ordinarios. Es inútil decir que Riina anda con siete coches; ¿dónde hay un lugar en Sicilia donde se pueda andar con cinco coches armados? Es un chiste. Riina viaja solo.

PRESIDENTE. ¿Riina está vivo?

LEONARDO MESSINA. Sí.

PRESIDENTE. ¿Riina se mueve solo porque es la mejor manera de esconderse?

LEONARDO MESSINA. Sí. Después del asesinato de Gioacchino Ribisi lo pararon en la autopista Licata-Agrigento, pero lo dejaron ir porque no lo conocían.

PRESIDENTE. Pero Madonia llevaba otro coche detrás cuando fue detenido.

LEONARDO MESSINA. Sí, pero esos no son hombres de honor. Es la única forma que tiene de seguir vivo. Ya nadie en Cosa Nostra tiene la seguridad de continuar con vida.

PRESIDENTE. Si he entendido bien, está el peligro interno de los corleonesi, luego están las otras

---

47 Con "continente" los sicilianos se refieren a la Italia continental.

organizaciones de tipo "stidde[48]".

LEONARDO MESSINA. Las otras ramas, porque siempre es Mafia; siempre es la misma organización la que tiene flecos.

PRESIDENTE. ¿Hay, por tanto, un problema de enemigos externos y enemigos internos?

LEONARDO MESSINA. Exacto. Alrededor de 1986 la stidda había conseguido matar a todos estos hombres; incluso yo, cuando empecé a tener esta crisis moral, después de que me hubieran pasado varias vicisitudes, estaba dispuesto a venderlos a todos. Digo venderlos porque todos tienen un precio.

PRESIDENTE. ¿Quiere explicar esta historia del precio?

LEONARDO MESSINA. Los hombres que he conocido andan con una tablita en la que cada fugitivo tiene un precio.

PRESIDENTE. ¿Hombres del SISDE?

LEONARDO MESSINA. Sí. Nunca recibí ofertas de la Policía. Me dijeron que si les hacía atrapar a Riina me darían ochocientos millones[49], por Madonia cuatrocientos millones[50], por Scarpuzzedda seiscientos millones[51] y así sucesivamente. Pedí, a través de otras personas, contactar con ese capitán, pero no vino y yo no podía ir al cuartel.

PRESIDENTE. ¿No quiso venir a verle?

LEONARDO MESSINA. Como me acosaba (evidentemente había entendido algo) le hice invitar a un café en mi casa para ver qué necesitaba: yo estaba dispuesto a darle información, pero no vino. Si hubiera venido muchas cosas no habrían pasado en Sicilia, muchos policías o magistrados no hubieran muerto, porque esos hombres hubieran sido detenidos.

PRESIDENTE. ¿Qué razón le dio ese oficial?

LEONARDO MESSINA. No me dijo el motivo, pero me hizo saber que la intención de organizar cita tenía que venir de él. Yo no podía, desde luego, ir a su casa a rogarle.

PRESIDENTE. ¿Está registrado el nombre de este agente?

LEONARDO MESSINA. Sí.

MARCO TARADASH. ¿En qué año tuvo lugar el acontecimiento?

LEONARDO MESSINA. Cuando ellos estaban todos reunidos en un mismo lugar. Había comprendido que todos los que tenían la memoria histórica de Cosa Nostra, incluido yo mismo, estaban destinados a morir, mientras que yo quería liberarme de ellos de una vez.

---

48 "Stidde" es el plural de "stidda".

49 Tomando 1992 como año de referencia, y teniendo en cuenta la inflación, la cifra correspondería aproximadamente a 700.000 euros.

50 Tomando 1992 como año de referencia, y teniendo en cuenta la inflación, la cifra correspondería a unos 350.000 euros.

51 Tomando 1992 como año de referencia, y teniendo en cuenta la inflación, la cifra correspondería aproximadamente a 520.000 euros.

PRESIDENTE. ¿Usted comprendió que en algún momento estabais destinados a ser eliminados?

LEONARDO MESSINA Por supuesto. Nunca lo intentaron físicamente conmigo, pero intentaron crear las condiciones; estaban los hombres adecuados, que me conocían desde que nací y no me pasó nada, pero eso no quita que estuviera destinado a morir.

PRESIDENTE. ¿En el proyecto de los corleonesi?

LEONARDO MESSINA. En este proyecto de los corleonesi no se puede mantener a un hombre que tiene cuarenta años de historia a sus espaldas.

PRESIDENTE. ¿Además del peso de su familia?

LEONARDO MESSINA. Somos un peligro para ellos.

PRESIDENTE. Para entender mejor lo que tenemos que hacer, ¿puede explicar qué es lo que más teme Cosa Nostra del Estado? ¿Qué debemos hacer para acelerar, si es posible, la derrota de Cosa Nostra?

LEONARDO MESSINA. Hasta ahora habéis estado observando, ahora estáis dando algunos pasos importantes; no debéis decir que estamos en democracia porque, si queréis, podéis ganar, enseguida. Hay que apretar. Cuando llegué dije que habría habido muchos colaboradores; todos me miraron con recelo porque no era ni de Palermo ni de Catania, luego cambiaron un poco de opinión. Suelen pensar que si el "pentito" no es de Palermo, no tiene nada que decir. Como me movía dentro de una Sicilia que conocía bien, formada por muchas provincias, recibía tantas sensaciones y tantas noticias; incluso llegaron a justificar el "pentimento[52]" de alguien.

PRESIDENTE. ¿Ha oído justificaciones?

LEONARDO MESSINA. Se ha justificado el arrepentimiento de un par de personas[53].

PRESIDENTE. ¿Esto significa que hay algún tipo de crisis política?

LEONARDO MESSINA. Sí, los más viejos dicen que no sobrevivirán diez años; ahora han salido muchos nombres de nuevos colaboradores que conozco y que traerán la destrucción, en parte haciendo su juego, porque a algunos se los quitarán de encima, pero un poco serán quemadas las etapas, incluso para él. No sería tan extraño que algunos de estos grandes fugitivos aparecieran muertos.

MAURIZIO CALVI. ¿Qué quiere decir con "quemar las etapas"?

LEONARDO MESSINA. Prácticamente, eliminar a los hombres; ya tenéis a alguien que habla de Palermo y siempre os dirá los mismos nombres porque lleva diez años en la cárcel. Eso no quita que estas cosas sean importantes.

PRESIDENTE. Cuando dice "hay que apretar", ¿se refiere a alguna medida concreta que haya que tomar?

LEONARDO MESSINA. Nunca hay que darles tiempo para que se organicen. He dado a la policía

---

52 Arrepentimiento.

53 Justificar el arrepentimiento de alguien significa justificar la traición a Cosa Nostra. Sin embargo, las cosas empezaban a cambiar incluso dentro la "Mano Negra", nombre original de Cosa Nostra.

los nombres de todos los miembros de la provincia de Caltanissetta, de los que sólo faltan diez por pasar lista; en esa provincia ya no habrá mafia si realmente quieren destruirla.

PRESIDENTE. En resumen, tenemos que seguir por este camino.

LEONARDO MESSINA. Sí. No hay que dar espacio a nadie. Es verdad que ha habido hechos espectaculares, es verdad que ha habido suicidios y que ha habido hechos que pueden hacer reflexionar, pero hay que seguir adelante. Si aprietas ganas inmediatamente. Si se afaloja, Cosa Nostra tendrá tiempo de reorganizarse. No debemos atacar siempre al Estado haciendo el juego de Cosa Nostra. No, ahora mismo hay que ayudar al Estado en sus esfuerzos, y yo también estoy aquí para eso, no sólo por mis propios intereses. No quiero hacer delaciones...

PRESIDENTE. Se lo agradecemos. ¿Puede decirme cómo es posible permanecer tantos años fugitivo?

LEONARDO MESSINA. Un poco porque en cada ciudad mandan el alcalde, el mariscal y el jefe de la mafia. Los tres son conscientes de la presencia de un fugitivo en su territorio, la policía y los carabinieri se encuentran con él, pero se dan la vuelta porque temen por su mujer, su madre o su suegra. Viven con miedo, son prisioneros del sistema, temen ser trasladados. Los prefectos dieron la orden de no moverse, y así permitieron que la mafia se reorganizara. Si se hubiera apretado, el juego habría terminado hace años. Ahora se está apretando y terminará en breve. Mucha gente llamará y querrá venir.

PRESIDENTE. ¿A qué se refiere cuando habla del miedo a los traslados?

LEONARDO MESSINA. En un pueblo no es que los carabinieri puedan hacer muchas cosas. En algunas ciudades, los cuarteles de los carabinieri están abiertos hasta las siete, después de lo cual se llama al telefonillo. Los cuarteles siguen el horario de las tiendas, mientras que la mafia está de servicio las 24 horas del día, no se van de vacaciones ni a otro sitio.

PRESIDENTE. Sí, pero usted ha hablado del miedo a ser trasladado...

LEONARDO MESSINA. Le diré un hecho: cuando el mariscal me presionaba y me mandaba siempre a la estancia obligada, le dije que iríamos juntos a la siguiente. Bastaría con quemar un coche para que abandonaran el pueblo. Pero como no pueden salir del pueblo, porque tienen novia, madre o suegra, en cierto modo dicen "lo importante es que no pase nada en mi pueblo...". Así, la vida tranquila está asegurada para todos.

PRESIDENTE. En su opinión, ¿cuál es el error más grave cometido por el Estado en la lucha contra Cosa Nostra?

LEONARDO MESSINA. Como he dicho antes, mientras que Cosa Nostra estuvo en su lugar, también jugó a favor del Estado (le aportó votos). Es correcto decir que no todo el Estado, pero sí para una parte de él era prisionero del sistema mafioso, en el sentido de que, por ejemplo, lo copiaban y utilizaban a los políticos para adjudicar a los contratos públicos. Ahora se están despojando y si realmente quisieran podrían ganar ahora que es vulnerable...

PRESIDENTE. ¿Cómo se abastece de armas Cosa Nostra?

LEONARDO MESSINA. Los artículos periodísticos que hablan de barcos que llegan a Palermo cargados de armas son todo tonterías. También para las armas, como para la droga, la mafia utiliza mil maneras: cuando no puede disponer de ellas, las roba, o las compra en el Norte, en Suiza o en

Alemania. Yo he actuado como intermediario en compras por cientos de millones. Ningún jefe dirá jamás que está desarmado. Jamás un jefe regional le dirá a otro jefe regional que le consiga un arma. Existen mil maneras...

PRESIDENTE. ¿Puede indicarnos algunos de ellos, también para ver cómo bloquearlos?

LEONARDO MESSINA. Nuestro principal proveedor era Suiza, pero desde hace algún tiempo lo son Alemania y Bélgica.

PRESIDENTE. ¿Por qué Alemania?

LEONARDO MESSINA. Armas, chalecos, cartuchos, todo lo que quieras sale de los centros de la OTAN (¡ya habéis visto cómo están equipados!). Cuando les dije que tenían bazookas, se rieron. ¡Encontraron cinco de ellos!

PRESIDENTE. Entonces, ¿hay alguien que se los lleva de esas bases de la OTAN[54]?

LEONARDO MESSINA. Sí, de mil maneras, diariamente.

PRESIDENTE. ¿Lo hacen hombres de Cosa Nostra o se acuerdan...?

LEONARDO MESSINA. No, basta con ir fuera de Italia, por ejemplo, a Bélgica. Es como ir a comprar caramelos. En Suiza, si tienes residencia y si conoces a un traficante de armas, puedes conseguir lo que quieras. Los Kalashnikov cuestan 1,5 millones, 1,8 millones, 2,3 millones, con dos cargadores de 300 balas[55].

PRESIDENTE. Entonces, cada grupo se abastece por su cuenta.

LEONARDO MESSINA. Sí, cada grupo, cada familia. Hay familias cuyas decenas están dispersas en Bruselas, en Grenoble, en Alemania, así que tienen conexiones en todas partes[56].

PRESIDENTE. ¿Circulan las armas entre las distintas familias o no?

LEONARDO MESSINA. No, cada familia conserva las suyas, pero entre mafiosos es costumbre regalarse armas.

PRESIDENTE. ¿Incluso armas que ya han sido utilizadas?

LEONARDO MESSINA. No, a no ser que no tengan alguna para usar. Por ejemplo, algunas armas usadas en San Cataldo fueron usadas en Siracusa.

PRESIDENTE. ¿Usadas en Siracusa e impugnadas por diferentes personas?

---

54 Alemania contrabandea armas desde el fin de la Segunda Guerra Mundial. Es una política de Estado. En Alemania no hay delitos relacionados con la mafia. Siempre se ha sabido que Alemania es un paraíso para el blanqueo de dinero y que anima a las mafias a invertir en su territorio. Las excusas utilizadas por las autoridades alemanas para justificar el robo de material militar son estúpidas, pero más estúpido es quien creen en ellas. En la última década, se utiliza mucho afirmar que la armas desaparecidas o se pierden por el camino o vienen robadas por los "extremistas de derechas".

55 Aún hoy, los países del Norte son el paraíso del tráfico de drogas y armas. Bélgica, Holanda, Suiza son verdaderos narcoestados, contrariamente a la creencia popular. Las autoridades han llegado incluso a negar la existencia del fenómeno mafioso, afirmando que se trata de un complot urdido por países como España e Italia, envidiosos de sus economías.

56 Y esto prueba, aún más, la existencia de un trato (del cual ya tenemos históricamente pruebas) entre la "intelligence" atlántica y las organizaciones criminales.

LEONARDO MESSINA. Sí, impugnadas por diferentes personas.

PRESIDENTE. Entonces, si descubrimos que una arma fue utilizada primero en un lugar y luego en otro, eso no significa necesariamente que haya sido impugnada de la misma persona o de un miembro de la misma familia.

LEONARDO MESSINA. Por supuesto.

PRESIDENTE. ¿Puede explicar la presencia de Cosa Nostra en las regiones del Norte? Si no recuerdo mal, ha mencionado Lombardía y Piamonte...

LEONARDO MESSINA. Mis conocimientos precisos se refieren a Lombardía, pero sé que en Piamonte los calabreses se han apoderado de la Región. Los otros pequeños grupos de sicilianos no pueden molestar a la organización[57].

PRESIDENTE. ¿Puede explicar la forma en que Cosa Nostra está presente en Lombardía?

LEONARDO MESSINA. Cosa Nostra está presente en Lombardía, lo está desde hace unos diez años y ha establecido locales[58] en Appiano Gentile, en Varese, en Como...

PRESIDENTE. ¿Qué entiende usted por "locales"?

LEONARDO MESSINA. Para Cosa Nostra, la palabra "local" significa familia. Para montar un local se necesitan, como mínimo, diez personas.

PRESIDENTE. Así que, utilizando el lenguaje más conocido, hay familias.

LEONARDO MESSINA. Sí, además de las decenas que hay en Sicilia, en Lombardía hay locales calabreses por todas partes: Brescia, Sondrio, Milán, etcétera.

PRESIDENTE. Y sus negocios son los mismos...

LEONARDO MESSINA. Sí, pero todavía no son dueños del territorio. Entraron hace años y están empezando a tejer. En cinco o seis años se harán con el territorio. Tienen estructuras en todos los países.

PRESIDENTE. ¿Para una organización mafiosa es esencial, en primer lugar, asegurarse el control y la ocupación del territorio?

LEONARDO MESSINA. Sí, primero infiltran la familia y luego, poco a poco, van sometiendo a la gente. El problema de la mafia es apoderarse del territorio.

PRESIDENTE. Entonces, una de las principales herramientas para luchar contra la mafia es que el Estado se apodere del territorio.

---

57 Años más tarde se descubrirá que, en realidad, los calabreses, mientras los sicilianos libraban la guerra contra el Estado, se habían asentado en Lombardía. Hoy, el norte de Italia está ocupado por las proyecciones de 'Ndrangheta al igual que el Sur. Ya no hay diferencia. La única diferencia es que mientras en el Sur sigue habiendo violencia, en el Norte se prefiere la violencia económica.

58 Un "local" ("locale" en italiano) es una proyección de la presencia criminal perteneciente a una o varias familias mafiosas. El local, como entidad y definición, es utilizado por Cosa Nostra y 'Ndrangheta. Por lo que se refiere a esta última, requiere teóricamente un mínimo de 49 afiliados para constituirse.

LEONARDO MESSINA. Sí, pero no con la presencia de los cuarteles, porque eso sería una farsa.

PRESIDENTE. ¿Y cómo?

LEONARDO MESSINA. Tratando realmente de atacar donde sea necesario. No es que enviando soldados el Estado pueda considerarse dueño del territorio. La gente tiene que creer en el Estado. En Sicilia, al menos de donde vengo, la gente empieza a creer en el Estado, porque ahora incluso el hijo de un basurero o de un zapatero puede graduarse y, como tal, puede no querer someterse a los hombres de la mafia. Este es un fenómeno positivo que se ha manifestado en mi zona.

PAOLO CABRAS. ¿En Lombardía y Piamonte existen comisiones provinciales y regionales?

LEONARDO MESSINA. En Lombardía, como en Sicilia, existe el local, un órgano superior, que es el control familiar, y la regional. Conozco la regional, la mandamental y algunas locales. Son calabreses y sicilianos a la vez.

PRESIDENTE. ¿Y en Piamonte?

LEONARDO MESSINA. En Piamonte sé que la estructura pertenece a la 'Ndrangheta pero no conozco a nadie.

PRESIDENTE. Entonces, usted conoce directamente la estructura lombarda y no la piamontesa.

LEONARDO MESSINA. No, no conozco directamente la estructura piamontesa, pero sé que son jefes.

MARIO BORGHEZIO. ¿Tienen relaciones con la política?

LEONARDO MESSINA. En el Norte menos que en el Sur. Al menos los que yo he conocido, no están a un nivel como para tener con los políticos...

MARCO TARADASH. ¿Qué están haciendo?

PRESIDENTE. A nuestro colega le gustaría saber qué hacen estas organizaciones, sobre todo en Lombardía. Decíamos, por tanto, que el problema principal es sobre todo expandirse en el territorio. ¿Y entonces?

LEONARDO MESSINA. Prácticamente, se encargan de todo el tráfico de la zona y reinvierten el dinero, montando agencias inmobiliarias y financieras.

PRESIDENTE. ¿En los contratos públicos?

LEONARDO MESSINA. En los contratos públicos, que yo sepa, en Lombardía no están al nivel de tener esas infiltraciones, los que yo conozco.

PRESIDENTE. Volviendo a la cuestión de la comisión nacional y la comisión mundial, ¿es la comisión mundial un foro de consulta o incluso de decisiones importantes?

LEONARDO MESSINA. Incluso de decisiones importantes.

PRESIDENTE. Usted estaba explicando los negocios de Cosa Nostra en Lombardía. Usted ha dicho que, por lo que usted sabe, no se ocupan de contratos públicos porque todavía no han alcanzado la fuerza necesaria.

LEONARDO MESSINA. Los que yo conozco no tienen la fuerza necesaria.

PRESIDENTE. En cambio, hacen inversiones inmobiliarias y ¿qué más?

LEONARDO MESSINA. Inmobiliarias y todo el tráfico posible e imaginable: desde drogas hasta armas.

PRESIDENTE. ¿Qué quiere decir con agencias inmobiliarias?

LEONARDO MESSINA. Agencias que compran casas, gestionan la usura. Empezaron por ahí.

PRESIDENTE. ¿El dinero lo tienen ellos o viene de fuera?

LEONARDO MESSINA. Parte viene de fuera también, depende del contacto que tengan. Por lo que respecta a Cologno Monzese, donde hay una decena, es la familia siciliana, el jefe de la decena, quien gestiona, porque son una expresión de la familia siciliana. En cuanto a los otros hombres de honor de la definición de 'Ndrangheta, tienen sus propios negocios.

PRESIDENTE. En Piamonte dijo que no sabe específicamente.

LEONARDO MESSINA. No, no lo sé específicamente.

PRESIDENTE. ¿En Toscana?

LEONARDO MESSINA. Hay unas pocas decenas, que yo sepa. Uno era una expresión de la familia Gela.

PRESIDENTE. ¿Dónde?

LEONARDO MESSINA. En Campi Bisenzio.

PRESIDENTE. ¿En Prato?

LEONARDO MESSINA. Tengo un buen recuerdo de Prato, estuve allí en residencia forzosa. Hace años estaban los sardos. Cosa Nostra tiene séquito en esa zona. Ese personaje anciano que atrapasteis allí...

PRESIDENTE. ¿Madonia?

LEONARDO MESSINA. No, Giacomo Riina, llevaba allí veinte años. En 1979 yo estaba en la estancia forzosa y él estaba allí.

PRESIDENTE. ¿Allí hacía negocios para Cosa Nostra?

LEONARDO MESSINA. Sí. Ahora para Cosa Nostra la Sicilia es pequeña, no puede razonar sólo en el ámbito regional.

PRESIDENTE. ¿Cuáles son las ciudades o más bien las zonas de Toscana más tomadas, por así decirlo, por Cosa Nostra?

LEONARDO MESSINA. Piense que cuando se crea una célula, ya no puede pertenecer a ese pueblito porque hacen los negocios más variados a nivel regional, en todos los lugares; ya no es Campi Bisenzio, ya no se interpreta para esa pequeña ciudad.

PRESIDENTE. Por tanto, la dimensión es regional.

LEONARDO MESSINA. Es regional.

PRESIDENTE. ¿No hay una Comisión Regional en Toscana?

LEONARDO MESSINA. No, el punto de referencia era Giacomo Riina para todos.

PRESIDENTE. ¿La única Comisión Regional fuera de Sicilia es la de Lombardía o también hay otras?

LEONARDO MESSINA. También hay otras. La de Calabria.

PRESIDENTE. ¿Y qué más?

LEONARDO MESSINA. Luego la de Apulia.

PRESIDENTE. ¿Y?

LEONARDO MESSINA. De Campania.

PRESIDENTE. Así que hay prácticamente cinco Comisiones Regionales: Lombardía, Campania, Apulia, Calabria y Sicilia. ¿Es así?

LEONARDO MESSINA. Sí.

PRESIDENTE. Entonces, cuando habla de una Comisión Nacional, ¿se refiere a los representantes de estas cinco regiones?

LEONARDO MESSINA. Eso es.

OMBRETTA FUMAGALLI CARULLI. ¿Antes ha dicho también Piamonte?

LEONARDO MESSINA. Sí, también en Piamonte.

PRESIDENTE. ¿Hay una comisión en Piamonte?

LEONARDO MESSINA. Hay una comisión que no conozco, pero de la cual se han hecho cargo; hay calabreses en toda la Región. Incluso en Liguria hay varias decenas que pertenecen a Sicilia.

PRESIDENTE. Vayamos por orden, porque usted sabe más que nosotros. ¿En Lombardía hay una comisión?

LEONARDO MESSINA. Sí.

PRESIDENTE. ¿Hay una comisión en Piamonte?

LEONARDO MESSINA. Sí.

PRESIDENTE. ¿En Liguria?

LEONARDO MESSINA. En Liguria hay decenas, una expresión...

PRESIDENTE. ¿Así que no hay comisión?

LEONARDO MESSINA. No.

PRESIDENTE. ¿En el Véneto?

LEONARDO MESSINA. No tengo conocimiento de ello, aunque ahora muchos negocios empiezan en el Véneto.

PRESIDENTE. ¿Por qué?

LEONARDO MESSINA. Porque levantaría sospechas que la iniciativa partiera de una empresa de Palermo; entonces partieron del Norte. Tienen una empresa importante.

PRESIDENTE. ¿Puede explicarse mejor? No lo he entendido.

LEONARDO MESSINA. Ellos crearon la empresa.

PRESIDENTE. ¿Quién es el sujeto?

LEONARDO MESSINA. Riina. Está detrás de esta empresa, pero no puede ser sólo él.

PRESIDENTE. Entonces, ¿creó una empresa en el Véneto y esta empresa del Véneto viene a trabajar allí?

LEONARDO MESSINA. Tiene puntos de referencia en todas las regiones y en todas las provincias porque se dedican al betún, a los escombros y a otras cosas. Son del Norte.

PRESIDENTE. ¿Mencionó el nombre de esta empresa a los magistrados?

LEONARDO MESSINA. Sí.

PRESIDENTE. Bajemos: ¿en Emilia?

LEONARDO MESSINA. No me consta.

PRESIDENTE. ¿En Romaña?

LEONARDO MESSINA. Tampoco.

ALFREDO GALASSO. ¿En Forte dei Marmi?

PRESIDENTE. Tenemos entendido que Madonia estuvo en Forte dei Marmi.

LEONARDO MESSINA. Se trasladan a donde tienen la seguridad de no ser atacados; como le he dicho, ya nadie tiene la seguridad de seguir vivo dentro de Cosa Nostra. Esto también lo sufre él.

PRESIDENTE. ¿Por qué se eligió Forte dei Marmi?

LEONARDO MESSINA. Bueno... quizás depende del hecho de que allí no tenía enemigos.

PRESIDENTE. ¿Usted fue a verle allí?

LEONARDO MESSINA. No, iba a verle a Palermo, Bagheria, Enna, Villarosa. Tenía que encontrarle en Sicilia, pero tenía puntos de referencia por si tenía que decirle algo. Lo cogieron al Norte porque yo tenía un punto de conexión que había sido positivo.

PRESIDENTE. ¿En Umbría?

LEONARDO MESSINA. No me consta.

PRESIDENTE. ¿En Las Marche?

LEONARDO MESSINA. Tampoco.

PRESIDENTE. ¿En Lacio?

LEONARDO MESSINA. ¿Es decir, Roma?

PRESIDENTE. Sí.

LEONARDO MESSINA. Hay decenas de personas de Palma di Montechiaro que se dedican a la usura; está en manos de los palmesanos[59].

PRESIDENTE. ¿Qué más?

LEONARDO MESSINA. Yo sé lo de las decenas de Palma. También puede haber veinte decenas; sé de la de Palma di Montechiaro que opera en Roma.

PRESIDENTE. ¿No sabe de ninguna otra?

LEONARDO MESSINA. No tengo conocimiento de ninguna otra; por otra parte, las familias no tienen por qué informarme de sus decenas en el extranjero.

PRESIDENTE. ¿Nunca ha oído hablar de una familia de Santa Maria del Gesù?

LEONARDO MESSINA. ¿Santa Maria del Gesù que es a final Pippo Calò?

PRESIDENTE. Pippo Calò, sí.

LEONARDO MESSINA. Estos de la decena de Palma di Montechiaro eran sus hombres.

PRESIDENTE. ¿Eran los mismos?

LEONARDO MESSINA. No. La decena es una expresión del pueblo. Si la decena se crea a partir de Palma di Montechiaro, deben remitirse a Palma di Montechiaro, pero Pippo Calò utilizaba a esos hombres. Me lo dijo el hermano Ribisi.

---

59 De Palma di Montechiaro.

PRESIDENTE. Entonces, no fue una decena creada por Calò. Calò utilizó a esa decena que no era suya, pero...

LEONARDO MESSINA. No era suya, pero siempre pertenecían a Cosa Nostra y tenían la presentación ritual.

PRESIDENTE. ¿Qué tipo de trabajo hace esta decena de Roma?

LEONARDO MESSINA. Trafican con armas, drogas y usura. La usura en Roma está en manos de los palmesi.

PRESIDENTE. ¿Tienen también relaciones con la política?

LEONARDO MESSINA. Esa decena no, porque son sujetos que hacen otras cosas.
(...)
PRESIDENTE. Bajando, llegamos en Campania. ¿Puede explicar la presencia y estructura de Cosa Nostra en Campania?

LEONARDO MESSINA. Han sido presentados unos hombres como hombres de honor pertenecientes a la misma organización. Sabía que ahí estaba la estructura. Me presentaron ritualmente a gente que llaman camorristas.

PRESIDENTE. ¿Quiénes son estas personas?

LEONARDO MESSINA. D'Alessandro.

PRESIDENTE. ¿Bardellino?

LEONARDO MESSINA. Sé que Nuvoletta, Bardellino y Zaza son también hombres de honor pertenecientes a Cosa Nostra, pero no me han sido presentados ritualmente. Sólo conozco ritualmente a Michele D'Alessandro.

PAOLO CABRAS. ¿Dónde conoció a D'Alessandro?

LEONARDO MESSINA. Nos introdujeron ritualmente en la cárcel de Trapani en 1984.

PRESIDENTE. Pero allí hay una Comisión Regional.

LEONARDO MESSINA. No sé quién es el jefe. Sé que hay hombres que pertenecen a Cosa Nostra, pero no sé quién es el regional.

PRESIDENTE. Ya que estamos tratando de la Camorra, ¿podría explicar a la Comisión la relación entre la Camorra y Cosa Nostra? ¿Actualmente la Camorra está formada en su totalidad por hombres de honor o algunos camorristas son hombres de honor?

LEONARDO MESSINA. La cúpula de la Camorra está formada por hombres de honor. No tienen una estructura piramidal como la nuestra sino una estructura plana y por lo tanto el conocimiento es sólo de los más representativos.

PRESIDENTE. ¿Existe alguna relación entre la Comisión Regional...

LEONARDO MESSINA ...Y nuestra comisión regional.

PRESIDENTE. ¿Estos hombres de honor de la Camorra para afiliar a otros hombres de honor lo hacen automáticamente sin decirles nada?

LEONARDO MESSINA. Sí, sin decir nada. Incluso la familia confía sus hombres sin decir nada a la Región y al Mandamento. No tiene que decir nada a nadie. La familia en su territorio es soberana. (...)

PRESIDENTE. ¿En Apulia?

LEONARDO MESSINA. En Apulia es el mismo asunto. La Sacra Corona Unita es una expresión de los palermitanos.

PRESIDENTE. ¿Qué quiere decir con "expresión de los palermitanos"?

LEONARDO MESSINA. Crearon este apodo poco a poco. Empezaron a desembarcar cigarrillos y drogas en esa zona. No es cierto que crearan esta estructura para defenderse de los palermitanos. Esta estructura fue creada para ellos.

PRESIDENTE. ¿Puede explicar mejor este concepto? Usted ha hablado de "palermitanos". ¿Se refiere a las familias de Palermo o a una en particular?

LEONARDO MESSINA. De los tráficos se encarga no una familia, sino un grupo de familias. He hablado del estado de Cosa Nostra que hace un negocio. Entonces puede que detengan a un "soldado[60]" y piensen que se trate de una persona importante, mientras que, en realidad, dentro de Cosa Nostra sólo desempeña un papel marginal.

PRESIDENTE. Si he entendido bien, los palermitanos decidieron utilizar Apulia para el desembarco de cigarrillos y ¿qué más?

LEONARDO MESSINA. De droga, porque venía del frente.

PRESIDENTE. ¿Qué quiere decir del frente?

LEONARDO MESSINA. Venían de los países del este y así era muy fácil hacer lo que se quería con las lanchas motoras.

PRESIDENTE. ¿En qué años?

LEONARDO MESSINA. En los años ochenta, hasta donde yo sé.

PRESIDENTE. Entonces, en los años 80, se eligió esa zona.

LEONARDO MESSINA. Sí.

PRESIDENTE. ¿La droga procedía de países del Este?

LEONARDO MESSINA. La descarga se producía allí, porque eran zonas menos controladas. Las fuerzas del orden siempre han señalado a Palermo y Trapani, mientras que la provincia de Trapani se está despojando de Cosa Nostra.

---

60 Literalmente, en italiano, la palabra utilizada es "soldato", es decir, soldado.

PRESIDENTE. ¿Qué significa?

LEONARDO MESSINA. Hay pocos hombres de honor. Por la mayoría se trata de "stiddari"[61].

PRESIDENTE. Entonces, ¿Cosa Nostra crea la organización Sacra Corona Unita en Apulia para gestionar juntos estos asuntos?

LEONARDO MESSINA. Inicialmente, afilian a uno o dos y luego hacen la estructura. Una vez tomado el territorio, hecha la estructura, se convierten en familias autónomas de las sicilianas.

PRESIDENTE. ¿En qué zonas de Apulia se produjo todo eso?

LEONARDO MESSINA. Conozco zonas desde Bari hacia el Sur.

PRESIDENTE. ¿Brindisi?

LEONARDO MESSINA. Sí.

PRESIDENTE. ¿Hacia el norte de Apulia?

LEONARDO MESSINA. No lo sé. No me dijeron la ciudad, sino la Región.

PRESIDENTE. ¿En lo que respecta a Basilicata?

LEONARDO MESSINA. No tengo conocimiento de ninguna estructura de Cosa Nostra.

PRESIDENTE. ¿En Calabria?

LEONARDO MESSINA. El vértice de la 'Ndrangheta es Cosa Nostra.

PRESIDENTE. ¿Con el mismo procedimiento que en Campania? Es decir, ¿los 'ndranghetistas que dirigen Calabria están afiliados a Cosa Nostra?

LEONARDO MESSINA. El vertice es Cosa Nostra.

PRESIDENTE. ¿Los otros?

LEONARDO MESSINA. Los soldados no saben que pertenecen todos a una única organización. Lo sabe el vértice. Si no, alguien como yo, que viajaba por toda Italia, conocería a todos y no tiene por qué ser así. Es el vértice lo que tiene que conocer.
(...)
PRESIDENTE. ¿Escuchó alguna vez algo sobre el asesinato del juez Scopelliti?

LEONARDO MESSINA. Puedo decirle lo que se dijo después del asesinato de Falcone. Se pensaba que ese cargo fuera ocupado por Cordova. Se dijo que si hubieran matado a Scopelliti los calabreses lo habrian matado también a él.

PRESIDENTE. ¿Después del asesinato de Falcone se dio una interpretación del asesinato del juez Scopelliti?

LEONARDO MESSINA. No hice ninguna interpretación, porque conozco los hechos.

---

61 Hombres de la Stidda.

PRESIDENTE. ¿Usted no; se ha dado, por lo general, una determinada interpretación?

PRESIDENTE. Había muchos ancianos en la cárcel, muchos hombres de honor de toda la provincia de Palermo y de otras.

PRESIDENTE. ¿Qué han dicho?

LEONARDO MESSINA. En cuanto Cordova vaya a la superfiscalía (tras el asesinato de Falcone se rumoreó el nombre de Cordova), los calabreses harán lo que hicieron con Scopelliti.

PRESIDENTE. ¿Serán los calabreses a decidir?

LEONARDO MESSINA. Siempre es Cosa Nostra la que decide.

PRESIDENTE. ¿Cómo hicieron con Scopelliti?

LEONARDO MESSINA. Sí.

PRESIDENTE. ¿Así que Scopelliti fue supuestamente asesinado por calabreses pertenecientes a Cosa Nostra?

LEONARDO MESSINA. Sí. La 'Ndrangheta es sólo un nombre. La estructura es toda Cosa Nostra. (...)
PRESIDENTE. Usted ha explicado muy bien la presencia de Cosa Nostra en Italia. Quería preguntarle algo sobre las "stidde".

LEONARDO MESSINA. Es lo mismo. Las "stidde" son una expresión de Cosa Nostra. Un hombre puesto fuera confianza, que "pincha" a otros hombres, se convierte en "stidda". Se comporta exactamente como los mafiosos. No tienen signos, no tienen tatuajes, no saben nada. Si una "stidda" en un pueblo se hace fuerte, se convierte en Cosa Nostra.

PRESIDENTE. Pero también hay una lucha entre la "stidda" y Cosa Nostra.

LEONARDO MESSINA. Ha habido una ruptura porque en algunos pueblos se han creado dos familias.
(...)
PRESIDENTE. Volviendo al asesinato del juez Scopelliti, ¿supo usted las razones por las que se llevó a cabo?

LEONARDO MESSINA. Sé lo que se dijo; puedo informar de lo que oí. Cuando la Región decide un asesinato, no tiene que comunicarme nada.

PRESIDENTE. Sí, ¿qué se dijo y dónde?

LEONARDO MESSINA. Tenían la seguridad de que el Maxijuicio[62] acabaría en un farol; las sentencias definitivas, o sea, no tenían que aceptar el "teorema Buscetta[63]".

---

62 "El Maxiproceso de Palermo es el histórico juicio contra Cosa Nostra en el que se imputaron diversos cargos a 475 acusados. (...) Tuvo lugar en la sala del búnker de la carcel de Ucciardone, en Palermo, entre el 10 de febrero de 1986 y el 16 de diciembre de 1987. El juicio se considera la primera reacción real del Estado italiano contra la mafia siciliana. Los miembros de Cosa Nostra fueron condenados por primera vez como miembros de una organización mafiosa unitaria y vertical". Wikimafia, sección "Maxiprocesso di Palermo", 19/05/2023.
63 "¿Cuál era exactamente el contenido de lo que se llamaría el 'Teorema Buscetta'? Fue el resultado de las respuestas

PRESIDENTE. Si había esa seguridad, ¿por qué matar a Scopelliti?

LEONARDO MESSINA. Porque no pudieron controlarlo; cuando no controlan a los magistrados, los matan. Mire a cuántos han matado y haga la cuenta.

PRESIDENTE. Entonces, ¿no habían podido llegar a Scopelliti, o el juez había dicho que no?

LEONARDO MESSINA. Sé que no pudieron ponerse en contacto con él, y en cualquier caso no era una persona localizable.
(...)
PRESIDENTE. ¿Pertenecía Cutolo a Cosa Nostra?

LEONARDO MESSINA. Cutolo nunca perteneció a Cosa Nostra.

PRESIDENTE. ¿Tuvo la estancia forzosa una influencia especial en el desarrollo de Cosa Nostra en el Norte?

LEONARDO MESSINA. Fue un punto de transición importante. Yo también estuve en la estancia forzosa; donde yo llegué, llevé a otros cinco, seis, diez. Tenía a mis hermanos: éramos cuatro, todos bastante listos.
(...)
PRESIDENTE. ¿También hizo amistad allí con un industrial de la zona?

LEONARDO MESSINA. Sí, fue un error irme de allí, porque podía vivir bien; él me quería, sin las relaciones de interés entre un empresario y un mafioso. Era un empresario límpido, que no tenía nada que ver con Cosa Nostra.

PRESIDENTE. Si no me equivoco, ¿tenía miedo de que secuestraran a alguien?

LEONARDO MESSINA. Sí. Cuando llegué allí, me ofreció trabajo, que acepté. Se puso a disposición: había comprado un "dos mil[64]" que pertenecía a un fugitivo, a Mario Sali, y cuando los carabinieri y la policía fueron a buscarme a su oficina, se dio cuenta de que yo tenía ese coche. Como los empresarios, en esa zona, tienen miedo a los secuestros, prácticamente me confió a sus dos hijos, a los que crié como a mis hermanos.

PRESIDENTE. ¿Puede explicar la presencia de Cosa Nostra en el extranjero?

LEONARDO MESSINA. Sí.

PRESIDENTE. Podemos intentar definir una imagen. ¿En Austria?

LEONARDO MESSINA. No; conozco decenas en Francia, Bélgica, Alemania. Cosa Nostra americana fue una expresión de las familias sicilianas que se dieron esa estructura.

---

de Buscetta durante los interrogatorios ante Falcone, en él se describía detalladamente la jerarquía de Cosa Nostra, poniendo de relieve que se trataba de una verdadera organización estructurada, de orientación vertical, sometida a la lógica del poder, con un jefe y una serie de jefes de mandamento que representaban la variedad de las 'coscas' mafiosas y que, por lo tanto, los miembros de la cúpula eran responsables de los delitos cometidos por los asociados en calidad de sus verdaderos mandantes". *Il "Teorema Buscetta": Falcone scopre i segreti di Cosa nostra*, 10/03/2020, antimafia duemila. Fonte: https://www.antimafiaduemila.com/home/opinioni/305-mafia-in-pillole/78006-il-teorema-buscetta-falcone-scopre-i-segreti-di-cosa-nostra.html
64 Un vehículo de 2000 cilindros.

PRESIDENTE. Procediendo por orden, ¿puede explicar la presencia de Cosa Nostra en Alemania?

LEONARDO MESSINA. Sí; hay decenas de las distintas familias. Hay dos de Palma di Montechiaro, una perteneciente a la "stidda" y otra a los Ribisi.

PRESIDENTE. ¿Recuerda en qué ciudad?

LEONARDO MESSINA. Creo que en Mannheim.

PRESIDENTE. ¿Qué más?

LEONARDO MESSINA. Para Alemania, sé de esa ciudad, porque sé de una de esa familia.

PRESIDENTE. ¿En Francia?

LEONARDO MESSINA. En Francia, en Grenoble.

PRESIDENTE. ¿En Bélgica?

LEONARDO MESSINA. En Bruselas hay una decena que depende de la ciudad de Campofranco.

PRESIDENTE. ¿En Suiza?

LEONARDO MESSINA. No tengo conocimiento de ello.

PRESIDENTE. ¿En los Estados Unidos, de las cuales estaba en punto de decir algo hace un rato?

LEONARDO MESSINA. Las familias americanas empezaron como una expresión de las familias sicilianas. Son las decenas que se han dado una estructura in situ. Puede pareceros extraño que una organización se llame con el nombre de otra. Las decenas se han dado una estructura, pero las familias pertenecen al pueblo: encontraréis a los castellammaresi, a los alcamesi, a los palermitani.

PRESIDENTE. ¿Allí, en los Estados Unidos?

LEONARDO MESSINA. Sí.

PRESIDENTE. Cuando estas familias en los Estados Unidos tienen que tomar una decisión importante, ¿la acuerdan con ustedes en Sicilia?

LEONARDO MESSINA. No, depende de lo que sea. En su territorio, tienen su jefe, hablan entre ellos. Pero si es algo que afecta al nivel mundial, que puede tener resonancia internacional, tienen que tener en cuenta a la Organización.

PRESIDENTE. La decisión política de independencia que usted ha citado, que se habría tomado en Enna, ¿ha sido acordada con las familias de otros países, que usted sepa?

LEONARDO MESSINA. Es un programa que no puede ser sólo de la Mafia: es un programa de la Mafia y de la masonería.

PRESIDENTE. Usted ha descrito las relaciones con la 'Ndrangheta, la Sacra Corona Unita y la Camorra; ¿cuáles son las relaciones con organizaciones criminales de otros países?

LEONARDO MESSINA. Hay un vértice, un punto de encuentro para todos. Hasta ahora los líderes han sido otros. Como he explicado, conozco la existencia de una estructura mundial desde 1980: nos sentamos en una mesa mundial con las demás organizaciones. Desde este año, nos han otorgado la representación.

PRESIDENTE. ¿Cuándo y cómo empezó Cosa Nostra a traficar con estupefacientes?

LEONARDO MESSINA. Me enteré desde los primeros años en que entré en la familia. El viejo Calì no quería oír hablar de estupefacientes.

PRESIDENTE. ¿Qué significa traficar con estupefacientes?

LEONARDO MESSINA. Antes, a principios de los ochenta, incluso nosotros de las familias del interior, estábamos autorizados a traficar con estupefacientes: además de haber procedido a invertir una cuota, cada uno podía llevarse la droga y venderla en su territorio. Desde hace algunos años se nos ha quitado esta posibilidad y sólo pueden traficar con droga los que tienen conexiones fuera de Sicilia.

PRESIDENTE. Entonces, ¿la droga se compra y se vende?

LEONARDO MESSINA. Sí, se compra y se vende.

PRESIDENTE. ¿También se refina?

LEONARDO MESSINA. Sí, en algunos casos, se refina, pero no en el caso de mi familia.

PRESIDENTE. ¿Dónde se compra?

LEONARDO MESSINA. Nuestros mandamentos están al tanto de todos los tráficos. Cuando se empieza un tráfico, preguntan si una familia quiere participar con una cuota. En cualquier caso, anteriormente, si una familia quería trabajar con droga, le bastaba con decir que quería cinco, diez o cien kilos y tenía la droga, pagando el precio que correspondía a Cosa Nostra; ahora, hay una prohibición absoluta de vender heroína en Sicilia.

PRESIDENTE. ¿Por qué?

LEONARDO MESSINA. No quieren que nuestra gente se drogue porque algunos de nuestros hijos se vieron involucrados y piensan en los hijos de los demás.

PRESIDENTE. ¿Hay refinerías en Sicilia?

LEONARDO MESSINA. Sí, creo que todavía hay algunas.

PRESIDENTE. ¿En qué zonas?

LEONARDO MESSINA. No sé si este debate es público o no; he dado unas informaciones que pueden llevar a...

PRESIDENTE. Si usted ha dado la información a los jueces, está bien.

LEONARDO MESSINA. Lo que yo denuncié, nunca se encontraron.

PRESIDENTE. Para entender mejor, ¿se trata de una o de diez refinerías?

LEONARDO MESSINA. Creo que hay dos en actividad; de todos modos, ahora es más barato que te la traigan ya refinada, porque la de los turcos cuesta cuatro duros.

PRESIDENTE. ¿Pasa por Apulia?

LEONARDO MESSINA. También; la droga no tiene una vía fija, viene de mil sitios. Va al Sur, al Norte, al Centro, vuelve al Sur: es un vaivén, una encrucijada. Cada familia, cada decena, hace lo que quiere.

PRESIDENTE. Cosa Nostra mató, por un lado, a Lima y Salvo y, por otro, a Falcone y Borsellino: ¿cuál puede ser, a estas alturas, la reacción de Cosa Nostra a la respuesta del Estado? No sé si me estoy explicando claramente.

LEONARDO MESSINA. Sí, usted se refiere a lo que el Estado está haciendo contra Cosa Nostra después de estas muertes. En el punto de mira de Cosa Nostra pueden entrar estos nuevos superpolicías[65] que todo el mundo está publicitando y no debería ser así; porque ahora van allí y ya no tienen ningún contacto con nadie de la jefatura de policía (...).

PRESIDENTE. ¿Qué podría hacer Cosa Nostra para volver a subir por este camino ligeramente cuesta abajo?

LEONARDO MESSINA. Tiene que dar un buen golpe, es decir, lograr matar a uno de nosotros que está cooperando para demostrar que nos pueden matar en cualquier parte, así que alguien se calla. No creo que haya más hombres en peligro aparte de los superpolicías y alguien que se haya quitado la ropa vieja[66] y esté luchando.
(...)
PRESIDENTE. Usted ha dicho que elementos del SISDE se habían puesto en contacto con usted para obtener información útil para la detención de Madonia: ¿cuándo ocurrió esto?

LEONARDO MESSINA. Ocurrió cuando yo estaba en la cárcel por un asesinato, en 1983.

PRESIDENTE. ¿Fueron a verle a la cárcel?

LEONARDO MESSINA. Me enviaron una señal de que tenían un contacto; estos hombres en todos los pueblos tienen un contacto.

PRESIDENTE. ¿Estos hombres del SISDE?

LEONARDO MESSINA. Sí, pero hacen su trabajo.

PRESIDENTE. Sí, claro. ¿Sabían que usted tenía tratos con Cosa Nostra?

LEONARDO MESSINA. Sí, me enviaron una señal a través de una persona que era amiga,

---

65 Por obra de Giovanni Falcone (un juez asesinado por la Falange Armada, organización terrorista de la que formaban parte Cosa Nostra, la masonería criminal estadounidense y el Servicio Secreto italiano), se creó en Italia la DIA, Direzione Investigativa Antimafia. Los superpolicías son "superagentes", es decir, agentes altamente especializados en la captura de los mafiosos.

66 En italiano, esta expresión se utiliza para referirse a un cambio de apariencia, una transformación sólo exterior, o un cambio de corriente y de partido. De hecho, un cambio de ropa puede cambiar la imagen de una persona, permitiéndole mimetizarse en un contexto determinado, pero nunca cambiará su naturaleza.

preguntándome si quería participar en una reunión: no se habría sabido nada y me habrían ayudado económicamente, pero yo no vendo a nadie por dinero.

PRESIDENTE. Antes, sin embargo, usted dijo que estaba listo...

LEONARDO MESSINA. Esa fue una guerra; luego se maduró algo más.

PRESIDENTE. ¿Cuándo se dio cuenta de que iba a tener un mal final?

LEONARDO MESSINA. Si quiere saber si estoy preocupado por morir, empecé a preocuparme en cuanto me afiliaron; todos están preocupados por morir en Sicilia. Mientras que antes los jefes morían en sus camas, ahora ya nadie muere en su propia cama y, si esto pasa, es por casualidad. Esto es tan cierto para mí como para los demás; yo, sin embargo, había perdido a muchos amigos que habían crecido conmigo y sabía que, tarde o temprano, me tocaría a mí también. Por tanto, era necesario hacer un cambio.

PRESIDENTE. ¿Quién decide los crímenes más importantes?

LEONARDO MESSINA. La Región.

PRESIDENTE. ¿No la Comisión regional?

LEONARDO MESSINA. Hasta donde yo sé, las comunicaciones provienen de la Región, pero todo depende de lo que se decida; en algunos casos se decide a nivel nacional, porque los intereses son de una sola organización. Me he referido a la Región porque en ese caso la decisión final era competencia de esta ultima.

PRESIDENTE. ¿Los asesinatos de Lima, Salvo, Falcone y Borsellino fueron decididos todos por Cosa Nostra?

LEONARDO MESSINA. Sí.

PRESIDENTE. ¿Solo por Cosa Nostra o también por otros?

LEONARDO MESSINA. Los intereses que mueven Cosa Nostra no pertenecen solo a Cosa Nostra, porque ya tienen relevancia a nivel mundial. Se crearon las condiciones para que los mataran.

PRESIDENTE. ¿Qué quiere decir con que se crearon las condiciones para que los mataran?

LEONARDO MESSINA. En cierto modo, ya no tenían cobertura. Ellos sabían que tenían que hacer un acto de fuerza también para dar una respuesta a los políticos y, dentro de Cosa Nostra, a la stidda. Era un acto de fuerza, pero no vencedor, perdedor.

PRESIDENTE. Usted dice que, debilitada la fuerza política, en cierto momento tuvieron que recurrir a la violencia de tipo militar.

LEONARDO MESSINA. Sí, también, pero también para dar una respuesta y una serenidad en el ánimo a todos los hombres de honor, los en cadena perpetua, cárcel y (nada más que) cárcel. Hay muchos de ellos.

PRESIDENTE. ¿Esto es por el asesinato de Falcone y Borsellino o también por el asesinato de Lima y Salvo?

LEONARDO MESSINA. De todos. Prácticamente, deben despojarse de los ancianos que ya no sirven y que ya no pueden prometer ni mantener nada.

PRESIDENTE. ¿Esto es en relación con Lima y Salvo?

LEONARDO MESSINA. Sí.

PRESIDENTE. ¿Y por lo que respecta a Falcone y Borsellino?

LEONARDO MESSINA. La explicación de los asesinatos de Falcone y Borsellino está en su trabajo. Los palermitanos acusaron especialmente a Falcone de haber hecho abusos y de haberlos perseguido; ellos estaban en la cárcel con Liggio y los demás y no querían que Falcone fuera a pasear por la avenida de la Libertad: todos en la cárcel, nosotros y ellos, porque Falcone también vivía en la cárcel. De todos modos, estaban al tanto de todos los movimientos, y no desde la cárcel. Sabían dónde comía la pizza, cuántos hombres de escolta tenía, y más aún, pero, si tenía que ser un acto de fuerza, tenían que matar solo a él: matando a los demás, eso ha sido un acto de debilidad, porque la gente ya no los acepta.

PRESIDENTE. Dado que también tenían bazucas, ¿no podían darle al coche en lugar de volar un kilómetro cuadrado de autopista?

LEONARDO MESSINA. No se trataba de un coche parado, sino que corría a 120-130 kilómetros por hora y además blindado.

PRESIDENTE. ¿Cómo pudieron llegar a poseer una cantidad tan grande de explosivos?

LEONARDO MESSINA. Yo era asistente en una mina y era el proveedor de casi todos los detonadores eléctricos que se usan en las minas. ¿Sabe cuántos hombres de honor trabajábamos en Pasquasia? Una quincena y hacíamos también las reuniones dentro de la mina; haga la cuenta de cuántas minas hay en Sicilia... No tenemos la necesidad de comprar el explosivo en el extranjero porque las canteras en Sicilia están todas en nuestras manos.

PRESIDENTE. Pasemos a las relaciones entre Mafia y política. En parte, usted ya ha respondido, pero le pido que resuma cuáles eran y cuáles son actualmente las relaciones entre hombres de honor y políticos.

LEONARDO MESSINA. En parte ya he respondido y en parte le digo que muchos políticos pertenecen a Cosa Nostra porque son hombres de honor.

PRESIDENTE. ¿Políticos sicilianos o no sicilianos?

LEONARDO MESSINA. Los que conocía eran personas mayores que luego murieron y gente nueva que son hombres de honor pertenecientes a las familias sicilianas.

PRESIDENTE. Sicilianos, por lo tanto, no de otras regiones.

LEONARDO MESSINA. Hasta donde yo sé, solo sicilianos.

PRESIDENTE. ¿Cómo eran antes las relaciones entre política y mafia?

LEONARDO MESSINA. Digamos de servidumbre. El mafioso se sentía poderoso cerca del político, aunque le iba a pedir favores. Ahora es una repartición. Hacemos lo mismo.

PRESIDENTE. Si no he entendido mal, antes había una relación de deferencia del mafioso hacia el político...

LEONARDO MESSINA. No de deferencia. Debe considerar que la mafia ha actuado para conseguir amistades, como si hubiera un pacto entre la Mafia y una parte del Estado.

PRESIDENTE. ¿Cuál es el objeto de este pacto?

LEONARDO MESSINA. Si examinamos el pasado, nos damos cuenta de que cuando Giuliano actuaba como separatista, Liggio lo mató y lo llevó a los carabinieri; era un regalo, evidentemente no solo a título personal, sino fruto de un acuerdo aguas arriba.

ALTERO MATTEOLI. Como Messina se detiene mucho en las relaciones entre Mafia y política, podría explicar un poco mejor...

LEONARDO MESSINA. No se me ha hecho una pregunta precisa porque hubiera respondido.

PRESIDENTE. ¿Qué quiere decir que hoy la Mafia y la política, los hombres de honor y los políticos hacen lo mismo?

LEONARDO MESSINA. En Sicilia hay una cadena de contratos, que he dirigido directamente en mi provincia, donde todos toman los mismos porcentajes: 4-5 por ciento para los políticos y 3-4 por ciento, 1,5-2 por ciento para los mafiosos locales. Los políticos dirigen algunos contratos, es decir, autorizan el trabajo en favor de ciertas empresas. Luego, cuando la empresa tiene que operar en el territorio, da el dinero a Cosa Nostra por el porcentaje que le corresponde.

PRESIDENTE. Más adelante hablaremos específicamente de la cuestión de los contratos. ¿Es éste el único negocio en común o hay otros?

LEONARDO MESSINA. Tienen en común la masonería.

PRESIDENTE. ¿Y luego qué?

LEONARDO MESSINA. Hasta donde yo sé, los contratos públicos y la masonería.
(...)
PRESIDENTE. En lo que respecta a los contratos públicos, ¿el porcentaje fue para los políticos que los gestionaban?

LEONARDO MESSINA. Sí, pero no solo a ellos directamente, en el sentido de que tenían que compartirlos con la comisión de la zona.

PRESIDENTE. Básicamente, ¿esto se refiere únicamente a los contratos de su provincia o de toda la Región?

LEONARDO MESSINA. Considere que es una red, es capilar. No se puede hacer nada sin una autorización.

PRESIDENTE. ¿Esto sucede porque hay un acuerdo entre los políticos y los hombres de Cosa Nostra?

LEONARDO MESSINA. Primero hay un acuerdo entre políticos y empresarios, luego entre empresarios y Cosa Nostra, entre políticos y Cosa Nostra.

PRESIDENTE. ¿Cuál es la función de Cosa Nostra en este acuerdo?

LEONARDO MESSINA. Controlar y proteger todo. En cada paso, si es Cosa Nostra que tiene que adjudicar un contrato a una empresa, lo guía hasta el final. Si alguien se niega a bajar el precio, muere.

PRESIDENTE. Entonces, en este acuerdo, Cosa Nostra actúa un poco como ejército...

LEONARDO MESSINA. Sí, los empresarios que afirman no saber nada no dicen la verdad. Los empresarios no pueden hablar de Mafia, pero conocen el discurso. Hasta los políticos lo saben.
(...)
PRESIDENTE. Para entender si un político es apoyado por Cosa Nostra, ¿es suficiente evaluar cómo se emitieron los votos en las zonas controladas por la organización?

LEONARDO MESSINA. No, porque Cosa Nostra guía a un candidato durante muchos años hasta que lo hace despegar. Los primeros años lo conoce, luego lo guía y lo presenta. Después ya no necesita el Mandamento porque se ha creado el entorno, las amistades, etc. Sin embargo, muchos políticos tienen el contacto con la cumbre de Cosa Nostra. Cuando hay elecciones, nos llegan las órdenes de caballeriza de votar por este o aquel tipo, pero no sabemos qué trato hicieron ni qué dieron. A veces, a nivel provincial, local o nacional, nos comprometemos como familia de manera diferente. Si la orden de apoyar a un tipo venía de la caballeriza, está bien; en cambio, si había que votar por dos o por tres personas, una era la indicada por la caballeriza, las otras las buscábamos nosotros.

PRESIDENTE. ¿Qué quieres decir de caballeriza?

LEONARDO MESSINA. Quiere decir orden de Cosa Nostra.
(...)
PRESIDENTE. ¿Tengo entendido que ustedes orientan sus votos para elegir a alguien, pero no a todos los elegidos en una zona los eligen ustedes?

LEONARDO MESSINA. No, pero llegan órdenes bien precisas. A veces también con las órdenes la persona no es elegida.

PRESIDENTE. ¿Puede haber una orden para elegir a una persona que luego no es elegida?

LEONARDO MESSINA. Sí.
(...)
PRESIDENTE. ¿Puede suceder que en una zona controlada por Cosa Nostra, como San Cataldo, un político tome muchos votos sin ser apoyado por Cosa Nostra?

LEONARDO MESSINA. Sería un caso raro.
(...)
PRESIDENTE. ¿Tenéis indicaciones para no apoyar a un hombre político que lucha contra la Mafia?

LEONARDO MESSINA. Hay que ver si lucha contra la Mafia con palabras o con hechos. Por lo general, todos los políticos suben al escenario y dicen que están en contra de la Mafia; hay que ver en la realidad lo que hacen o los acuerdos que tienen. En Sicilia, todo el que sube al escenario está en contra de la Mafia.

PRESIDENTE. ¿No os preocupa eso?

LEONARDO MESSINA. No, no nos preocupa, es una farsa. Piense que un político que estaba cenando en mi casa, al día siguiente fue al comité antimafia con la banda, y fue el primero.

PRESIDENTE. ¿Comité antimafia de la ciudad o de la región?

LEONARDO MESSINA. No era un comité antimafia, era una antorcha[67].

PRESIDENTE. ¿Esta relación surge también en el pago de cantidades de dinero?

LEONARDO MESSINA. Sí. En cuanto a mi familia, muchas veces nos hemos activado, más allá de la orden de caballeriza, para recibir dinero de los políticos o en previsión de favores.

PRESIDENTE. ¿Qué clase de favores?

LEONARDO MESSINA. Pedimos puestos, si nos ayudaba; el fin último es siempre el contrato público.

PRESIDENTE. ¿Hay candidatos que pagan?

LEONARDO MESSINA. Muchísimos.

PRESIDENTE. ¿Ha habido casos de candidatos financiados por Cosa Nostra al revés?

LEONARDO MESINA. Esto sólo puede ocurrir en un nivel más alto que la familia. Cuando las órdenes llegan a una familia, tienen que hacerlo. A veces la familia tiene un pequeño político local, con respecto a municipio o provincia, pero necesitan acuerdos con sus jefes, no los llevan con uno de nosotros.

PRESIDENTE. Si existen estos acuerdos, ¿puede pasar que Cosa Nostra financie una campaña electoral?

LEONARDO MESSINA. Sí, o los empresarios cercanos a Cosa Nostra.

PRESIDENTE. ¿Siempre según vuestra indicación?

LEONARDO MESSINA. Sí.
(...)
PRESIDENTE. Si un partido o candidato que usted ha apoyado no favorece vuestros intereses, ¿qué sucede?

LEONARDO MESSINA. A uno lo abofeteé.

PRESIDENTE. ¿A qué nivel? ¿Concejal, provincial o regional?

_____

67 En italiano, el término utilizado es "fiaccolata". Este último se define como "Desfile o reunión de muchas personas con antorchas encendidas en señal de alegría, celebración, honor". En este caso concreto, se organizó una procesión de antorchas para conmemorar la muerte de Falcone y demostrar la unidad de la ciudadanía contra la Mafia. Definición del diccionario en línea Treccani. Fuente: https://www.treccani.it/vocabolario/fiaccolata/#:~:text=de%20fiaccola%5D.,di%20festa%2C%20d'onore.

LEONARDO MESSINA. Consejero regional.

MARCO TARADASH. ¿Quién era? ¡Estamos aquí para saber estas cosas, de lo contrario, para qué sirven las audiciones!

PRESIDENTE. Ya hemos discutido estas cosas, sigamos adelante. Luego basta con leer las actas. (...)
PRESIDENTE. ¿Qué beneficio concreto recibía la Mafia de su relación con los políticos? En primer lugar, los contratos publicos, ¿y luego?

LEONARDO MESSINA. Los contratos públicos, la presión sobre los juicios. No debemos olvidar a todos los hombres que están en la cárcel. ¿Sabe cuántos mafiosos hay en la cárcel? Más que los que están fuera. El interés es total: el permiso, cuando había este problema, la estancia obligatoria, cuando este era el problema, el juicio. Si un mafioso va a la cárcel, el problema es que no le den la cadena perpetua. Si no le dan cadena perpetua, en cualquier caso en 10-12 años sale.

PRESIDENTE. ¿El problema es evitar la cadena perpetua?

LEONARDO MESSINA. Sí, es para evitar la cadena perpetua, porque en este caso hay que quedar encerrado 20-25 años por lo menos.

PRESIDENTE. ¿Cómo se realizaba el ajuste de los juicios?

LEONARDO MESSINA. Hablan directamente con nosotros. El político o el mafioso, el representante, habla directamente con el magistrado. A ustedes les puede parecer extraño, pero en un ambiente como el nuestro, cuando se presenta el político, el "personaje" es el mafioso, no el político.

PRESIDENTE. Se presenta como político, pero es un mafioso, ¿es eso lo que quiere decir?

LEONARDO MESSINA. Cuando el político habla con un representante no tiene la figura que puede tener en su entorno; ahí es un hombre inerme ante una estructura.

PRESIDENTE. Entonces, ¿hace lo que le dice la estructura?

LEONARDO MESSINA. Sí, pero no es una obligación, lo sabe.

PRESIDENTE. ¿Incluso en sus relaciones con los jueces?

LEONARDO MESSINA. Sí.

PRESIDENTE. ¿El hombre de honor va al juez y pide?

LEONARDO MESSINA. Claro, no todo hombre de honor, hablamos de un cierto nivel, o empresario. Hay una costumbre: cuando llega un magistrado, un empresario se encarga de proporcionarle casa, jardín y otras cosas, mientras tanto... Hay quien se queda, hay quien no, hay quien muere. Hay quien vive y elige el camino del medio.

PRESIDENTE. Entonces, ¿las relaciones con los magistrados estaban en parte mediadas por políticos y en parte por hombres de honor y empresarios?

LEONARDO MESSINA. Sí.

PRESIDENTE. ¿Y la masonería?

LEONARDO MESSINA. La masonería es un punto de encuentro para todos. Incluso algunos hombres de mi familia son masones. Michele Sindona vino a vivir a San Cataldo.

PRESIDENTE. ¿Cosa Nostra sólo puede dirigir el voto en Palermo, Caltanissetta y Catania, o en todas las localidades?

LEONARDO MESSINA. Es capaz de dirigir el voto en todas las localidades.

PRESIDENTE. Claro, ¿dónde más, dónde menos según la fuerza o en todas partes?

LEONARDO MESSINA. Hay algunas provincias que no tienen estructura, pero siempre hay hombres; en un pueblo hay un hombre de honor y es como si estuviera una estructura.

PRESIDENTE. ¿Cuáles son los medios para obtener el voto? ¿Basta con decir que quieres votar a un tío para inducir a la gente a seguir vuestras indicaciones?

LEONARDO MESSINA. Considere que tantas personas "giran en torno" a hombres de honor: pequeños empresarios, médicos. Yo tengo el quinto grado y recomendé[68] a licenciados universitarios para un trabajo. Tenían que asignar unos puestos en un hospital, Cosa Nostra tenía que apoyar a un médico y yo me encargué de parar al otro, diciéndole que el puesto tiene que venir ocupado por...

PRESIDENTE. Es decir, le dijo: "Apártate".

LEONARDO MESSINA. El hombre de honor puede tener el segundo grado de primaria, pero no por eso tiene que mirar sólo a su nivel; aunque sea ignorante, aunque no sepa leer ni escribir, condiciona.

PRESIDENTE. Es otra escuela.

LEONARDO MESSINA. Es la escuela de la calle.

PRESIDENTE. ¿Hay intimidación a la gente, a los electores para que voten o no es necesario?

LEONARDO MESSINA. Cuando un hombre de honor se dirige a una persona y ésta no cumple con su deber - porque pueden controlar lo que quieren -, entonces ocurre...

PRESIDENTE. ¿Cómo controlan una votación?

LEONARDO MESSINA. Saben más o menos cómo están "combinados" sus hombres en el distrito y pueden contar también los de las secciones.

PRESIDENTE. ¿Hay casos de fraude electoral?

LEONARDO MESSINA. Sí.

PRESIDENTE. ¿En qué consiste este fraude?

LEONARDO MESSINA. En una ciudad hicieron votar hasta a los muertos.

---

68 "Enchufé".

PRESIDENTE. ¿Incluso inmigrantes?

LEONARDO MESSINA. Sí.

PRESIDENTE. ¿En la misma ciudad o en ciudades diferentes?

LEONARDO MESSINA. En las ciudades de una misma provincia.

PRESIDENTE. ¿Ha ocurrido una sola vez o es frecuente?

LEONARDO MESSINA. Que yo sepa, un par de veces.

PRESIDENTE. ¿Elecciones municipales o nacionales?

LEONARDO MESSINA. Regionales.

PRESIDENTE. ¿En su provincia?

LEONARDO MESSINA. No.

PRESIDENTE. ¿Se puede saber en qué provincia?

LEONARDO MESSINA. Enna.

PRESIDENTE. ¿Cómo fueron los votos de los inmigrantes?

LEONARDO MESSINA. Una persona votó treinta veces porque los que dirigían el colegio electoral eran todos gente de Cosa Nostra.

PRESIDENTE. En uno de los interrogatorios usted dijo que había oído estas cosas en el despacho del abogado Bevilacqua...

LEONARDO MESSINA. No sólo eso.
(...)
LEONARDO MESSINA. Considere que el político crea la condición. Nadie puede ordenar a Cosa Nostra, porque Cosa Nostra ordena por sí sola. (...) Puede ser que por ejemplo un policía, un "cuestor[69]" esté molestando, esté llegando a un lugar donde... Lo denuncian, no dicen "mátalo", siempre se encarga Cosa Nostra. Viene señalado.

PRESIDENTE. ¿Es decir, dice: "Ese está estorbando"?

LEONARDO MESSINA. "Está llegando allí".

PRESIDENTE. ¿Esto es suficiente?

LEONARDO MESSINA. Sí.

---

69 En el derecho italiano, es un funcionario de la administración del Ministerio del Interior que, dentro de una provincia, bajo la autoridad del prefecto, es responsable de la dirección técnica de los servicios de policía y del orden público, y que también está investido de poderes específicos. Del italiano "Questore", del diccionario Treccani de la lengua italiana. Fuente: https://www.treccani.it/vocabolario/questore/#:~:text=Nell'ordinamento%20italiano %20moderno%2C%20funzionario,rilascio%20di%20determinate%20licenze%20e

PRESIDENTE. Entonces, ¿basta con que un político señale a Cosa Nostra que una cierta persona le está molestando y Cosa Nostra entiende lo que tiene que hacer? ¿Es así?

LEONARDO MESSINA. Cosa Nostra mientras tanto evalúa si la molestia es para todos, incluso para sí misma.
(...)
PRESIDENTE. ¿Puede explicar la hipótesis separatista? Usted ha dicho que Sicilia es ahora demasiado pequeña para los negocios de Cosa Nostra; pero luego ha añadido que Cosa Nostra y los masones juntos estarían ahora interesados en el separatismo siciliano. ¿Puede explicar estos dos conceptos aparentemente contradictorios?

LEONARDO MESSINA. "Masón" es una palabra que engloba además a tantos tipos de personas. Cosa Nostra ya no puede permanecer sumisa al Estado, someterse a sus leyes, Cosa Nostra quiere tomar el poder y tener su propio Estado.

PRESIDENTE. Entonces, ¿el problema es tener una base grande para estar más cubiertos, más protegidos y desde ahí hacer operaciones en el exterior?

LEONARDO MESSINA. Sí. Cosa Nostra nunca vende a su Región. Vende la droga en el extranjero porque no quiere que droguen a sus hijos.

PRESIDENTE. ¿Sabe usted que Riina es masón?

LEONARDO MESSINA. Dicen que es masón.

PRESIDENTE. ¿Sabe usted qué otros de los grandes jefes de Cosa Nostra son masones?

LEONARDO MESSINA. Puedo decirle cuáles lo fueron porque desgraciadamente muchos están muertos.

PRESIDENTE. ¿Puede decirme cuáles fueron?

LEONARDO MESSINA. Stefano Bontade, Nicola Terminio, Moreno Miccichè y otros.

PRESIDENTE. ¿Y de los vivos, aparte de Riina, Santapaola?

LEONARDO MESSINA. Yo creo que la cúpula de Cosa Nostra es masona. También hay que ver su nivel de cultura; no entran todos, el poder lo tienen que tener dos o tres. Santapaola es la expresión de una corriente, es el hombre de Madonia.

PRESIDENTE. ¿Madonia es masón?

LEONARDO MESSINA. Creo que sí.

PRESIDENTE. ¿Los empujes separatistas vienen de fuera o están dentro de las fronteras nacionales?

LEONARDO MESSINA. Creo que vienen de fuera de las fronteras nacionales. Puedo hablar del programa de la región mafiosa; sería absurdo que yo supiera lo que decide la masonería. Sé lo que ha decidido Cosa Nostra.

PRESIDENTE. ¿Y la Región ha decidido, como usted ha explicado, de orientarse hacia el independentismo, hacia un nuevo separatismo?

LEONARDO MESSINA. Sí.

PRESIDENTE. ¿Este separatismo estaría en conexión con - usted dice - fuerzas no nacionales o también con fuerzas nacionales?

LEONARDO MESSINA. También con fuerzas nacionales.

PRESIDENTE. ¿Entonces con fuerzas nacionales y no nacionales?

LEONARDO MESSINA. Sí.

PRESIDENTE. ¿Las fuerzas nacionales son políticas o no?

LEONARDO MESSINA. También políticas.

PRESIDENTE. ¿Políticas y no políticas, entonces?

LEONARDO MESSINA. Políticas y empresariales.

PRESIDENTE. ¿No es institucional?

LEONARDO MESSINA. También.

PRESIDENTE. Entonces, ¿hay sectores, por así decirlo, de las instituciones, empresariales y políticos que apoyarían este proyecto?

LEONARDO MESSINA. Sí.

PRESIDENTE. Eso en lo que respecta a Italia. ¿En cuánto al extranjero, que usted sepa?

LEONARDO MESSINA. Del extranjero no sé. Sé lo que han decidido allí.

PRESIDENTE. Así que usted sabe que también hay apoyo del extranjero, pero no sabe de dónde viene. ¿Es así?

LEONARDO MESSINA. Sí. Tenga en cuenta que yo sólo conozco los hechos que decide Cosa Nostra; puedo hablar de los pasajes que me constan, no puedo hacer deducciones por lo que se refiere al extranjero.

PRESIDENTE. No hay ninguna duda al respecto. ¿La teoría separatista significa golpe de estado o significa...

LEONARDO MESSINA. Anteriormente, Cosa Nostra trabajaba para realizar golpes de estado.

PRESIDENTE. En el pasado sí, así lo explicó...

LEONARDO MESSINA. Hoy pueden llegar al poder sin realizar un golpe de estado.

PRESIDENTE. Cuando se ha referido, después de mi pregunta, también a los intereses de determinados sectores institucionales en un proyecto de separación de Sicilia, ¿puede explicar a qué sectores se refería?

LEONARDO MESSINA. ¿Qué quiere decir con la palabra sectores? Perdone, pero no le entiendo.

PRESIDENTE. Las instituciones son muchas: está el poder judicial...

LEONARDO MESSINA. Los políticos que son hombres de honor conocen el proyecto. No es sólo de Cosa Nostra; está el político que es de Cosa Nostra porque está 'pinchado'. El programa lo hacen juntos...

PRESIDENTE. Esto está muy claro. Ya que nos explicó que incluso en las instituciones hay personas o grupos enteros (no lo entendí muy bien[70]) que apoyan este proyecto, las instituciones son muchas, el poder judicial, las fuerzas del orden...

LEONARDO MESSINA. Nunca ha existido un tercer nivel que dé órdenes a Cosa Nostra, pero existe la masonería que engloba a todos los otros organismos...

PRESIDENTE. Entonces, ¿estos apoyos proceden de todas las instituciones o de una en particular?

LEONARDO MESSINA. Que yo sepa, dicen que de una en concreto.

PRESIDENTE. ¿Puede decir de qué institución en particular?

LEONARDO MESSINA. También de la justicia.

PRESIDENTE. Por la magistratura, entonces.

LEONARDO MESSINA. Sí.

PRESIDENTE. ¿Estamos hablando de la magistratura siciliana o de la magistratura de fuera de Sicilia?

LEONARDO MESSINA. Los juicios tuvieron lugar en Palermo. Hay magistrados que fueron contactados por Cosa Nostra, que no quisieron asumir el peso de la absolución. Fueron asesinados por la calle.
(...)
LEONARDO MESSINA. No estoy hablando del golpe de estado del poder judicial. He dicho que hay algunos magistrados masones que son conscientes de este plan.

MAURIZIO CALVI. ¿Sicilianos?

LEONARDO MESSINA. Sí. No puedo hablar sobre los magistrados que vienen de Milán porque no los conozco.

PRESIDENTE. Ruego a los colegas que permanezcan en las vías establecidas. No podemos pedir a Messina noticias de las que él no conoce (...).
(...)
PRESIDENTE. ¿Puede explicar mejor qué son estos hombres de control?

LEONARDO MESSINA. Cuando se financia un contrato público, no sólo participan en la licitación empresas sicilianas, sino también del Norte. Así que hay hombres cuyo trabajo consiste en

---

70 Palabras del Presidente Luciano Violante.

establecer ciertos contactos para conseguir la rebaja.

PRESIDENTE. Entonces, ¿hay hombres que contactan con las empresas y revelan el tipo de rebaja establecido?

LEONARDO MESSINA. Sí. En cualquier caso, si Cosa Nostra tiene que ganar una licitación, la gana.

PRESIDENTE. ¿Incluso con engaños, como usted explicó una vez?

LEONARDO MESSINA. Tengo unos certificados antimafia en la mano.

PRESIDENTE. ¿Sacados de los sobres?

LEONARDO MESSINA. Los he sustraído yo personalmente.

PRESIDENTE. ¿Ayudado por alguien o solo?

LEONARDO MESSINA. No pude entrar en la Prefectura. Evidentemente, alguien me los debió entregar.

PRESIDENTE. ¿Desde dentro de la prefectura?

LEONARDO MESSINA. Creo que sí.

PRESIDENTE. Puede decir sí o no.

LEONARDO MESSINA. Sí.

PRESIDENTE. ¿No hay ninguna empresa que gane un contrato en Sicilia que no haya utilizado esta intermediación? ¿Es ese el principio?

LEONARDO MESSINA. No hay ninguna empresa en Sicilia que no haya mediado con políticos y la Mafia.

PRESIDENTE. ¿Hay algún empresario en particular que esté más dentro de Cosa Nostra o están todos fuera?

LEONARDO MESSINA. Hay muchos empresarios 'pinchados', es decir, hombres de honor, luego hay algunos que son fiduciarios de Cosa Nostra. Si un hombre de honor cae en desgracia, se acude a ellos y se les pide, por ejemplo, cien millones. Este es el contacto. En las distintas provincias de Sicilia se han hecho reuniones para establecer cómo se iban a arreglar las cosas.

PRESIDENTE. ¿Hay empresarios que estén orgánicamente dentro de Cosa Nostra?

LEONARDO MESSINA. Muchos empresarios son hombres de honor.

PRESIDENTE. En documentos públicos usted se refirió a un empresario (tal vez dos[71]) especialmente cercano a Riina. ¿Qué función tenía este empresario?

LEONARDO MESSINA. Sí, en cualquier ciudad seguía la licitación. A la familia local no daba

---

71 Palabras del Presidente Luciano Violante.

más del 1 por ciento porque el resto era de la Región y nadie tenía que tocarlo.

PRESIDENTE. Si algún empresario no estuviera de acuerdo, ¿qué pasaría?

LEONARDO MESSINA. Lo que le pasó a Ranieri.

PRESIDENTE. ¿Lo mataron?

LEONARDO MESSINA. Lo liquidaron.

PRESIDENTE. ¿Fue este otro empresario quien lo decidía?

LEONARDO MESSINA. No. El empresario dice: ése no me quiso recibir por lo de la rebaja. Entonces siempre es Cosa Nostra la que decide qué hacer, a menos que el empresario sea un hombre de honor y entonces asista a las reuniones.
(...)
PRESIDENTE. Cuando se confirmaron las cadenas perpetuas, ¿qué reacción tuvieron Cosa Nostra y los Corleonesi?

LEONARDO MESSINA. Hablé directamente con algunos hombres cercanos a Salvatore Riina, con sus brazos armados, que estaban al tanto de los movimientos de Falcone, y me dijeron que no podían matarlo en ese momento porque harían de él un mito. Sin embargo – dijeron -, ya veremos. Luego tomaron otras decisiones, evidentemente, tenían que dar una explicación a los de dentro y una respuesta a los de fuera.

PRESIDENTE. Básicamente, ¿Riina había prometido algo?

LEONARDO MESSINA. Sí; todo el mundo sabía que el Maxijuicio tenía que ir bien en Casación.

PRESIDENTE. ¿Algún político le garantizó que las cosas irían bien, que usted sepa?

LEONARDO MESSINA. Dentro de Cosa Nostra se rumorean muchas cosas: lo que se dice dentro de Cosa Nostra tiene que ser necesariamente la verdad, verificable; no puede ser que se digan falsedades.

PRESIDENTE. No le he pedido los nombres; quería saber si la relación que se supone que os debería haber garantizado es con un político, con un masón o directamente con un magistrado.

LEONARDO MESSINA. Considere que entre nosotros no nombramos a ningún masón en concreto, porque es el vértice que es masón: ellos saben dónde se puede llegar. Nos garantizaron que el Maxijuicio acabaría bien, y punto.
(…)
PRESIDENTE. ¿Por qué fue asesinado Ignazio Salvo, que usted sepa?

LEONARDO MESSINA. (…) La familia Salvo es un tronco histórico: todos los que pertenecen a la historia de Cosa Nostra deben morir; todos los que han tenido contacto con los políticos deben, en cierto sentido, perecer. No debe quedar ningún rastro, ningún recuerdo histórico del pasado.

PRESIDENTE. ¿Por qué?

LEONARDO MESSINA. Porque está cambiando de piel.
(...)

ALTERO MATTEOLI. Entonces, ¿el político consigue la financiación de la obra y luego se gestiona el contrato público de la forma que ha dicho?

LEONARDO MESSINA. Sí.

PRESIDENTE. Con dos tipos de intervención: la primera, con pago treinta días después de que se haya dictado la adjudicación y ya no haya posibilidad de recurso; la segunda, con pago cuando comiencen las obras. ¿Cuál es la diferencia entre estas dos formas? ¿Cuándo se recurre a una u otra?

LEONARDO MESSINA. Cuando el empresario pacta con el político y consigue que la obra se financie sin Cosa Nostra, Cosa Nostra entra en juego cuando comienza la ejecución de la obra.

PRESIDENTE. Por lo tanto, depende del momento en que Cosa Nostra entre en juego; si Cosa Nostra interviene desde el primer momento, el pago se produce treinta días después de la adjudicación.

LEONARDO MESSINA. De cualquier manera, tarde o temprano, Cosa Nostra siempre tiene que conseguir lo suyo.

PRESIDENTE. Sin embargo, para trabajar, tienen que estar las maquinarias...

LEONARDO MESSINA. Antes de que traigan las maquinarias.

PRESIDENTE. Básicamente, para ganar el contrato, o hay fraude, como el de sacar los certificados del sobre...

LEONARDO MESSINA. En ese caso había un motivo de premura y no habíamos podido controlar a un empresario.

PRESIDENTE. ¿O incluso la intimidación del empresario, que puede llegar hasta la muerte?

LEONARDO MESSINA. Se llegó hasta la muerte.
(...)
PRESIDENTE. Usted dijo que de esta manera Cosa Nostra controlaba los contratos públicos de toda la región de Sicilia.

LEONARDO MESSINA. Sí, de los municipales para arriba.

PRESIDENTE. ¿Independientemente del valor del contrato, incluso sobre un valor que no es especialmente importante?

LEONARDO MESSINA. Todo depende del nivel cultural de la familia. Por ejemplo, nosotros en San Cataldo, cuando se hablaba de valores inferiores a 300 millones, no aceptábamos. Las empresas lo saben y hablan antes de poner los medios.

PRESIDENTE. Usted habló de un ingeniero que llevó sobornos a la Comisión Regional; ¿puede explicar este episodio?

LEONARDO MESSINA. Me encontré en casa de Angelo Siino, pero el ingeniero ya había salido de la habitación habiendo dejado un maletín lleno de dinero. En cuanto salió entramos nosotros y nos saludamos porque el empresario era de mi provincia; hablamos sobre cosas generales y del hecho que el empresario nos había traído dinero para la Región. Pero ese no es el único punto,

porque ese empresario está construyendo una ciudad de hormigón debajo de San Cataldo; cuando se convocó el concurso, el contrato era de mil quinientos millones y me dio el uno por ciento, es decir, quince millones. Cuando exigí más porque se trataba de pilotaje - él también habría obtenido más - me dijeron que no insistiera porque el uno por ciento o el resto se lo habría dado a la Región.
(...)
PRESIDENTE. Me explíque la historia del pilotaje.

LEONARDO MESSINA. Debajo de San Cataldo hay una zona de desprendimientos y, para poder recoger correctamente las aguas, desde hace cinco años se está trabajando en ello. Se partió de mil quinientos millones y ahora se ha llegado a 150 mil millones.

PRESIDENTE. ¿Es un trabajo muy bien pagado?

LEONARDO MESSINA. Sí. Además de la obra, se han hecho pilotes para frenar la montaña.
(...)
PRESIDENTE. Usted ha hablado de las relaciones entre empresas y obras públicas: ¿la presencia de Cosa Nostra está también en otros sectores económicos o sólo en las obras públicas?

LEONARDO MESSINA. Está en cualquier sector donde haya ingresos, por ejemplo, cuando hay que comprar un terreno grande; tienen infiltración en los bancos (no hablo de oídas[72]), como ocurre también en mi ciudad.

PRESIDENTE. ¿Los bancos cumplen alguna función en particular?

LEONARDO MESSINA. Sí. Cuando, por ejemplo, la Provincia tenía que hacer negocios y no había dinero, el dinero salía del banco extraoficialmente: compraban, vendían y daban beneficios tanto al banquero como a la familia de origen.

PRESIDENTE. Prácticamente, daban anticipos. ¿Esa es la única función o también existe la de lavar dinero sucio?

LEONARDO MESSINA. Sí, también lavar dinero sucio.

PRESIDENTE. ¿Incluso en una provincia como la de Caltanissetta?

LEONARDO MESSINA. No, normalmente se mueven fuera, donde pueden levantar menos sospechas que en Sicilia, donde casi todo está controlado, a no ser que también esté implicado el banco, como en el caso de San Cataldo. Hablo de San Cataldo porque vivo allí y sería absurdo que hablara de Nápoles. Tengo que hablar de mi ciudad.
(...)
PRESIDENTE. Básicamente, el principio es éste: ya que has tomado dinero del Estado, debes darnos una parte. ¿Es así?

LEONARDO MESSINA. Sí.

PRESIDENTE. ¿Existe o no el empresario protegido?

LEONARDO MESSINA. Sí, hay empresarios que pagan un sueldo mensual a Cosa Nostra por la protección.

PRESIDENTE. Si un empresario protegido por ustedes, que va a trabajar a Milán, Turín, Verona o

---

72 Palabras de Leonardo Messina.

cualquier otro lugar, tiene dificultades, ¿intervienen ustedes?

LEONARDO MESSINA. Sí, siempre intervenimos, en cualquier caso.

PRESIDENTE. Entonces, ¿también intervienen para favorecerle en el mercado, para hacerle ganar contratos, etc., aunque esté fuera de Sicilia?

LEONARDO MESSINA. Sí, en todas partes, también porque las empresas del Norte que vienen al Sur tienen que adaptarse a nuestro comportamiento.

PRESIDENTE. Entonces, ¿las normas de contratación que ha indicado aquí también se aplican en las regiones donde la presencia de Cosa Nostra es más fuerte, por ejemplo en Calabria, Campania y Apulia?

LEONARDO MESSINA. En Calabria pasa lo mismo que en nuestra tierra. No se puede poner un alfiler sin el permiso de la familia local.

PRESIDENTE. ¿Y en Campania, que usted sepa?

LEONARDO MESSINA. En Campania no todas las familias dependen de una estructura, hay bandas. Los líderes son de Cosa Nostra, y a veces se las reparten.

PRESIDENTE. Entonces, mientras que en Calabria pasa lo mismo que con usted, ¿en Campania hay más desorden?

LEONARDO MESSINA. Sí, pero algo de desórdenes, algunos problemas están también en Catania.

PRESIDENTE. ¿Qué quiere decir con problemas?

LEOANRDO MESSINA. En Catania están los grupos, hay un fuerte empuje, así que tiene que haber un acuerdo previo, a través del cual sepas que tienes que darles una parte de cualquier trabajo, de lo contrario acaba en guerra.

PRESIDENTE. ¿Y en Apulia?

LEONARDO MESSINA. No tengo conocimiento de ello.

PRESIDENTE. Para Lombardía ya ha dicho usted que no han llegado al nivel...

LEONARDO MESSINA. Al menos los que yo conozco.

PRESIDENTE. Usted ha hablado de relaciones entre hombres de honor y masones, y me parece que argumentó que la cúpula de Cosa Nostra era masón. ¿Cuál es la relación entre la Mafia y la masonería? ¿Obedece la masonería a la Mafia, como ocurre con la política, o se trata de una relación diferente?

LEONARDO MESSINA. No, la mafia sólo obedece a sí misma. Establecen puntos de encuentro para asuntos varios, para justificar un juicio, un gran contrato público.

PRESIDENTE. Entonces, es un lugar donde uno se encuentra...

LEONARDO MESSINA. Por supuesto, es un paso obligado para la mafia de nivel mundial.

MARCO TARADASH. ¿El Sr. Messina es masón?

LEONARDO MESSINA. No.

PRESIDENTE. ¿Hay masones que no sean hombres de honor y que os ayuden?

LEONARDO MESSINA. En San Cataldo, sí. Algunos nunca han sido presentados ritualmente. Se dice que son masones...

PRESIDENTE. ¿Se utilizan masones en algunos sectores en particular?

LEONARDO MESSINA. Cosa Nostra está interesada en todo, especialmente en juicios, contratos públicos nacionales y contactos externos.

PRESIDENTE. ¿Usted está al tanto de la existencia de dos ramas de la masonería?

LEONARDO MESSINA. No, no me consta. Sé que hay una oficial y otra... Sé lo que dicen los periódicos.

PRESIDENTE. Pero, ¿se refiere a ambas masonerías o a una en concreto?

LEONARDO MESSINA. No... Es un ala de la masonería que es secreta. Es una secta secreta, es decir, no es oficial.

PRESIDENTE. ¿De la masonería oficial o de la otra?

LEONARDO MESSINA. En la práctica, hay una parte de la masonería que está involucrada con nosotros y que no tiene nada que ver con la masonería oficial. En ninguna parte está escrito que Totò Riina o Leonardo Messina sean miembros de la masonería.

PRESIDENTE. Entonces, distingamos las cuestiones. La primera es que la cúpula de Cosa Nostra es masón, pero usted dice que nunca se encontrará ningún documento en el que esto esté escrito; la segunda está relacionada con la función de la masonería, respecto a la cual usted nos ha explicado que garantiza favores judiciales, contratos y demás, y que también puede haber hombres de la masonería que no sean hombres de honor pero que les ayuden de todos modos.

LEONARDO MESSINA: Sí, así es.

PRESIDENTE. Hay dos masonerías, una más importante, otra...

LEONARDO MESSINA. La oficial...

PRESIDENTE. No, las dos son oficiales, pero diferentes, es como si fueran dos partidos distintos. ¿Sabe usted si los masones que estaban cerca de ustedes pertenecían a las dos?

LEONARDO MESSINA. No, no lo sé. Hombres de mi familia eran jefes de mandamento, controlaban la provincia de Caltanissetta y eran masones.

PRESIDENTE. ¿No sabe de qué obediencia masónica eran?

LEONARDO MESSINA. No, no lo sé.

PRESIDENTE. Usted nos ha dicho que los niveles de inscripción son secretos, es decir, no oficializados. ¿Es así?

LEONARDO MESSINA. Sí, así es.

PRESIDENTE. Entonces, no se trata de una relación como la que existe entre la política y la Mafia. Se entra en la masonería porque es útil para hacer negocios, obtener favores, etcétera.
(…)
PRESIDENTE. ¿Ha oído hablar de una especie de pacto entre la Mafia y la masonería a finales de los años 70, por el que se decidió que importantes mafiosos podían ingresar en la masonería?

LEONARDO MESSINA. No, nunca he oído hablar de eso. Hubo momentos en mi vida - yo era un muchacho - en los que comprobábamos algunos objetivos para asaltar. Esperábamos una orden porque teníamos que asaltar el cuartel de los carabinieri y otras oficinas.

PRESIDENTE. ¿A qué edad?

LEONARDO MESSINA. Tenía unos 16 años.

PRESIDENTE. ¿Cuándo nació usted?

LEONARDO MESSINA. Nací en 1955.

PRESIDENTE. Entonces, ¿alrededor de 1971?

LEONARDO MESSINA. Sí, 1970-1971.

PRESIDENTE. ¿Es la época del golpe Borghese[73]?

LEONARDO MESSINA. Sí.

PRESIDENTE. ¿Le han ordenado de realizar estos asaltos?

LEONARDO MESSINA. Estábamos listos para atacar cuarteles y prefecturas, ayuntamientos y todo.

PRESIDENTE. ¿Quién había dado esa orden?

LEONARDO MESSINA. Recibíamos órdenes del viejo Calì de San Cataldo. Éramos unos veinte jóvenes, hombres de honor y acercados, los hijos de Calì y yo, que era el sobrino.

PRESIDENTE. Una vez que hubiérais asaltado esos objetivos, ¿qué tendríais que hacer?

LEONARDO MESSINA. Llevábamos días esperando la orden de ocupación, pero no llegó.

---

73 El "golpe Borghese" fue un intento de golpe de estado que tuvo lugar en Italia durante la noche del 7 al 8 de diciembre de 1970 y fue organizado por Junio Valerio Borghese, ultraderechista, antiguo fascista y fundador del Frente Nacional. El golpe fue cancelado por el propio Borghese mientras se estaba llevando a cabo, por razones que nunca se han aclarado. Probablemente, debido a la intervención del Partido Comunista Italiano, que había alertado a los servicios y al comando soviético. Para evitar ser detenido, Borghese huyó a España, donde permaneció hasta su muerte en Cádiz el 26 de agosto de 1974. Texto extraído principalmente de la versión italiana de Wikipedia, en la sección "Golpe Borghese", consultada el 19/05/2023.

PRESIDENTE. ¿Por qué no llegó?

LEONARDO MESSINA. No tenía autoridad para que me lo explicaran. Sabíamos que teníamos que controlar, teníamos los medios y las armas preparadas, estábamos a disposición, sentados esperando.

PRESIDENTE. ¿Fue la única vez o sucedió en otras ocasiones?

LEONARDO MESSINA. Ocurrió en dos ocasiones.

PRESIDENTE. ¿Puede decir cuál fue la otra?

LEONARDO MESSINA. Hacia finales de 1973 sólo teníamos órdenes de atacar el cuartel.

PRESIDENTE. ¿finales de 1973 o 1974?

LEONARDO MESSINA. Finales de 1973, 1974.

PRESIDENTE. Es decir, ¿finales de 1973 y principios de 1974?

LEONARDO MESSINA. Ya tenía 18 años. Desgraciadamente, mi defecto es que no recuerdo las fechas exactas.

PRESIDENTE. ¿Hacía frío o calor?

LEONARDO MESSINA. Una vez me preguntaron si había luz u oscuridad. En fin, creo que era noviembre, a finales del otoño.

PRESIDENTE. ¿Estos contactos entre Cosa Nostra y la masonería se limitan a Sicilia o no?

LEONARDO MESSINA. No, no se limitan a Sicilia. He dicho que a Cosa Nostra se le queda pequeña la Sicilia.

PRESIDENTE. Entonces, ¿estas relaciones se encuentran también en otras regiones?

LEONARDO MESSINA. Sí.

PRESIDENTE. Lo único que sabe sobre el intento de golpe de estado en 1970 es que usted estaba esperando una orden que no llegó?

LEONARDO MESSINA. Sí. Había otros dos o tres muy jóvenes, luego los demás eran los hombres de honor y los acercados.
(...)
PRESIDENTE. ¿Puede indicar casos concretos de favores judiciales recibidos? La atenuación de penas es uno de ellos.

LEONARDO MESSINA. Sí.

PRESIDENTE. ¿Las absoluciones?

LEONARDO MESSINA. Sí.

PRESIDENTE. ¿Ocurrió alguna vez que alguien le advirtiera de una orden de detención?

LEONARDO MESSINA. Nosotros como pueblo no, porque el contacto lo tiene la Provincia. Yo conozco al hombre de contacto, pero nosotros los soldados o el jefe de familia no lo teníamos.

PRESIDENTE. ¿Pero os pasó que alguien os dijera que era hora de cambiar de aire?

LEONARDO MESSINA. Sí.

PRESIDENTE. ¿Era un caso raro o bastante frecuente?

LEONARDO MESSINA. En la mayoría de las ocasiones. Cuando Calderone se "arrepintió", durante la noche tenían que hacer una redada y nosotros lo sabíamos a partir de las dos de la tarde en San Cataldo, por no hablar en Palermo.
(...)
PRESIDENTE. ¿La cuestión de los jueces amigos de Cosa Nostra estaba presente también en Palermo, no sólo en Caltanissetta?

LEONARDO MESSINA. Sí. Entre los palermitanos hay algunos nombres, se ha sabido.

PRESIDENTE. ¿También en Roma?

LEONARDO MESSINA. No tengo conocimiento de ello.

PRESIDENTE. ¿Le dijeron por casualidad que había jueces amigos?

LEONARDO MESSINA. Sí.

PRESIDENTE. ¿Eran jueces de origen siciliano o no?

LEONARDO MESSINA. Cuando me contaban las cosas no podía preguntar si el juez era siciliano.

PRESIDENTE. ¿Ocurría lo mismo con los miembros de la policía, carabinieri y demás?

LEONARDO MESSINA. La Mafia siempre ha proporcionado desviaciones[74] contra la policía porque los mariscales y los cuestores siempre se contentaban con "atrapar a alguien con la pistola".

PRESIDENTE. ¿Atrapar a alguien con una pistola sólo significa atrapar a un autor (de un delito)?

LEONARDO MESSINA. No, alguien proporciona desviaciones. Casi la mitad de los hombres de honor están en contacto con el mariscal del pueblo, o con algún funcionario, de vez en cuando consiguen que detenga a alguien, a algún chico, y consiguen seguir adelante.

GIROLAMO TRIPODI. Por posesión ilícita de armas.

PRESIDENTE. ¿Se refiere a eso?

LEONARDO MESSINA. Sí.

PRESIDENTE. ¿Cuál es la condición de los detenidos en prisión? ¿Es un problema grave estar en

---

74 Pistas falsas.

prisión? ¿Se les contacta de igual manera?

LEONARDO MESSINA. Antes no era un problema grave, ahora se ha vuelto muy grave.

PRESIDENTE. ¿Por qué?

LEONARDO MESSINA. Porque antes se tenía la confirmación que siempre se pertenecía a una familia. Yo también soy un poco el artífice de esta situación; estaba allí cuando tomaron la decisión de que los que estaban en la cárcel tenían que ocuparse exclusivamente de sus propios asuntos y no meterse en los de los demás.

PRESIDENTE. ¿Fue una decisión de Cosa Nostra?

LEONARDO MESSINA. Sí, de la Región.

PRESIDENTE. Quien está en la cárcel ha ido...

LEONARDO MESSINA. Quien está en la cárcel sólo puede ser asistido, mantenido, pero no puede enviar órdenes. Sin embargo, esto nunca se ha aplicado a todos. Como a veces un soldado u otra persona mandaba a decir determinadas cosas, decían que cuando estaban en la cárcel tenían que ocuparse de sus propios asuntos carcelarios. Cuando los presos están en la cárcel y pertenecen a varias familias, se crea una estructura dentro de la cárcel, una verdadera familia; nada puede ocurrir dentro de la cárcel sin que todos los hombres de honor de los presos lo sepan.

PRESIDENTE. Entonces, si hubiera un movimiento frecuente de prisión de hombres de honor sería un agotamiento cada vez reconstruir esto o no?

LEONARDO MESSINA. La única línea es esa de ahí. No puedes quedarte en la misma zona donde naciste, porque los guardias y la dirección son súcubos, porque mueres.

PRESIDENTE. ¿Esto en todas las prisiones?

LEONARDO MESSINA. Considera que somos los amos del territorio en nuestra zona y en las cárceles de Calabria; hay algunas cárceles donde los guardias son los amos y tienes que estar callado.

PRESIDENTE. Entonces, ¿en Sicilia y Calabria ustedes son los jefes?

LEONARDO MESSINA. Sí.
(...)
PRESIDENTE. ¿Ha recibido alguna vez en prisión órdenes del exterior?

LEONARDO MESSINA. Sí.

PRESIDENTE. ¿Qué tipo de órdenes?

LEONARDO MESSINA. De tener cuidado con algunas personas que estaban en nuestra contra o con las personas que yo no había presentado, de acercarlos a mí, de tener cuidado con las declaraciones.

PRESIDENTE. ¿Alguna vez le ocurrió, estando en prisión, tomar parte en decisiones externas de Cosa Nostra?

LEONARDO MESSINA. El hombre detenido no; no puede dar órdenes, a no ser que sea una persona importante, un representante provincial o algo más. Un soldado tiene que estar en su sitio; te "mantienen[75]" en prisión, al abogado[76], pero no puedes... a menos que lo necesites, dices "hay un guardia que me molesta", lo mandas a decir, entonces está bien.

PRESIDENTE. ¿Esto especialmente en Sicilia?

LEONARDO MESSINA. Sí.

PRESIDENTE. Entonces, por lo que he entendido, ¿debe seguirse el principio según el cual los hombres de honor no deben ser detenidos ni en Sicilia ni en Calabria?

LEONARDO MESSINA. Sí. En cuanto se sale de Calabria, las prisiones no son las mismas.

PRESIDENTE. ¿Cuáles son las cárceles consideradas menos fiables?

LEONARDO MESSINA. Considere que, por ejemplo, San Cataldo es una cárcel joven, la han abierto ahora, pero los guardias y el director la tienen en sus garras. Mientras tanto, son todos jóvenes que tienen que hacer tres o cuatro años; los guardias tienen una cierta actitud y hay problemas para quien abre boca sin permiso, tienes que portarte como un preso, te dan lo que tienen que darte, sin ninguna oportunidad... Es una estructura nueva y es así.

PRESIDENTE. Así que también estáis encerrados en algunas cárceles sicilianas.

LEONARDO MESSINA. Por supuesto. Tenga en cuenta que son cárceles donde todavía no ha ido nadie importante; en cuanto vaya alguien importante, se pondrá en marcha la medida oportuna.

PRESIDENTE. ¿Ocurrió alguna vez que mataran o hirieran o intimidaran a algún guardia por ser demasiado duro con vosotros?

LEONARDO MESSINA. También a puñetazos, golpes, en los pasillos. En los últimos tiempos, éramos unos ochenta hombres de honor: éramos muchos, nos sentíamos fuertes porque éramos muchas familias.
(...)
PRESIDENTE. ¿El aplazamiento de los juicios es otro de los favores que os hacen falta?

LEONARDO MESSINA. Sí.

PRESIDENTE. ¿Ha ocurrido alguna vez este tipo de cosas con respecto a juicios por medidas cautelares, embargo de bienes, decomiso, etc.?

LEONARDO MESSINA. Considere que para la incautación de bienes en nuestra zona, hablan, hablan, pero nunca han hecho nada; nunca han incautado bienes en mi provincia a nadie, a no ser que fuera un pobre diablo.

PRESIDENTE. ¿Hay fundamentos jurídicos para confiscar bienes en su provincia?

LEONARDO MESSINA. Hay gente que ha sido minera y tiene entre veinte y treinta mil millones en propiedades. He explicado que gente que metió doscientos millones en la droga hoy es rica.

---

75 Dan dinero.
76 Con respecto al abogado, "pagan" a tu abogado.

PRESIDENTE. Claro. Cuando comenzó el Maxijuicio, ¿qué tipo de reacción tuvo Cosa Nostra?

LEONARDO MESSINA. Digamos que de burla. Se sabía - también porque en mi provincia se cogieron a unos cuantos, unos pocos al margen - que iba a acabar en una "burbuja[77]"; estos eran los rumores que hacían circular para calmar a los hombres.

PRESIDENTE. ¿Le dijeron cómo se haría para que todo se resolviera en una burbuja?

LEONARDO MESSINA. Sí. Como en todos los juicios, se dijo que el primer grado iría por un lado. Usted debe comprender que en los juicios en los que hay jurados, en cuanto hay un hombre de honor por el medio, todos vienen contactados. En cuanto en el medio haya un hombre de honor que tenga que ir a juicio, todas las personas que están sentadas ahí están "habladas[78]".
(...)
PRESIDENTE. ¿Intentáis hablar con todos los jueces o sólo con aquellos que se presentan como accesibles?

LEONARDO MESSINA. Con todos.

PRESIDENTE. Entonces están los que rechazan y los que no. ¿No matáis a todos los que rechazan?

LEONARDO MESSINA. No.

ROMANO FERRAUTO. ¿Alguien ha denunciado haber sido abordado?

LEONARDO MESSINA. Casi nadie.

PRESIDENTE. No es que - lo digo por mis colegas - uno se presente diciendo "soy un hombre"...

LEONARDO MESSINA. Leonardo Messina no va allí; va un empresario, va un político cercano y dice: "Sabe, es un buen 'caruso[79]', a mí también me pasó". "Pero cómo, ¿tenía antecedentes?". "Pero no, mira esto... se ha recuperado...". Por otro lado, el poder judicial ejerce un poder que a la mafia no podía no interesar.
(...)
PRESIDENTE. Usted ha mencionado antes el problema del blanqueo de dinero, es decir, ocultar el origen del dinero. Hasta donde usted sabe, ¿cómo se produce el blanqueo de dinero?

LEONARDO MESSINA. Le había hablado al Dr. Borsellino de la casa del dinero y se había reído. Le había dicho que había un piso lleno de dinero y que en el Norte el dinero se blanqueaba poco a poco. Cuando el tráfico es enorme, el dinero es mucho. Hay estanterías llenas de dinero. Incluso el Dr. Borsellino se mostró incrédulo sobre la casa del dinero.

PRESIDENTE. Para reciclar poco a poco era necesario mantener el dinero líquido.

LEONARDO MESSINA. Sí.

---

77 Expresión italiana que significa que el acontecimiento debería haber "desaparecido" sin causar el menor revuelo.

78 Que se sabe que de una manera u otra tuvieron contactos o relaciones con Cosa Nostra. El término exacto utilizado es "parlate", es decir "habladas", pero en el lenguaje de la malavida siciliana se utiliza más bien "chiacchierate", es decir "charladas".

79 En dialecto siciliano "... significa muchacho; en Sicilia, el asalariado fijo, por la mayoría muchacho, empleado especialmente para el matenimiento de animales, en trabajos agrícolas, en minas de azufre, etc...". Diccionario de la lengua italiana en línea, Treccani, fuente: https://www.treccani.it/vocabolario/caruso/#:~:text= %E2%80%93%20Voce%20merid.,zolfo%2C%20ecc.%3A%20i%20c.

PRESIDENTE. ¿Sabe cómo se blanquea el dinero? ¿Puede explicárnoslo?

LEONARDO MESSINA. Todos los personajes más importantes tienen grandes empresas, con testaferros, para el movimiento de tierras, de hormigón, para la compra y la venta.

PRESIDENTE. ¿El blanqueo se realiza sólo en Italia o también en el extranjero?

LEONARDO MESSINA. También fuera. La familia de Palma di Montechiaro, al tener intereses en el extranjero, enviaba dinero fuera.

PRESIDENTE. ¿A dónde?

LEONARDO MESSINA. A Alemania.

PRESIDENTE. ¿El blanqueo de dinero se realizaba allí?

LEONARDO MESSINA. Lo hicieron las decenas.
(...)
CARLO D'AMATO. ¿Hay grandes empresas nacionales?

LEONARDO MESSINA. La Calcestruzzi SpA de Riina.

PRESIDENTE. Dado que hay tanto dinero, tiene que haber también profesionales de las finanzas, banqueros, etcétera.

LEONARDO MESSINA. En nuestra provincia hay un intento de juntar a los grandes empresarios con nosotros. Es una zona diferente, no tiene mucho contacto con nosotros, tiene contacto con la cúpula.

PRESIDENTE. ¿Así que los empresarios son la puerta de entrada para los financieros?

LEONARDO MESSINA. Sí, luego está el banco.
(...)
PRESIDENTE. Usted ha explicado la relación de Cosa Nostra con la política, con las instituciones, con los empresarios. ¿Hay también relaciones con médicos, abogados, contables, etc.?

LEONARDO MESSINA. Por supuesto.

PRESIDENTE. ¿La presencia concierne a todos los estratos sociales?

LEONARDO MESSINA. Del barrendero para arriba.

PRESIDENTE. ¿Puede explicar qué es el abogado de pasillo y el abogado de control?

LEONARDO MESSINA. Sí. En los juzgados, cuando hacen consejos, los abogados entran y salen. No hay puertas cerradas. Encontrará a cinco, seis abogados. Quién entra, quién sale: está el abogado de pasillo que tiene que vigilar, aunque tú no lo hayas nombrado, y está ahí para controlar. Está el abogado que te dice inmediatamente si te has equivocado en hablar durante el interrogatorio y están los abogados que son hombres de honor, que es una cosa distinta.

PRESIDENTE. Entonces, ¿el segundo es el abogado de control, el que tiene que controlar lo que dices?

LEONARDO MESSINA. Cualquier cosa.

PRESIDENTE. ¿Está designado para un solo acusado?

LEONARDO MESSINA. Cosa Nostra designa por costumbre un abogado para sus afiliados, y luego eligen otro por su cuenta.

PRESIDENTE. ¿Así que uno es de confianza y el otro es de confianza de Cosa Nostra?

LEONARDO MESSINA. Sí.

PRESIDENTE. ¿El de confianza de Cosa Nostra es el abogado de control?

LEONARDO MESSINA. Casi para todo, sí: es el abogado de control.

PRESIDENTE. El abogado de pasillo, en cambio, ¿no está nombrado como abogado defensor, sino que está ahí para ver qué pasa?

LEONARDO MESSINA. Siempre está allí para vigilar: entra y sale.

PRESIDENTE. ¿Está pagado por Cosa Nostra?

LEONARDO MESSINA. Sí
(...)
PRESIDENTE. ¿Se pueden utilizar como asesinos a personas que no son hombres de honor para un gran asesinato político?

LEONARDO MESSINA. He oído hablar de un caso en el que fueron utilizados.
(...)
PRESIDENTE. Pippo Calò ha sido condenado recientemente a cadena perpetua por la masacre del tren[80]: no sé si se acuerda...

LEONARDO MESSINA. Sí.

PRESIDENTE. ¿Esa masacre fue decidida por la Comisión?

LEONARDO MESSINA. Cuando el Estado presiona a Cosa Nostra, Cosa Nostra hace un movimiento diferente cuando el Estado afloja su asedio.

PRESIDENTE. ¿Desde otra parte?

LEONARDO MESSINA. Sí.

PRESIDENTE. En esta fase, ¿qué tipo de movimiento podría hacer Cosa Nostra?

---

80 La masacre del Rapido 904 ocurrió el 23 de diciembre de 1984 en el interior del Gran Túnel de los Apeninos (Grande Galleria dell'Appennino), en San Benedetto Val di Sambro. Según la lógica mafiosa y la opinión de algunos jueces: "El motivo que llevó a realizar la masacre de Rapido 904 fueron las declaraciones de Tommaso Buscetta, destacado exponente de Cosa Nostra, que había decidido colaborar con Giovanni Falcone: escenificando una masacre similar a la del Italicus, el objetivo de los Corleonesi y sus aliados de Campania era desviar la atención de los medios de comunicación de las revelaciones de Buscetta a una nueva emergencia terrorista". Cita extraída de Wikimafia, consulta del 13/06/2023. Fuente: https://www.wikimafia.it/wiki/Strage_del_rapido_904

LEONARDO MESSINA. No quiero que me tomen por visionario, pero creo que detrás de los últimos acontecimientos hay una expresión de la masonería. Casualmente, salen cuando hay un asedio por parte del Estado, pero no hay que aflojar el yugo.

PRESIDENTE. ¿Puede explicarlo mejor? ¿Salen a la luz en qué sentido?

LEONARDO MESSINA. Salen nuevos acontecimientos y en el ámbito de la televisión, cuando involucran a la población, empeñando su tiempo en hechos novedosos para que no se entere de lo que hace Cosa Nostra.
(…)
PRESIDENTE. Entiendo, ¿usted cree que de vez en cuando se inflan ciertos episodios?

LEONARDO MESSINA. Sí, lo hacen a propósito, para distraer la atención de Sicilia y desviar los objetivos a otras cosas[81].
(...)
PRESIDENTE. ¿Los líderes de Cosa Nostra tienen realmente este gran poder?
(...)
LEONARDO MESSINA. Sí. Incluso una sola familia tiene una fuerza económica considerable; si una familia es funcional, un hombre de honor tiene unos 300 millones al año en el bolsillo.

ALTERO MATTEOLI. ¿Trescientos millones cada uno?

LEONARDO MESSINA. Sí.

PRESIDENTE. Cuando usted habla de masonería ¿a qué organismo se refiere? ¿Se refiere a algo que usted conoce o le han dicho "ese es masón"?

LEONARDO MESSINA. Hablo porque en mi familia ya había Terminio, Borino, Miccichè y otros que eran masones; la Región casi lo había impuesto porque eran personas de cierto nivel cultural, que tenían que ocupar cargos importantes dentro de Cosa Nostra. Un hombre de honor por sí solo no puede tomar decisiones porque ha hecho un juramento con Cosa Nostra; la masonería es la cúspide para hacer los negocios en todos los ámbitos.

PRESIDENTE. Entonces es la Región la que en un momento dado decide inscribir a alguien en la masonería.

LEONARDO MESSINA. Una cierta corriente.

PRESIDENTE. ¿Qué quiere decir con "una cierta corriente"?

LEONARDO MESSINA. En los últimos tiempos trataban de atraer a la gente más apetecible.

PRESIDENTE. ¿Los corleoneses?

LEONARDO MESSINA. Sí.

PRESIDENTE. ¿Cuándo se produjeron estas inscripciones?

81 En el periodo de la guerra de la Falange Armada contra el Estado, las cadenas de televisión empezaron a hablar del peligro de los "naziskin", o extremistas de derechas. La masonería estadounidense, que domina los medios de comunicación en Europa, empezó a utilizar esta estúpida excusa para desviar la atención. No es casualidad que las televisiones que empezaron a hablar de este tema fueran las de Silvio Berlusconi, masón perteneciente a la logia masónica Propaganda 2 o 'P2'.

LEONARDO MESSINA. Cuando entré en Cosa Nostra, en San Cataldo, Terminio ya era masón.

PRESIDENTE. ¿Y los demás?

LEONARDO MESSINA. Miccichè fue afiliado después de entrar en Cosa Nostra.

PRESIDENTE. ¿Miccichè se afilió después de usted?

LEONARDO MESSINA. Sí. Yo me afilié en 1982 y Miccichè alrededor de 1985. De todos modos nos conocíamos desde la infancia.

PRESIDENTE. Así que primero estuvo afiliado a Cosa Nostra. ¿Qué cualidades tenía Miccichè respecto a usted?

LEONARDO MESSINA. En primer lugar, era maestro de escuela y, por lo tanto, culturalmente estaba involucrado en un contexto social diferente.

PRESIDENTE. ¿Miccichè fue asesinado?

LEONARDO MESSINA. Sí.

PRESIDENTE. Usted ha aludido varias veces a la cuestión del separatismo y ha explicado el tipo de entendimientos que puede haber detrás, así como el motivo y la finalidad del separatismo. ¿Están o no de acuerdo las fuerzas políticas sicilianas en este proyecto de separatismo?

LEONARDO MESSINA. Apoyarán una fuerza política a pocos años que empezará del Sur. Ahora la maniobra no viene del Sur.

PRESIDENTE. La maniobra viene de otra parte, pero Cosa Nostra apoyará a una fuerza política siciliana. ¿Es eso lo que está diciendo?

LEONARDO MESSINA. Sí.

PRESIDENTE. ¿Una fuerza política nueva o tradicional?

LEONARDO MESSINA. Nueva, con un nombre nuevo.

PRESIDENTE. ¿Ha dicho este nombre a los jueces?

LEONARDO MESSINA. Sí.

PRESIDENTE. ¿Puede explicar a la Comisión sus relaciones con personas del SISDE en 1984?

LEONARDO MESSINA. Ellos habían intentado ponerse en contacto conmigo cuando estaba en la cárcel acusado de un asesinato, pero me había negado. Les encontré más adelante. Me habían pedido que les ayudara a capturar a unos fugitivos y tenían una lista en sus manos; nos encontramos aproximadamente cuatro veces e incluso vinieron a mi casa.

PRESIDENTE. ¿Pero sabían quién era usted?

LEONARDO MESSINA. Los dos sabían quiénes éramos.

PRESIDENTE. ¿Sabían quién era usted y no le detuvieron?

LEONARDO MESSINA. Sí. También tenía un número de teléfono al que llamar si cambiaba de opinión.

PRESIDENTE. ¿En el sentido de colaborar?

LEONARDO MESSINA. No sólo querían hacer unas cuantas detenciones, querían atrapar a gente importante.

PRESIDENTE. A los jefes, en definitiva.

LEONARDO MESSINA. Sí.

PRESIDENTE. ¿El SISDE tenía una presencia común en cada municipio?

LEONARDO MESSINA. Sólo conozco el contacto que tienen en mi pueblo, pero no tengo conocimiento de los de otras ciudades.

PRESIDENTE. Usted sabe que hay otros contactos en otras ciudades, pero no sabe quiénes son.

LEONARDO MESSINA. Sí, sé que tienen contactados en otras ciudades.

PRESIDENTE. ¿Es un poco exagerado afirmar que en todas las ciudades hay un contacto o no?

LEONARDO MESSINA. Considere que ellos necesitan noticias.

PAOLO CABRAS. ¿Por qué habla del SISDE?

LEONARDO MESSINA. Porque tengo el nombre y apellido de la persona.

PRESIDENTE. ¿Pero usted ya sabía que era del SISDE?

LEONARDO MESSINA. Eso me dijeron.

PAOLO CABRAS. ¿Ellos se calificaron como pertenecientes al SISDE?

LEONARDO MESSINA. Me lo dijo la persona que me los presentó.

PRESIDENTE. ¿Fue a algún sitio con estos personajes del SISDE?

LEONARDO MESSINA. Ellos estaban interesados en obtener información porque habían desaparecido algunas ametralladoras en la jefatura de policía de Varese y pensaban que habían acabado primero en mis manos y luego en manos de los romanos que, para ellos, parecían pertenecer al terrorismo. Les favorecí dándoles el número de teléfono de los romanos.
(...)
PRESIDENTE. ¿Se reunió cuatro veces con agentes del SISDE y nadie de su familia le preguntó que estaba tramando?

LEONARDO MESSINA. Uno de ellos incluso telefoneó a casa de mi madre y estaba esperando a que subiera a Roma para aclarar...

PRESIDENTE. ¿Las reuniones tuvieron lugar en Roma?

LEONARDO MESSINA. No, tuvieron lugar en San Cataldo; luego les di un par de direcciones en Catania, pero estaba asustado porque, después de darles las direcciones, derribaban las puertas y entraban.

PRESIDENTE. ¿El hecho de que usted se reuniera cuatro veces con gente del SISDE no pudo hacer sospechar a su familia?

LEONARDO MESSINA. La primera vez que me contactaron se lo dije a Madonia.

PRESIDENTE. ¿Qué le contestó?

LEONARDO MESSINA. Me dijo que también habían contactado con otras personas y me dijo los precios que estas personas habían pedido por los fugitivos. Me enteré de que el precio más alto era por Giuseppe Scarpuzzedda.

PRESIDENTE. La cuestión importante no era que usted no tuviera relaciones, sino que no dijera lo que le pedían.

LEONARDO MESSINA. Ellos conocían mi honradez.

PRESIDENTE. Entonces, Cosa Nostra confiaba en usted.

LEONARDO MESSINA. Sí, por supuesto.

PRESIDENTE. Y esto también podía haber sido una relación útil para Cosa Nostra.

LEONARDO MESSINA. Podía, porque necesitaban proporcionar noticias falsas...

PAOLO CABRAS. Usted ha dicho que tuvo reuniones con agentes del SISDE también durante las vacaciones.

LEONARDO MESSINA. ¿Qué quiere decir con vacaciones?

PRESIDENTE. Al principio, usted dijo que había pasado las vacaciones con estas personas.

LEONARDO MESSINA. Yo no he dicho eso. Lo conocí en casa de algunas personas, en mi pueblo. Una vez vino a casa...

PRESIDENTE. Le ayudo a recordar. Al principio, usted dijo que después estaba decidido a colaborar con el Estado, porque al haber pasado vacaciones junto a gente del mundo legal...

LEONARDO MESSINA. Sí, pero antes hablaba de vacaciones con hombres del SISDE, y yo no... Yo salía con gente política, los hospedaba en mi casa de campaña. Se trataba de gente política que no tenía nada que ver con Cosa Nostra, conmigo, con el SISDE y con otros. Eran empresarios, gente que tenía boutiques...

PRESIDENTE. ¿El SISDE no está incluido en este cuadro, ya que se trata de otro tipo de relación?

LEONARDO MESSINA. Por supuesto, de mí ellos sólo querían atrapar...

PRESIDENTE. ¿Asistió Provenzano a la cumbre de Enna?

LEONARDO MESSINA. Sí.
(...)
PRESIDENTE. ¿Cosa Nostra discutió alguna vez el problema de los arrepentidos?

LEONARDO MESSINA. Sí.

PRESIDENTE. ¿En qué términos lo hizo?

LEONARDO MESSINA. Algunos hombres de Cosa Nostra han matado también a hermanos de los arrepentidos. Fue un hombre de honor quien mató al hermano de Melluso.

PRESIDENTE. Entonces, ¿una de las discusiones que se hacían era para ver cómo intimidarlos?

LEONARDO MESSINA. Sí.

PRESIDENTE. ¿Se hacían también otras valoraciones? Por ejemplo, ¿se sugería fingir que alguien de la organización era un "pentito", para que hiciera declaraciones falsas?

LEONARDO MESSINA. Una de mis preocupaciones es precisamente que unas personas puedan entrar en un circuito para venir a por nosotros.

PRESIDENTE. Que usted sepa, ¿ha ocurrido esto hasta ahora o no?

LEONARDO MESSINA. No, en este momento... no lo sé.

ALTERO MATTEOLI. ¿No lo descarta?

LEONARDO MESSINA. No.

PRESIDENTE. Decir que no lo descarta puede significar muchas cosas. La cuestión es otra: usted no lo sabe, pero no lo descarta. ¿Podría ser pero hasta ahora no ha ocurrido?

LEONARDO MESSINA. Mi problema es el de un hombre que conoce sus maniobras. Con tantos colaboradores apareciendo por todas partes, creo que alguien quiere entrar en algún circuito, ver cómo nos movemos y luego golpearnos. Es muy posible que así sea.

PRESIDENTE. Usted sabe que en Lombardía, en Milán, había una gran red de licitación, con fenómenos de corrupción y demás. ¿Cosa Nostra ha tenido relaciones con esos ambientes?

LEONARDO MESSINA. La gente que conozco en Lombardía no. La gente que conozco en Sicilia... siempre era Angelo Siino quien se ocupaba de ello: si los empresarios del Norte tenían que participar en una licitación, era tarea suya y de Caluzzo hablar con ellos.

PRESIDENTE. ¿Allí, incluso en el Norte?

LEONARDO MESSINA. Sí, porque las empresas del Norte también participan en las licitaciones.

PRESIDENTE. Con respecto a la presencia de Cosa Nostra, usted se ha referido a Varese, Como y otras zonas fronterizas. ¿Es casualidad o había alguna razón particular para la presencia de Cosa

Nostra en las zonas fronterizas?

LEONARDO MESSINA. No, fue una casualidad. Cuando estos hombres se fueron eran emigrantes, alguien estaba afiliado.

PRESIDENTE. ¿Cosa Nostra estableció actividades particulares para explotar las leyes del Sur Italia o medidas similares?

LEONARDO MESSINA. Que yo sepa, no.

MARCO TARADASH. ¿Cuándo se produjo la oferta para la detención de Riina?

LEONARDO MESSINA. En el último contacto que tuve con el SISDE.

PRESIDENTE. ¿Quién decidía el asesinato de los familiares de los arrepentidos?

LEONARDO MESSINA. La Comisión Regional. Se trataba de un programa.

PRESIDENTE. Entonces, ¿un conjunto de asesinatos para llevar a cabo?

LEONARDO MESSINA. Por supuesto. Empezaron con el asesinato del hermano de Melluso (lo hicieron por la mañana, está históricamente probado), luego mataron a Vitale y, en varias provincias, a todos los demás. Entonces, como un solo organismo no podía ocuparse de todo, se ocupó la Región, la Comisión Interprovincial.

PRESIDENTE. ¿Sabía usted que en una determinada etapa la cúpula del SISDE perteneció a la masonería?

LEONARDO MESSINA. No.

PRESIDENTE. Las normas sobre asesinatos que nos ha explicado (es decir, que es la Comisión la que decide, etc.), ¿se aplican también para Calabria y Campania?

LEONARDO MESSINA. Sí.

PRESIDENTE. ¿Para toda la Campania?

LEONARDO MESSINA. La de Campania es una actitud especial.

PRESIDENTE. ¿Para Calabria?

LEONARDO MESSINA. En Calabria hay decenas, hay una estructura, pero hay muchas bandas. Sin embargo, las bandas pertenecientes a Cosa Nostra siguen esta regla.

PRESIDENTE. ¿Puede decirnos algo sobre el papel desempeñado en Roma por Pippo Calò?

LEONARDO MESSINA. No sé nada al respecto, también porque vengo de una provincia del interior.

PRESIDENTE. ¿Es Riina el líder de esta estrategia destinada a separar Sicilia del resto de Italia?

LEONARDO MESSINA. Sí, es uno de los líderes.

PRESIDENTE. ¿Y quiénes son los otros líderes?

LEONARDO MESSINA. Los jefes de la provincia que llamáis Corleone, que son los representantes provinciales.

PRESIDENTE. ¿Es sólo Cosa Nostra o hay también otras personas, no pertenecientes a la organización, dirigiendo esta operación?

LEONARDO MESSINA. Allí sólo tenían que estar los que organizan Cosa Nostra.

PRESIDENTE. Eso lo he entendido. Me refiero a la estrategia en general.

LEONARDO MESSINA. En el sentido de que también hay políticos que pertenecen a Cosa Nostra o están muy cerca de ella.

ALTERO MATTEOLI. ¿Cuándo vio por última vez a Riina?

LEONARDO MESSINA. No he visto nunca a Riina, al menos eso creo.

PRESIDENTE. Comprenderá usted que esta cuestión interesa especialmente a nuestra Comisión porque se refiere a la estructura del Estado. Así pues, por lo que respecta a la estrategia separatista, si tiene usted elementos para hacerlo, ¿podría explicar con más detalle a la Comisión a qué se refiere?

LEONARDO MESSINA. En la práctica, tienen que apoyar a los nuevos partidos que intentan...

PRESIDENTE. ¿Que intentan separar Sicilia del resto de Italia?

LEONARDO MESSINA. Sí.

PRESIDENTE. Usted dijo antes que estos grupos ya no quieren depender del Estado nacional.

LEONARDO MESSINA. En cierto sentido. Hasta ahora han controlado al Estado. Ahora quieren convertirse en Estado.

ROMANO FERRAUTO. ¿Sólo Sicilia está interesada en este movimiento separatista?

LEONARDO MESSINA. No. Hablo de Cosa Nostra, que es la misma en Calabria que en Sicilia.

PRESIDENTE. El tipo de separatismo del que ha oído hablar, que se decidió en Enna, ¿se refería sólo a Sicilia o también a otras partes de Italia?

LEONARDO MESSINA. Era sobre la organización de Cosa Nostra. No era sobre Sicilia sino sobre la organización, por lo tanto sobre las regiones donde está Cosa Nostra.

PRESIDENTE. En consecuencia, la separación no debería referirse sólo a Sicilia.

LEONARDO MESSINA. Sicilia, Campania, Calabria, Apulia.

PRESIDENTE. ¿Es este el tipo de cuestiones que se trataron en Enna?

LEONARDO MESSINA. Sí.

CARLO D'AMATO. ¿También Lombardía tenía que separarse?

LEONARDO MESSINA. Depende.

PRESIDENTE. Así que la cuestión era tener zonas sobre las que ejercer un control realmente total, para llegar a estabilizarse. No se trataba de controlar a otros, sino de hacerse con el control total.

LEONARDO MESSINA. Pero ya son dueños del territorio.

PRESIDENTE. ¿En estas zonas?

LEONARDO MESSINA. Sí

MARIO BORGHEZIO. Con respecto a Lombardía, ¿qué se podría hacer para detener la expansión territorial?

PRESIDENTE. Creo que tendremos que preguntárselo al jefe de policía. ¿Hay empresas que se dediquen orgánicamente al blanqueo de dinero?

LEONARDO MESSINA. Las grandes empresas tienen contacto directo con la Provincia, porque las familias individuales no tienen estos contactos tan importantes.
(...)
PRESIDENTE. ¿Cárceles como Asinara y Pianosa son indispensables en la lucha contra Cosa Nostra?

LEONARDO MESSINA. Son muy importantes, porque para alguien que pertenece a Cosa Nostra lo peor es no tener noticias de su ciudad, no tener trámites; allí no las tienen o más bien las tienen, pero tardan demasiado. El tiempo que pasa es mucho. Incluso en los encuentros hay órdenes de guardar silencio porque hay micrófonos por todas partes.

PRESIDENTE. ¿Sigue habiendo micros en otras cárceles o no?

LEONARDO MESSINA. Sí, todos tienen miedo de eso. Hablan con gestos, pero antes de que entiendan nada pasa media hora y se acaba la entrevista.

PRESIDENTE. Cuando salen de la cárcel, ¿reanudan inmediatamente las relaciones?

LEONARDO MESSINA. Uno nunca deja de ser un hombre de honor, ni antes ni después.

PRESIDENTE. ¿Se reanudan inmediatamente las relaciones orgánicas con la familia?

LEONARDO MESSINA. En cuanto se sale de la cárcel, tienes una reunión, una cena y se presentan a los nuevos afiliados al hombre que ha vuelto.

PRESIDENTE. ¿Es esta la forma de volver a ponerlo en el circuito?

LEONARDO MESSINA. Sí, pero nunca ha cesado.

PRESIDENTE. Este dominio que usted explica como tan opresivo en Sicilia y Calabria, ¿realmente concierne a todo, no hay nada que se le escape?

LEONARDO MESSINA. ¿De qué tipo?

PRESIDENTE. Desde el punto de vista empresarial, político, institucional.

LEONARDO MESSINA. Es total, de los limpiadores de alcantarillas para arriba, del pueblo a la provincia, a la comunidad autónoma: no se puede poner un alfiler en Sicilia sin la voluntad del representante local.
(...)
PRESIDENTE. ¿Los subcontratos públicos son controlados por ustedes?

LEONARDO MESSINA. Sí, por completo. Vivimos para los subcontratos.

PRESIDENTE. ¿Se interesan por las decisiones urbanísticas de los municipios?

LEONARDO MESSINA. Sí.

PRESIDENTE. ¿Cómo se condicionan estas decisiones?

LEONARDO MESSINA. En el municipio hay hombres que son nuestros, que nosotros hemos puesto allí, o muy cercanos a nosotros. En un pueblo están el alcalde, el mariscal y el representante de Cosa Nostra y los tres saben que están allí.

PRESIDENTE. ¿Cuál es la relación de la Iglesia con usted?

LEONARDO MESSINA. La Iglesia comprendió antes que el Estado que debía distanciarse de Cosa Nostra. Antes, en cierto sentido parecía que Cosa Nostra ayudaba a la gente y la Iglesia se prestaba a este papel. Desde hace algunos años, la Iglesia no quiere tener ningún contacto.

PRESIDENTE. ¿Alguna vez oyó hablar, cuando estaba en Cosa Nostra, de Licio Gelli?

LEONARDO MESSINA. Nunca oficialmente.

PRESIDENTE. ¿Qué quiere decir?

LEONARDO MESSINA. Nunca hemos hablado de él internamente y en mis contactos con los regionales nunca ha salido ese nombre oficialmente.

PRESIDENTE. ¿Por qué, salió extraoficialmente?

LEONARDO MESSINA. Sí.

PRESIDENTE. ¿Puede explicarlo?

LEONARDO MESSINA. No salió porque no hubo ocasión de hablar de ello.
(...)
PRESIDENTE. Puede explicar la cuestión de la 'Ndrangheta en Messina. Allí no está Cosa Nostra, ¿está la 'Ndrangheta?

LEONARDO MESSINA. Hay pocos hombres de honor, algunas personas de Catania se habían trasladado allí, pero la realidad oficial es la 'Ndrangheta. Usted comprenderá que sería imposible que Cosa Nostra se dejara robar el territorio por la 'Ndrangheta: es una única estructura.

(...)

PRESIDENTE. Usted explicó que Cosa Nostra no vende drogas en Sicilia.

LEONARDO MESSINA. Ahora.

PRESIDENTE. ¿Cómo es que las drogas están allí de todos modos? ¿Quién las vende?

LEONARDO MESSINA. Porque alguien la tiene.

PRESIDENTE. ¿Quién es ese alguien?

LEONARDO MESSINA. Considere que todos los hombres de honor dicen eso, pero detrás tienen muchachos, grupos de "picciotti" (chicos) que les hacen el trabajo; oficialmente no tocan nada.

PRESIDENTE. ¿Es por dinero?

LEONARDO MESSINA. Sí, también por control; si no, tendrían que pasárselo a otros.

PRESIDENTE. ¿Qué quiere decir?

LEONARDO MESSINA. Considere que la droga trae riqueza. Si la Mafia no tiene control de los que trafican, esos se apropian, compran armas. Cosa Nostra tiene que tener control.
(...)

PRESIDENTE. ¿Qué significa que todos los que han tenido contacto con políticos deben morir? ¿Y qué la memoria histórica debe perderse?

LEONARDO MESSINA. Como he dicho antes, Cosa Nostra se está transformando, está entrando en otra fase. Ahora se sabe todo sobre Cosa Nostra. Tiene que volver a ser secreta. En el momento en que el Estado golpea a sus hombres y los pentiti "llaman", se hace un regalo a Salvatore Riina y sus amigos. Pero todo el mundo se arruinará por esto.
(...)

PRESIDENTE. ¿Cómo se explica esta fase de debilidad que hay en Cosa Nostra?

LEONARDO MESSINA. No he entendido.

PRESIDENTE. Usted dice que en el momento en que el Estado detiene a los hombres de Cosa Nostra, le está haciendo un favor a Riina. Sin embargo, usted ha dicho varias veces que Cosa Nostra se siente presionada y que por eso cometió esos grandes atentados. ¿Cómo explica esto?

LEONARDO MESSINA. Con todos estos grandes atentados, se ha eliminado la "omertà[82]". Es un hecho cultural. A estas alturas, hasta un albañil tiene un hijo licenciado. Aquel día, en aquella carretera, podría haber pasado mi hijo, su hijo, cualquiera, no sólo Falcone y los hombres de la escolta. Cualquiera podría haber pasado. Fue un acto de debilidad.

---

82 "En su origen, costumbre vigente en la malavida del sur de Italia (mafia, camorra), también conocida como ley del silencio, por la que había que guardar silencio sobre el nombre del autor de un delito para que no se viera afectado por las leyes del Estado, sino sólo por la venganza del ofendido. De manera más general, en el uso actual, la solidaridad destinada a ocultar la identidad del autor de un delito y, en un sentido aún más amplio, aquella solidaridad que, dictada por intereses prácticos o consorciales (o impuesta por el temor a represalias), consiste en abstenerse deliberadamente de acusaciones, denuncias, testimonios, o incluso de cualquier juicio hacia una determinada persona o situación". Definición extraída del diccionario de lengua italiana en línea Treccani y traducida por el autor del texto. Fuente: https://www.treccani.it/vocabolario/omerta/#:~:text=%E2%80%93%20In %20origine%2C%20la%20consuetudine%20vigente,soltanto%20dalla%20vendetta%20dell'offeso.

PRESIDENTE. Si he entendido bien, hay dos procesos en curso. El primero lo está llevando a cabo Riina para que la organización se convierta en secreta.

LEONARDO MESSINA. Lo está haciendo.

PRESIDENTE. Este proceso, una vez detenidos los hombres más conocidos, acaba siendo, aunque resulte paradójico, facilitado. Al mismo tiempo, se está llevando a cabo otro proceso, el de aislar a Cosa Nostra de la sociedad.

LEONARDO MESSINA. Sí. Si se insiste por este lado, durante 15 o 20 años se encerrarán para reconstituirse, porque las fuerzas han sido identificadas. En el momento en que se entrega el mapa de toda una Provincia, no queda nada en pie. No queda nadie que esté dispuesto a asesinar; principalmente los hombres de honor son todos asesinos.

PRESIDENTE. ¿Cómo es posible que la condición de fugitivo de Riina durara todos estos años? ¿Qué tipo de protección ha tenido?

LEONARDO MESSINA. Al principio, este problema se tomaba a la ligera; no era una lucha eficaz, sino una lucha de control. Muy a menudo, en los pueblos, cuando los carabinieri ven a un fugitivo, se apartan para no entrar en conflicto. Esto también ocurría cuando yo era fugitivo y, sin embargo, estábamos en un nivel inferior. Imaginemos lo que puede ocurrir con una realidad muy diferente.

PRESIDENTE. Usted dijo, en un momento de su exposición, que alguien se había quitado la ropa vieja y que era un antimafia. ¿Lo hemos entendido bien?

LEONARDO MESSINA. Por supuesto. Cuando se hacen negocios en un municipio y yo estoy allí, a menos que yo esté ciego sé lo que se está haciendo. No es sólo esta colaboración de mafiosos lo que tiene que ocurrir; es justo que alguien diga cómo se han hecho las cosas dentro de los municipios.

PRESIDENTE. En la práctica, igual que alguien del mundo de Cosa Nostra se mueve por aquí, también hay alguien del mundo de la política que está haciendo este trabajo.

LEONARDO MESSINA. Sí.

PRESIDENTE. ¿Hay alguien que lo esté haciendo?

LEONARDO MESSINA. Hay alguien que lo está haciendo, quizás no como hombre de honor, pero sí como hombre que pertenece a un determinado contexto y que necesariamente tiene que saber. No se puede estar diez años en un municipio o en una provincia y no ver nada. Todo esto es absurdo.

PRESIDENTE. Volviendo al tema del separatismo, me gustaría preguntarle si hoy en día hay aliados políticos en Sicilia que estén a favor de este proyecto.

LEONARDO MESSINA. Los están creando[83].

PRESIDENTE. Usted dijo en un momento dado que están estudiando la fuerza que apoyará este proyecto. ¿Es una fuerza actualmente presente?

LEONARDO MESSINA. Es un período en el que están surgiendo nuevas fuerzas. Esto vendrá después de otra fuerza que está en marcha desde el Sur.

---

83 En referencia a los políticos. Están creando figuras políticas para empujar en esta dirección.

PRESIDENTE. ¿Es un hecho ya calculado?

LEONARDO MESSINA. Sí.
(...)
PRESIDENTE. Ante la petición de Cosa Nostra de apoyar el proyecto separatista, ¿hay alguien que haya dicho que no?

LEONARDO MESSINA. Sí, lo hicieron.

PRESIDENTE. ¿Mientras que alguien más respondió que sí?

LEONARDO MESSINA. Sí.
(...)
PRESIDENTE. (...) ¿Existe una cierta respuesta a Cosa Nostra por parte de los sindicatos, las organizaciones sociales, los movimientos católicos, etc.?

LEONARDO MESSINA. En Sicilia, los sindicatos casi no existen: si uno se pone en contacto con el sindicato, alguien llama al empresario a los tres minutos. Las empresas siempre pasan por alguien para contratar y no tienen problemas con la afiliación a los sindicatos.

PRESIDENTE. ¿Organizaciones católicas?

LEONARDO MESSINA. Las organizaciones católicas, como he dicho, no tienen nada que ver con nosotros.

PRESIDENTE. ¿Ahora?

LEONARDO MESSINA. Sí, que yo sepa desde hace diez o quince años, aunque entre nosotros hay muchos católicos: por ejemplo, una de las reglas de Cosa Nostra prohíbe matar los viernes, porque para nosotros es un día de luto. Puede parecer extraño, pero todos los hombres de honor tenemos la Biblia, "hacemos[84]" los santos, aunque conocemos las consecuencias. Somos católicos: de hecho, yo soy católico y pertenezco a Cosa Nostra.

MARCO TARADASH. ¿Son masones y católicos?

PRESIDENTE. Creo que la mayor incompatibilidad es con Cosa Nostra, más que con la masonería. Antes, usted, mencionando rápidamente el asesinato de Giuliano, ha dicho que al principio de la República hubo un intercambio, en el sentido de que se trajo a Giuliano, por así decirlo, como regalo por una contrapartida.

LEONARDO MESSINA. Sí, fue Luciano Liggio quien mató a Giuliano y lo entregó al Estado.

PRESIDENTE. Hubo, por lo tanto, el principio de un compromiso: ¿es eso lo que quiere decir?

LEONARDO MESSINA. Sí, hubo un compromiso entre una parte del Estado y Cosa Nostra.

PRESIDENTE. ¿Ahora se intenta un nuevo compromiso, o se ha decidido no tener más compromisos?

---

84 Las comillas fueron añadidas por vuestro autor, ya que el verbo empleado en italiano es "facciamo", del verbo "fare", es decir, "hacer".

LEONARDO MESSINA. Habrá un nuevo compromiso con quienes representarán al nuevo Estado, si es que lo logran.

PRESIDENTE. Sin embargo, si hay un proyecto separatista, eso es una cosa distinta: ¿un compromiso significa que ustedes permanecen dentro del Estado unitario, o no?

LEONARDO MESSINA. Sí, pero tienen interés en llegar al poder con sus propios hombres, que son su expresión: ya no serán súbditos de nadie.

PRESIDENTE. Entonces, ¿pueden ser formas diferentes de alcanzar el mismo tipo de objetivo?

LEONARDO MESSINA. Ellos tienen que alcanzar un fin: sea la masonería, sea la Iglesia, sea otra cosa, tienen que alcanzar el objetivo. Cosa Nostra debe alcanzar el objetivo, sea cual sea el camino.
(...)
PRESIDENTE. La relación que usted tenía con las personas que decían ser del SISDE ¿la tenía también con los carabinieri?

LEONARDO MESSINA. No, nunca hice confidencias a los carabinieri.

PRESIDENTE. ¿Ni siquiera a otros cuerpos policiales, por ejemplo la policía?

LEONARDO MESSINA. No.
(...)
PRESIDENTE. Las preguntas han terminado. Muchas gracias, Sr. Messina. ¿Le gustaría decir algo para concluir?

LEONARDO MESSINA. No sé si estoy autorizado a hacer declaraciones.

PRESIDENTE. Por favor: estamos realizando una audiencia, no un interrogatorio.

LEONARDO MESSINA. Nunca en mi vida me había sucedido estar en el centro de una situación de este tipo y por eso estoy un poco confuso y aturdido, aunque pueda parecer desenvuelto al hablar. Quiero decir para los hombres como yo que ya no hay camino que recorrer. Este es el nuevo camino: colaborar, porque todo ha acabado.

PRESIDENTE. Buenas noches, Sr. Messina. (El Sr. Leonardo Messina es acompañado fuera de la sala).

CAPÍTULO II

¿QUÉ ES LA MASONERÍA?

Giuliano Di Bernardo: DB
Abogados de la parte civil: Abogados 1 y 2
Giuseppe Lombardo: Fiscal
Ornella Pastore: Presidente

AUDIENCIA DEL EX GRAN MAESTRO GIULIANO DI BERNARDO DEL GRAN ORIENTE DE ITALIA EN EL JUICIO " 'NDRANGHETA STRAGISTA ", 11 DE ENERO DE 2019

DB: Consciente de la responsabilidad moral y jurídica que asumo con mi declaración, me comprometo a decir toda la verdad y a no ocultar nada de lo que esté en mi conocimiento.

Presidente: Generalidades, gracias.

DB: Giuliano di Bernardo, nacido en Penne, Pescara, el 1 de marzo de 1939.

Presidente: Muy bien, gracias. Ahora puede responder a las preguntas del fiscal, que puede estar sentado.

Fiscal: Gracias, Presidente. Profesor, me gustaría que recorriera su carrera masónica, que nos explicara cuándo ingresó en la masonería, qué tipo de funciones desempeñó y sobre todo si en algún momento la abandonó o vivió acontecimientos, digamos, que de alguna manera pusieron en duda su pertenencia a la masonería.

DB: Fui iniciado en la masonería en 1961, es decir, hace 57 años. Se puede decir que he pasado toda mi vida en la masonería. No sólo como simple adepto, sino que también he ocupado altos cargos. Fui elegido Gran Maestro del Gran Oriente de Italia en marzo de 1990. En abril de 1993, dimití de este alto cargo del Gran Oriente de Italia.

Fiscal: ¿Por qué?

DB: Hubo múltiples razones. La más importante vino determinada por la investigación contra la masonería y, por tanto, también contra el Gran Oriente de Italia, iniciada por el fiscal Cordova. Yo, en aquel entonces, era Gran Maestro del Gran Oriente de Italia, y, por tanto, yo era el responsable legal. Hubo algunas reuniones entre el Fiscal y yo. Digamos que mi primera actitud hacia él fue decirle "cómo se atreve a insultar a la organización que represento". Desgraciadamente, Cordova consiguió proporcionarme algunos elementos, algunos documentos de los que surgió un aspecto del Gran Oriente de Italia que nunca imaginé que pudiera existir.

Fiscal: ¿Qué le enseñó Cordova? ¿Qué le dijo?

DB: En primer lugar, me enseñó la existencia de una guerra fratricida entre masones, es decir, los problemas personales entre masones se trataban de resolver a través de la intervención de la justicia. Es decir, en el sentido de que los masones denunciaban, demandaban a otros masones, y todo esto me proporciono la clara evidencia, mostrándome un paquete casi tan alto de hojas a doble cara en las que estaban esas denuncias. Y Cordova me dijo: "Elija al azar y lea". Y, a medida que leía, me encontraba en una situación no sólo de gran incomodidad y vergüenza, sino sobre todo de incredulidad: incluso personas que estaban a mi lado utilizaban ese método.

Fiscal: ¿De qué personas estamos hablando? ¿Recuerda los nombres?

DB: Ha pasado mucho tiempo. Sin embargo, el hecho es que me enfrenté a una visión del Gran Oriente de Italia que nunca imaginé que pudiera existir.

Fiscal: Es decir, a usted no le pareció que existiera, básicamente.

DB: En absoluto.

Fiscal: Aunque, usted fue el vértice...

DB: Debo abrir un pequeño paréntesis, para que entienda cómo me encontré en la cima del Gran Oriente. Usted piense que hasta seis meses antes de mi elección como Gran Maestro, nunca había estado en la sede italiana del Gran Oriente de Italia, en Roma, en Villa il Vascello, así que lo ignoraba todo, completamente todo. Ignoraba situaciones, hechos, personas... todo. El hecho es que, por razones que ahora pertenecen a la historia, este filósofo fue elegido para la cima del Gran Oriente de Italia. Y recuerdo que la primera noche no pude pegar ni ojo porque dije a mí mismo "¿Y ahora qué hago? Estoy en la cima[85] de una poderosa organización de la que lo ignoro todo". Así que esta es una premisa para dejar claro que nunca tuve conocimiento de las realidades locales, de los hechos, las personas y los hombres.

Fiscal: ¿Cómo se llega, digamos, al hecho de ser propuesto y luego elegido? Creo que también había otros aspirantes.

DB: Claro, claro. En primer lugar, hay que decir que mi predecesor, Armando Corona, había demostrado su valía... con muchas dudas. Muchas dudas que luego pude verificar en el curso de mi gran maestría. Había necesidad en la base de una renovación, una fuerte renovación para devolver a la masonería una imagen, quizás la imagen original, tradicional, de una sociedad de nobles y antiguas costumbres. Había como candidatos el delfín de Corona, el que era considerado por todos como el próximo Gran Maestro, que era el abogado Enzo Paolo Tiberi, de Perugia, y todos creían que sería el sucesor de Corona. En un momento dado, se produjo una situación completamente nueva. En 1987, publiqué un libro titulado "Filosofía de la masonería", publicado por Marsilio. Este libro se difundió inmediatamente por las logias, incluso fuera, pero sobre todo dentro de las logias, creando dentro de las logias un deseo de conocer al autor que era un desconocido, era desconocido para todos: yo era un simple masón de la logia Zampone de Rolandis de Bolonia, pero nunca había querido cargos... Me mantuve alejado de todos. Sin embargo, la presentación de aquel libro, que tuvo lugar en casi todas las logias de Italia, empezó a despertar la idea de que tal vez aquel masón desconocido, aquel filósofo, podría haber sido Gran Maestro, devolviendo a la masonería italiana del Gran Oriente aquel prestigio que tuvo en el pasado y que ahora había perdido, primero por el asunto Gelli, luego por ciertas actitudes poco claras de Corona, etcétera. En resumen, en 6 meses nació mi candidatura, y en marzo de 1990 fui elegido Gran Maestro del Gran Oriente de Italia.

Fiscal: ¿Quién era su adjunto?

DB: Yo tenía dos adjuntos: uno era Ettore Loizzo, de Cosenza, y el otro era Eraldo Ghinoi, de

---

85 La palabra utilizada es casi siempre "vértice", con un claro sentido alegórico y masónico. En italiano se escribe "vertice" en español "vértice".

Génova. En la decisión de abandonar el Gran Oriente fue muy importante, decisiva, una reunión de la Junta en la que Ettore Loizzo hizo declaraciones que han sido para mí muy, muy importantes.

Fiscal: Recuérdenos cuándo dejo el Gran Oriente. Creo recordar en la primavera del '93.

DB: Yo lo dejé en la primavera del '93, es decir, oficialmente, lo dejé el 15 de abril del '93 y al día siguiente fundé una nueva obediencia masónica según el modelo inglés a la que llamé Gran Logia Regular de Italia.

Fiscal: Ahora llegamos a esto. ¿Cómo llegó a su dimisión y, sobre todo, qué le señaló Loizzo durante aquella reunión?

DB: Después de los encuentros con Cordova, me encontré en una situación cuanto menos embarazosa, es decir, parecía que, en un momento dado, mi pertenencia a una organización masónica se estuviera derrumbando poco a poco. Yo no podía creer, imaginar que la masonería que había imaginado y sobre la que había escrito un libro, vamos, un libro, en realidad, en la sociedad de los hombres, pudiera ser algo completamente distinto. Completamente diferente. Así que pedí una convocatoria extraordinaria de la Junta. La Junta es el órgano de gobierno del Gran Oriente de Italia, y pedí la participación del vértice calabrese, porque en pocas palabras, estábamos hablando de Calabria. O sea, la información que me había dado Cordova se refería principalmente a Calabria, pero no sólo. Es decir, Cordova sospechaba, y esa fue la razón por la que solicitó las listas de todos los masones de Italia del Gran Oriente, sospechaba que las organizaciones, digamos, de Calabria estuvieran ocupando las regiones del Norte a través del canal de la masonería[86].

Fiscal: ¿A qué se refiere con "organizaciones"?

DB: Hablábamos de la 'Ndrangheta. Eso es, claramente. Que la 'Ndrangheta, a través de la masonería, estuviera ocupando las comunidades autónomas del Norte. Estamos hablando de hace 25 años. En ese momento era una hipótesis, por lo que convoco a la Junta e informo punto por punto lo que surgió de las reuniones con el Fiscal Cordova. En ese momento, dirigiéndome a los calabreses, y en particular a Loizzo, que era el representante más importante de la masonería calabresa, mi adjunto, y le digo: "Ettore, tú ahora debes decirme la verdad. Si me dices la verdad, puedo intentar parar los golpes, pero si la ignoro me muevo en la oscuridad". Y Ettore Loizzo fue muy honesto. Realmente es una persona de la que guardo una opinión positiva e importante. Ettore me dijo: "La verdad es que 28 de las 32 logias calabresas están controladas por la 'Ndrangheta".

Fiscal: Y Loizzo lo sabía.

DB: Lo sabía.

Fiscal: ¿Dijo cómo lo sabía, a raíz de qué?

DB: Le dije: "Si tú sabías estas cosas, ¿por qué no hiciste algo para limitar el impacto, para evitar que el Gran Oriente se encontrara en esta difícil situación?". Su respuesta fue sencilla: "Habría puesto en peligro mi vida y la de mi familia". Entonces le dije: "¿Qué vas a hacer ahora?" - "Nada, absolutamente nada". A partir de la respuesta de Loizzo "nada, absolutamente nada", comprendí que ya no había lugar para mí en el Gran Oriente de Italia. Como soy coherente con mis principios, sabía que renunciaría a muchos privilegios, incluidos los financieros, las relaciones, etc... Sin embargo, cuando me di cuenta de que la situación era esa... (se interrumpe) Me disculpo si no miro al Presidente...

---

86 Y el tiempo le dio la razón.

Presidente: No, no se preocupe. Haz lo que más le convenga. No se preocupe.

DB: En ese momento comprendí que el Gran Oriente, al que me había unido tantos años antes, y que siempre había considerado como lo que realmente es la masonería en el mundo, es decir, una noble y antigua asociación de hombres que se proponen fines positivos para la humanidad, comprendí que eso era otra cosa. No tenía nada de lo que era fundamentalmente esencial para mí. Yo soy muy coherente en mi vida. Cuando me di cuenta de esto decidí dejar el Gran Oriente y retirarme. Y lo primero que hice, fui a Londres, informé a los vértices de la masonería inglesa, porque la masonería inglesa siempre ha sido, aunque hoy lo sea menos, la Gran Logia Madre del mundo. Es decir, la masonería nació en Inglaterra y luego se extendió por el mundo, pero sigue siendo, junto con los masones de Irlanda y Escocia, el corazón de la masonería, el aspecto más noble de la masonería.

Fiscal: ¿En Londres por quién?

DB: En Londres, entonces, y todavía lo es, el Gran Maestro es el Duque de Kent. Y el Gran Secretario era Michael Higham. En la masonería inglesa, el Gran Maestro desempeña un papel representativo, esto es importante, no tiene el papel de los Grandes Maestros europeos. Mientras que todas las cuestiones administrativas, de procedimiento, ejecutivas, son llevadas a cabo por el Gran Secretario. Por lo tanto, es el Gran Secretario quien decide qué hacer o no hacer en la masonería inglesa.

Fiscal: Así que fue a presentar lo que supo.

DB: Claro.

Fiscal: ¿Qué le dijeron?

DB: Me dijeron que lo que estaba diciendo, en definitiva...

Fiscal: ¿Así que usted habló de la 'Ndrangheta, de la peligrosa presencia, dentro de muchas logias, de hombres de la 'Ndrangheta?

DB: Ellos no tenían la medida de los hechos. Pero sabían que esos hechos existían.

Fiscal: ¿Y a través de qué canales?

DB: A través de sus embajadas y servicios. Quiero decir, me dijeron: "Lo que nos estás contando, ya lo sabemos". Y eso fue un alivio para mí, porque lo que yo había pensado, en realidad, era compartido por las altas esferas de la masonería inglesa. De ahí mi pregunta: "¿Y ahora qué hago?". Esa era mi pregunta fundamental. La respuesta fue: "Sencillo. Dimites del Gran Oriente de Italia, formas una nueva masonería, nosotros quitaremos el reconocimiento al Gran Oriente y se lo daremos a tu Gran Logia". Bien. Todo esto sucedió en sólo seis meses. El 8 de septiembre del '93, la Gran Logia Unida de Inglaterra retiró su reconocimiento al Gran Oriente de Italia. El 8 de diciembre del mismo año se lo otorgó a mi Gran Logia Regular de Italia.

Fiscal: Pero Inglaterra, digamos, la Gran Madre como usted la llamaba, ¿lo hace basándose en sus indicaciones o inicia algún tipo de investigación?

DB: No, una característica de la Gran Logia Unida de Inglaterra es que nunca abre investigaciones: decide. Es decir, tenía elementos para retirar el reconocimiento al Gran Oriente de Italia y lo hizo. Pero no llevó a cabo ninguna investigación sobre el Gran Oriente de Italia. Quiero decir, obviamente dio al Gran Oriente la oportunidad de defenderse, hubo toda una correspondencia.

Fiscal: Exacto, a eso me refería.

DB: En los meses que van de abril '93, la institución de la Gran Logia Regular, y el procedimiento de retirada del reconocimiento al Gran Oriente de Italia, se lleva a cabo a través de una correspondencia muy importante, entre la Gran Logia Unida de Inglaterra y el Gran Oriente de Italia, representado, en esta situación, por el ex Gran Maestro Armando Corona. Así, Inglaterra quiso examinar, pero en un contexto muy restringido de "vértices"... es decir, dijo al Gran Oriente: "Si usted dice, como dice, que todo esto es falso; que Di Bernardo dijo falsedades, que nuestras informaciones son falsas, demuéstrenos cuál es la verdad". Fue con esta correspondencia, al final de la cual, Inglaterra decidió retirar el reconocimiento al Gran Oriente. Estos son los hechos. Pocos meses después, se concede el reconocimiento a la Gran Logia Regular.

Fiscal: ¿Qué significó perder el reconocimiento inglés? Es decir, ¿el GOI siguió siendo una masonería?

DB: Seguía siendo en la masonería, pero había perdido su base internacional de regularidad. Me explico: el Gran Oriente de Italia se creó alrededor de 1862, los orígenes del Gran Oriente de Italia no están claros. Durante pocos meses, justo en el '62, fue Gran Maestro Costantino Nigra, el gran diplomático, quien comprendió inmediatamente que el Gran Oriente de Italia necesitaba el reconocimiento inglés. Así que presentó una solicitud formal de reconocimiento a la masonería inglesa. El reconocimiento inglés llegó, pero en agosto de 1972, es decir, exactamente 110 años después, cuando finalmente el Gran Oriente recibió el reconocimiento inglés, lo que significa el acceso al contexto internacional de las masonerías regulares, que son todas aquellas reconocidas por la masonería inglesa. Por lo tanto, una gran felicidad. Yo era un simple masón: recuerdo la carta que el entonces Gran Maestro Salvini envió a todos los miembros en la que se alegraba. Decía: "Por fin hemos obtenido el reconocimiento inglés". Pero este reconocimiento, que se había esperado durante 110 años, se pierde 21 años después, por mi culpa, para bien o para mal, por lo que ahora se pierde el reconocimiento inglés y significa volver a caer en el pantano de las masonerías irregulares.

Fiscal: Irregulares.

DB: Irregulares.

Fiscal: Y qué son las masonerías, por lo que usted ha experimentado, es decir, ¿qué características tienen las masonerías irregulares? Si las podemos catalogar...

DB: Hago una definición sencilla. Todas las masonerías reconocidas por Inglaterra son regulares, todas las demás son irregulares. Yo, que soy siempre coherente con mis principios, durante todo el tiempo que he sido Gran Maestro, primero del Gran Oriente de Italia, luego de la Gran Logia Regular de Italia, nunca he tenido relaciones ni oficiales ni informales con lo que eran las masonerías irregulares. Por lo tanto, de las masonerías irregulares yo, por elección propia, ignoro todo.

Fiscal: Incluso el GOI antes del '72 era una masonería irregular.

DB: Claro, Claro. Es decir, digamos que en Italia no había una masonería reconocida por Inglaterra.

Fiscal: Esa era la pregunta que quería hacerle. Entonces, la primera es el GOI en el '72.

DB: Luego el GOI mantuvo el reconocimiento hasta el '93, en el '93 lo perdió y entonces lo recupero.

Fiscal: En ese momento, sin embargo, pasó, después de tres meses...

DB: A la Gran Logia Regular de Italia, que todavía lo tiene.

Fiscal: Entonces, el GOI aún no lo tiene, que usted sepa. Déjeme entender una cosa más. Obviamente, usted no preguntó esto en Inglaterra, pero ciertamente usted mismo se hizo la pregunta. ¿Conocían los británicos los problemas que usted representaba?

DB: Y eso forma parte de la mentalidad inglesa. Lo saben, pero no intervienen hasta que alguien de ese país plantea el problema. Eso es típico de la mentalidad inglesa. No son, digamos, los guardianes de otras masonerías.

Fiscal: Así que, hasta que no surja el problema, no intervienen.

DB: Esto es típico de la mentalidad inglesa, de la masonería inglesa.

Fiscal: Lo dice basándose en sus estudios, en el hecho de que ha tenido relaciones a lo largo de los años.

DB: Por supuesto, por supuesto. Lo digo basándome en mis estudios y en mi experiencia personal.

Fiscal: Perfecto. También me gustaría entender otra cosa. Digamos que, durante aquella famosa junta que ha mencionado antes, surgió el problema calabrés. Considero que en aquel momento se intentó comprender si había situaciones análogas en otros territorios, o si el problema calabrés era el más grave, de mezcla entre masonería y criminalidad organizada.

DB: Sin duda, fue el centro de este fenómeno puesto de manifiesto por el fiscal Cordova, pero ya llegaban señales de Sicilia.

Fiscal: ¿Qué señales recibió de Sicilia?

DB: Bueno, en primer lugar, hubo un hecho que hizo temblar un poco a la masonería, incluso en el Gran Oriente, en sus vértices: la detención del alcalde de Castelvetrano por implicación con la mafia. Fue una señal clara, precisa, evidente. Yo, inmediatamente, usé mi poder, pero el poder del Gran Maestro. Según las constituciones reformadas por Armando Corona, el Gran Maestro no tenía derecho de expulsión. Este es un problema, un aspecto muy importante. Pero si el Gran Maestro no puede resolver inmediatamente una situación, expulsando a una persona cuya indignidad se muestra claramente, ¿cómo se administrará la justicia? Es aquí que pasa...

Fiscal: Interna...

DB:. La justicia interna...

Fiscal: La del Tribunal Central.

DB: El Tribunal Central en mi época estaba dividido en cinco secciones, cada sección tenía su propio presidente y luego los hechos eran analizados por el Tribunal Central que emitía su sentencia que tenía validez a nivel interno.

Fiscal: ¿Y el Tribunal Central se ocupó de los asuntos sicilianos?

DB: El Tribunal Central se ocupó de este asunto, pero no sé decirle cómo terminó, también porque estaba emergiendo la investigación de Cordova, estaba surgiendo un ataque nacional contra mí, así que yo estaba, digamos, en todos los demás asuntos, pero en Sicilia tuve otras señales, es decir, más que señales, declaraciones de los máximos dirigentes que representaban al Gran Oriente de Italia en Sicilia.

Fiscal: Es decir, ¿quién?

DB: Me refiero, en modo particular, al que era, en aquellos años, el número uno en Sicilia, es decir, el abogado Massimo Maggiore de Palermo. Después de mi elección, era costumbre que el Gran Maestro visitara las regiones, y así fui yo también de visita a Sicilia, a Palermo. Fue una reunión increíble, miles de personas festejando al Gran Maestro. Después de la reunión oficial, Massimo Maggiore me dijo confidencialmente: "Si el presidente del colegio circunscripcional, es decir, el presidente ehm...".

Fiscal: De la zona...

DB: No, de toda Sicilia, la circunscripción es parte de la Sicilia, que era un abogado de... la zona cerca de Trapani...

Fiscal: Mazara del Vallo...

DB: De aquellas partes de allí... bueno, me dijo: "Si el presidente de la circunscripción de Sicilia te invita a visitar las logias, rechaza".

Fiscal: Le dijo Maggiore

DB: Me lo dijo, y yo le dije: "Pero por qué debería rechazar la invitación, además, del número uno de Sicilia". Y me dijo: "Porque en esa zona, todas nuestras logias allí, han sido ocupadas por la Mafia". Esto fue en Campo Bello de Mazara.

Fiscal: Así que se refería a la zona de Trapani.

DB: El territorio de Trapani... "No vayas allí". Y yo le dije: "Pero, Massimo", el mismo discurso que le había hecho a Loizzo, "pero tú, que eres el número uno, ¿cómo pudiste siquiera permitir que se eligiera presidente de la circunscripción de Sicilia a una persona que, no es necesariamente un miembro de la Mafia, pero que es una expresión de esa zona que tú afirmas que está completamente bajo el control de la Mafia?". E hizo, más o menos, el mismo discurso: "No hemos podido evitarlo", etc., etc., etc. . De esta manera empezaba a entender que los vértices, que se suponía que tendrían que aplicar los principios y reglas de la masonería en sus territorios, en realidad habían sido subordinados a otros poderes.

Fiscal: Y esto ya estaba ocurriendo en Sicilia inmediatamente después de que usted asumiera el cargo.

DB: Sí, y esto ya estaba ocurriendo antes de la investigación de Cordova, justo después de que yo asumiera el cargo. Poco después, el alcalde de Castel Vetrano fue acusado de estar relacionado con la Mafia y así, poco a poco, empecé... porque verá, lo diré otra vez, fui elegido Gran Maestro ignorando por completo cuáles fueran las realidades locales y...

Fiscal: Y no tenía poder de expulsión. Es decir, aunque estaba informado.

DB: Lo que era una información... para mí, sin embargo, yo... ¿Qué habría podido hacer? Si volvemos atrás, toda Trapani estaba bajo el control de la Mafia. Yo no tenía una varita mágica. Si, entonces, los hombres de Trapani eran los vértices de la masonería, era prácticamente imposible hacer algo. Sin embargo, cada vez era más consciente de una realidad que nunca imaginé que pudiera existir.

Fiscal: Profesor, usted el 6 de marzo de 2014, ¿recuerda cuándo le escuchamos?

DB: Sí. Lo recuerdo.

Fiscal: En un momento dado, usted dice que la situación calabresa era mucho más preocupante que la siciliana. Y utiliza esta expresión: "En cuanto a la masonería calabresa, era mucho más ramificada y poderosa que la siciliana". ¿Cómo llega a esta conclusión?

DB: Llegué a esto, es decir, en la masonería siciliana, vi diferentes poderes, es decir, no había, por así decirlo, un punto de vista unitario, es decir, la masonería es fragmentada y cada parte tenía su propio centro de poder. Era, digamos, un poder fragmentado. Mientras que, en Calabria, vi un poder unitario. Es decir, una mente que regulaba. Más allá de todos los contrastes que existían, y aún existen, entre las obediencias masónicas en Calabria, por supuesto.

Fiscal: Pero era como si percibiera un hilo conductor.

DB: Sí.

Fiscal: ¿Y eso surgió ya de lo que le dijo Loizzo, o tuvo que verificarlo de alguna otra manera?

DB: Es decir, esa fue una idea que se fue afianzando, es decir, Loizzo me dio el "imprint" más fuerte, pero yo empecé a ver el contorno y llegué hasta aquí, es decir, la masonería calabresa es más poderosa que la siciliana porque tiene una visión unitaria.

Fiscal: Una visión unificada. Recuerdo que le pregunté, cuando nos vimos en 2014, ¿la investigación de Córdoba iba en la dirección correcta para lo que posteriormente comprendió?

DB: Sí, iba en la dirección correcta. Puedo decirle que cuando decidí dejar el Gran Oriente, también nació en mí el deseo de defender los verdaderos principios de la masonería, pero esto lo podía hacer luchando contra quienes los habían denigrado. Así que le entregué al fiscal Cordova documentos importantes a partir de los cuales habría podido tomar medidas decisivas.

Fiscal: Así que había seleccionado los documentos adecuados.

DB: Pero no se hizo nada.

Fiscal: ¿Y a qué cree que se debe?

DB: Se dijo que Cordova había tratado el fin de la investigación de la masonería con su traslado a Nápoles. Eso se dijo: puede que sea así, pero el hecho es que cuando Cordova fue trasladado a Nápoles, periódicamente llegaban los sustitutos. Recuerdo que, para mí, fue una tragedia. Llegaban a la oficina de Palmi, y para mí era terrible, porque cada sustituto que estaba allí durante seis meses, en cuanto llegaba, me citaba, y yo tenía que bajar y repetir las mismas cosas. Hasta el momento en que el fiscal de Palmi decidió que en Palmi no se daban las condiciones adecuadas para llevar a cabo la investigación, y pidió el traslado a Roma. El texto fue trasladado a Roma, y uno de los dos magistrados, recuerdo que uno se llamaba "Nello Rossi", uno, luego había una mujer, no recuerdo el nombre, me citaron y me dijeron: "Lo hemos heredado, pero no tenemos tiempo material para constituir el expediente. Hemos pedido un aplazamiento para que nos otorguen el tiempo necesario para presentar una propuesta". Se denegó el aplazamiento, así que se archivó el expediente.

Fiscal: Esto, por supuesto, usted lo vio siempre como Gran Maestro del GOI.

DB: No, esto después. Esto, después.

Fiscal: Entonces, le convocaron en relación con el período histórico en el que fue protagonista.

DB: Claro. Entonces, se dice hoy que la investigación ha sido cerrada porque no se ha encontrado nada con el Gran Oriente. En realidad, la investigación se archivó por vencimiento de terminos. Esta es la realidad.

Fiscal: Porque, por lo que usted percibió, había material para seguir.

DB: Y por supuesto. Está todo ahí.

Fiscal: Otro de los temas de los que hablamos cuando usted ha sido escuchado en 2014 tiene que ver con los movimientos separatistas y la temporada de masacres del '92 al '94.

DB: Lo que puedo decir es que, de lo que ocurría, me informaba mi secretario personal, Luigi Savina. Él me mantenía informado sobre los fenómenos: sobre el hecho y no sobre las personas, porque yo no conocía a las personas, de la manera más absoluta. Lo que me seguía diciendo era que había afiliados del Gran Oriente de Italia que apoyaban estos movimientos separatistas, etc. Sin embargo, mi información se detuvo a este nivel, también porque no tenía interés en profundizar más, y porque tenía que resolver problemas mucho más importantes.

Fiscal: ¿Había información procedente de Calabria en esta dimensión?

DB: Sí, Savina recibía las informaciones de Calabria. Es decir, de los masones del Gran Oriente de Calabria que, por lo que se entendía, también trataban de involucrar a la sede central del Gran Oriente para apoyar estos movimientos. Eso es. Esto nunca se realizó.

Fiscal: En 2014, usted dijo en un momento dado, en relación con estos movimientos separatistas: "Reggio Calabria fue la fuerza motriz". ¿Por qué?

DB: Porque aquí, obviamente, la masonería sigue las visiones geográficas de Calabria. Por un lado, estaba Cosenza, por el otro Catanzaro y luego Reggio (Calabria). Cosenza tenía, por así decirlo, su propia entidad, su propia realidad, que en conjunto, con respecto a un criterio de gravedad, era mucho menos grave que Reggio Calabria. Catanzaro contaba poco y, por lo tanto, todo lo que ocurría dentro de la masonería se concentraba en Reggio Calabria.

Fiscal: ¿Así le parecía?

DB: Eso es, sí.

Fiscal: ¿Le preocupaban estos movimientos separatistas? ¿Habíais discutido de ellos dentro de vuestros órganos?

DB: Pero, sin duda, no formaban parte de la visión de Italia que yo tenía y que entonces era también la dominante dentro del Gran Oriente de Italia. Son esos saltos adelante y atrás que siempre van a perturbar aún más un orden ya precario, por lo tanto, son cosas a las que yo personalmente, pero entonces también como Gran Maestro, siempre me he opuesto. Como resultado, a las peticiones de implicación, respondía que nunca habría pasado algo así y de ninguna manera.

Fiscal: Entonces, le llegaban peticiones que querían implicar a los órganos centrales del GOI.

DB: Claro, claro. Sin embargo, mientras yo fui Gran Maestro, nunca tuvo lugar.

Fiscal: Me interesa saber el origen de estas peticiones.

DB: Repito, siempre venían filtradas por Savina, que conocía a la gente.

Fiscal: ¿Pero eran peticiones que venían del Sur? ¿Venían del sur de Italia?

DB: Sí, sí, venían del sur de Italia. Porque Savina conocía a todo el mundo porque había sido secretario personal de Armando Corona, antes que el mio, así que conocía a todo el mundo. Digamos que en los primeros tiempos de mi magisterio pude evitar muchos, muchos errores gracias a Savina que conocía los hechos, las situaciones y a los hombres.

Fiscal: Podría estar, digamos, equivocado en la definición, pero ¿cómo se ocuparon de estas cuestiones las circunscripciones septentrionales del GOI?

DB: Esto no lo sé, porque no he tenido la oportunidad de... sin embargo, eso... ahora si hago una deducción dentro del marco podría decir que el Norte no estaba interesado, al menos el Norte masónico del Gran Oriente de Italia. Además, aunque estuviera allí alguien que echó gasolina al fuego, esto no lo puedo excluir.

Fiscal: Escuche, profesor. A la luz de todo lo que usted vivió en aquellos años, ¿tuvo alguna forma de relacionar, a partir de su experiencia directa, el papel de esta parte de la masonería, obviamente aquella vinculada al crimen organizado, con la época de las masacres y con el separatismo?

DB: La idea que yo tenía era que todo estaba dentro del mismo contexto, aunque con separaciones internas. Pero yo creo... el pensamiento que yo había realizado era que ahí había alguien que movía los hilos dentro de diferentes contextos combinados en un único conjunto.

Fiscal: Así que esa temporada también pudiera haber madurado de alguna manera en contacto con ambientes masónicos. ¿Se podría decir eso?

DB: Sí.

Fiscal: ¿Y cuándo fue a ver al Duque de Kent eso se lo contó? Además de hablar de la 'Ndrangheta, también habló... sobre lo que había sucedido en Italia entre el '92 y el...

DB: Por supuesto. Está claro que yo representé la situación en su contexto general, del que la 'Ndrangheta era sólo un aspecto, un aspecto importante, pero era sólo un aspecto, es decir, yo di la imagen general del Gran Oriente de Italia en aquel momento, tal como yo lo veía, es decir, tal como me resultaba desde...

Fiscal: Entonces, usted dio una imagen completa que pasaba por los atentados del '92, por tanto, de estos movimientos separatistas, de un contexto, digamos, que no era el de la masonería que usted había vivido.

DB: Exactamente, justo eso.

Fiscal: Y también sobre esto, los ingleses dijeron que estaban informados, es decir, su información no era sólo sobre la 'Ndrangheta y la infiltración de la 'Ndrangheta.

DB: Los ingleses no me dijeron cuál era su información, pero una cosa era muy evidente, que cuando yo hablaba, expresaba ese panorama general, ellos decían "lo sabemos". Así que, ese decir "sabemos" se referían al panorama general.

Fiscal: Luego hay otro pasaje que menciona relativo a la antigua gestión. Respecto a la gestión anterior comparada con la suya, usted hace referencia al tráfico de armas.

DB: Y sí. Eso también explica por qué me encontraba en el lugar equivocado.

Fiscal: ¿Qué tenía que ver el GOI con un tráfico de armas? Parece realmente algo muy distante.

DB: Pero debería ser así (risas), debería ser así. ¿Qué tiene que ver una antigua y noble sociedad de hombres con un tráfico de armas? Esa es la primera pregunta que me hice y que ahora me hace usted. Bien, citaré un caso del que partió la historia. Yo, como Gran Maestro, residía en Villa il Vascello, en el Gianicolo. Una vez me despertó el teléfono. Entonces no había teléfonos móviles. Estaba sonando, no paraba de sonar, y me dije "¿Pero quién es?". Pero, como seguía sonando, en un momento dado, fui a contestar y oí que decía, con voz de extranjero: "Gran Maestro, necesitaríamos lo mismo que nos dio antes". Entonces, en ese momento, podría haber dicho: "Está hablando con otra persona". Es decir, está claro que la persona que llamaba pensaba que estaba hablando con mi predecesor, con Armando Corona. En ese momento le seguí el juego. Le dije: "¿Qué necesita en particular?", y entonces empezó a hacer una lista de armas, no sólo ligeras, sino pesadas.

Fiscal: ¿Qué armas, perdone?

DB: Ahora...

Fiscal: No es un experto...

DB: No soy un experto, pero pude entender que no se trataba sólo de pistolas y un fusil, sino también de armas más complejas, más potentes, etc., etc., etc.

Fiscal: Pero usted, entonces, ¿pudo entender con quién estaba hablando?

DB: Eh, no. Porque cuando se dio cuenta, también por el sentido de mis preguntas, en un momento dado me dijo: "¿Pero estoy hablando con Armando Corona?". Yo le dije en ese momento: "No, está hablando con Giuliano Di Bernardo". En ese momento colgó.

Fiscal: Mientras tanto, ¿había hecho el listado de pedidos?

DB: Mientras tanto lo había hecho. Entonces, en ese momento, se me encendió una luz.

Fiscal: ¿Cuándo ocurrió este acontecimiento? ¿Usted ya se había establecido como Gran Maestro desde cuando?

DB: En el '90, en marzo del '90. Puede ser que el año siguiente.

Fiscal: Así que primavera del '91.

DB: Primavera del '91. Fue entonces cuando se me encendió la luz. ¿Y qué hago? Hablo de ello con el Gran Secretario de la Gran Logia Nacional Francesa. En mi opinión, la petición había venido de África. África, masónicamente, estaba controlada desde París, desde la Gran Logia Nacional Francesa, así que informé de esta llamada al Gran Maestro de Honor Yves Trestournel y Gran Secretario.

Fiscal: Que le dijo...?

DB: "Por supuesto, ¿aún no lo sabes? Armando Corona fue a Gabón". Gabón era un país muy importante. El Presidente era también Gran Maestro de la masonería. Y Trestournel me dice: "¿Sabes lo que hizo tu predecesor Armando Corona? Fue a ver al Presidente Gran Maestro para ofrecerle armas. Él nos informó inmediatamente". Y los franceses dijeron: "Cómo se atreve éste a entrar en nuestro mercado de armas?"

Fiscal: Entonces, digamos que el escándalo era éste: había violado la jurisdicción territorial.

DB: Para los franceses, el escándalo era precisamente eso: injerencia.

Fiscal: No el objeto...

DB: No el objeto, que ellos consideraban normal. Y entonces tuve otra confirmación de todo esto, y entonces comprenderá que para mí el Gran Oriente se hizo cada vez más estrecho. Recuerdo una expresión de Cordova del momento de nuestro primer encuentro. Me miró socarronamente, así, y me dijo: "Profesor, ¿sabe usted que es una flor en el pantano?". Y yo le dije: "¿Cómo se atreve?". Este fue nuestra...

Fiscal: "Bienvenida", digamos (risas).

DB: Y luego me demostró... Pues (también riendose los demás en la sala)...

Fiscal: También en esto entonces, por supuesto, entiendo el asunto de la llamada telefónica... Inmediatamente, tuvo la oportunidad de entender con quién estaba hablando, entonces de alguna manera reconstruyó el asunto...

DB: Luego hemos hablado. Trestournel me dijo que, tal vez, vendría de Somalia, una petición de armas.

Fiscal: ¿De Somalia? ¿Una petición de armas?

DB: Sí, quiero decir que esa persona que me había telefoneado por lo que me había dicho Trestournel, francés, podía perfectamente ser·de Somalia.

Fiscal: Pero, perdóneme. ¿Esta persona que habla por teléfono, a final no se presenta de ninguna manera?

DB: No, no, no. No.

Fiscal: Fue como si fuera un discurso...

DB: Un discurso... de hace mucho tiempo. Eso es, cosas así.

Fiscal: ¿Es el único episodio que vive de ese tipo?

DB: Esa es la conversación que tuve con Yves Trestournel sobre Gabón. A partir de la cual me doy cuenta de que esa es la masonería...

Fiscal: ¿Dentro del GOI no planteó el problema? Dentro del GOI, me refiero a hablar con los miembros de la Junta.

DB: Yo planteé el problema.

Fiscal: Planteando algo por el estilo: "Mirad, un desconocido me ha telefoneado pidiendo armas".

DB: Yo informé a la Junta. No me limité a informar a la Junta, porque había muchos amigos de Corona en la Junta, es decir, estaba convencido de que no obtendría una condena de la Junta, por eso, por iniciativa mía, del Gran Maestro, envié a Armando Corona al Tribunal Central. Dije: "Estos son los datos que tengo en mi poder, y bien, le pido al tribunal que lo juzgue".

Fiscal: ¿Y qué ocurrió?

DB: Sucedió que fue declarado inocente. (Risas) La justicia masónica.

Fiscal: Así que, básicamente, usted le había calumniado.

DB: Por supuesto, le había calumniado.

Fiscal: Así que hubo un juicio, pero acabó en la nada.

DB: Terminó con la decisión del Tribunal Central de que nada era cierto.

Fiscal: ¿Pero basándose en qué conclusiones?

DB: No importa. El Tribunal Central juzga, redacta la sentencia y ya está. Así son las cosas.

Fiscal: Y el Tribunal Central en ese momento siempre fue presidido por...

DB: Massimo Maggiore.

Fiscal: Massimo Maggiore...

DB: Sí.

Fiscal: Entonces, era el número uno en Sicilia del que nos hablabas antes.

DB: Sí.

Fiscal: También en relación con este asunto de Corona. Siempre fue él quien presidió.

DB: No, porque yo no lo confirmé... sí, sí lo confirmé a petición, sí, era él.

Fiscal: Era él. Mire, obviamente creo que es difícil para usted recordar nombres específicos. Pero los sujetos de 'Ndrangheta que formaban parte del GOI, de alguna manera, ¿tuvo alguna forma de identificarlos?

DB: Quiero decir, la cuestión es esta... Yo no sabía... Quiero decir, no podía asociar el nombre con la 'Ndrangheta. Quiero decir, el alcalde de Castel Vetrano era evidente, porque los periódicos hablaban de él. Obviamente, quien estaba dentro del GOI, quizás los que gobernaban Calabria, sabían estas cosas.

Fiscal: ¿Lo sabía Loizzo?

DB: Pero, a mí, nunca se me dijo nada.

Fiscal: Es decir, nunca se mencionaron nombres.

DB: Absolutamente.

Fiscal: ¿Ni siquiera en Sicilia?

DB: En Sicilia, más que el Presidente del Colegio Circunscripcional, sobre el cual, sin embargo, se dejó caer la sospecha, pero no una declaración firme, es decir, no conociendo las cosas y las personas, actuaba sobre el conocimiento no de individuos sino de fenómenos.

Fiscal: En las actas de 2014, en un determinado momento, usted menciona a Gioacchino Pennino, de Palermo.

DB: Bueno, a decir verdad, también porque no tenía ningún interés en profundizar en ello, pero en algunas circunstancias, bueno, alguien me habló de este Pennino, de lo que podría hacer, de su papel, etc., etc. La charla era más para presentar el personaje que posiblemente se podría apoyar, que una petición precisa.

Fiscal: ¿Se presentaba al personaje como un personaje masón que podría tener vínculos con otros mundos?

DB: Un personaje masón que podría haber hecho el bien a la masonería. Esa era la fórmula.

Fiscal: ¿Luego fue capaz de entender de qué Pennino se hablaba?

DB: No, porque no fui más allá.

Fiscal: Por ejemplo, en el informe que tengo delante, en un momento dado, usted dice: "Entonces supe que se convirtió en colaborador de la justicia".

DB: Sí, bueno, si juntamos un poco las ideas, llegamos a esa conclusión.

Fiscal: Por lo tanto, ese Pennino. ¿Y sobre un tal Mandalari?

DB: Como sea, era un nombre recurrente en aquel periodo. Pero la información que me llegaba era de una persona importante que podría haber hecho mucho por la masonería. De esta manera, me llegaban estos mensajes. No me decían: "Toma, tiene conexiones con la mafia". También porque me conocían, sabían que si me lo presentaban como una persona que tenía conexiones con la mafia, yo bajaría inmediatamente la persiana.

Fiscal: Utilizaban una ruta indirecta.

DB: Una ruta indirecta. Indirecta que, sin embargo, yo...

Fiscal: Decir y no decir, en definitiva.

DB: Decir y no decir. Sin embargo, cuando me enfrento a casos de este tipo, de "decir y no decir", no hago nada. Porque si no veo claro, no me muevo. Habrían intentado que autorizara algo que yo, sin embargo, precisamente por esa ambigüedad, por ese pantano, nunca he autorizado.

Fiscal: Pero, el nombre de Gioacchino Pennino lo recuerda. Quiero decir, eso de Gioacchino Pennino es un nombre que, sin embargo, recuerda.

DB: Ese sí.

Fiscal: ¿Dónde le hablaron de él? ¿No es capaz de decírnoslo?

DB: No, porque todo sucedió allí, en la sede del Vascello, personas que... hermanos que vinieron a verme... presentaron los diferentes hechos, personas y cosas. Yo cuando recibí a estas personas, entre las muchas cosas que me llegaron también estaba esto.

Fiscal: Profesor, usted hablaba antes de la 'Ndrangheta, o más bien de la masonería calabresa, así que sobre las relaciones con la 'Ndrangheta, distinguiéndolas de los problemas sicilianos, usted dice "En Calabria, como si hubiera un hilo conductor, una situación unitaria", e hizo un signo, ¿es correcto? Lo que ha hecho es como si fuera una especie de vértice en esta estructura. Ha hecho una especie de triángulo.

DB: Sí. Traté un poco, de hecho, de explicarme a mí mismo, por qué esto surgió...

Fiscal: Me interesa el vértice de este triángulo. Es decir, en Calabria, ¿logró identificarlo de alguna manera, es decir, si había logias que contaban más? ¿Dónde estaban arraigadas?

DB: No, no creo que la conexión se produjera a ese nivel allí, porque las logias luchan entre sí en Calabria, siempre han luchado y siguen luchando.

Fiscal: ¿Y, en cambio, a qué nivel estamos?

DB: Es decir, he intentado entender cuál era la naturaleza específica de la relación "Ndrangheta - masonería", diferente de la relación "Mafia - masonería".

Fiscal: Exactamente. Y eso es lo que nos interesa.

DB: Creo que el punto de unión está en el ritual. Es decir, el ritual se utiliza en la masonería y el ritual se utiliza en la 'Ndrangheta, aunque con terminologías completamente diferentes, tiene ese punto común. Es decir, para entrar en la masonería se utiliza un ritual; para entrar en la 'Ndrangheta se utiliza un ritual; que, sin embargo, tienen el mismo significado: el de obligarte al secreto una vez que estás dentro.

Fiscal: Así, como si se produjera un encuentro de dos estructuras muy similares.

DB: Muy similar, desde el punto de vista ritual, es decir, esto, en mi opinión, simplificó mucho en Calabria esta interpenetración entre la 'Ndrangheta y la masonería.

Fiscal: Y hacia atrás, ¿fue capaz de entender cuando se inició este camino?

DB: Creo que siempre ha sido así. Está claro: la dimensión temporal es muy importante. Hoy podría decir que es mucho más fuerte que hace 40 años. Porque cuando la masonería renació en Italia después de la Segunda Guerra Mundial de la mano de los americanos, lo hizo sobre una base completamente diferente de lo que era la masonería. Verá, la masonería que hoy tenemos en nuestro imaginario colectivo murió definitivamente con el estallido de la Primera Guerra Mundial. Pero seguimos pensando que la masonería es eso. Durante el fascismo, o durante el nazismo, el estalinismo, la masonería termina. Cuando renace, lo hace sobre una base completamente diferente. Aquí los americanos han venido a liberar, no sólo a liberar Italia, dicen "liberar", luego está todo por verificar históricamente, pero han traído una nueva imagen de la masonería que es la de la masonería democrática, y esto ha destruido aquel modelo de masonería que nació en Inglaterra, el 24 de junio de 1717, y que continuó hasta el estallido de la Primera Guerra Mundial.

Fiscal: Así que, en esta transformación, dice "entonces también se crea el contacto con organizaciones criminales".

DB: Todo. Todo.

Fiscal: Una última pregunta. Ya se lo he formulado en parte, pero me interesa profundizar en ella en relación con lo que usted acaba de decir. Cuando ha hablado de Reggio Calabria, digamos, como motor de estas situaciones masónicas contaminadas, ¿podemos llamarlas así? ¿Hablaba de la ciudad o de la provincia de Reggio Calabria?

DB: Sobre todo de la ciudad.

Fiscal: La ciudad de Reggio. Es decir, ¿la ciudad de Reggio tenía un rol masónico que nadie en Calabria tenía?

DB: Sí, sí.

Fiscal: Y obviamente usted también hacía inspecciones en estos territorios, ¿no? Solía hacer inspecciones o que...

DB: No, pero claramente las mías no eran visitas de inspección, eran visitas...

Fiscal: ...De cortesía.

DB: El Gran Maestro de visita.

Fiscal: ¿Qué territorios visitó en Calabria?

DB: Pues, prácticamente los visité todos. Digamos, las tres ciudades (las voces se cruzan)... las tres provincias de entonces, sobre todo Reggio[87], luego Cosenza y después Catanzaro. Pero las mías no eran visitas de inspección, las inspecciones debían realizarlas los propios calabreses.

Fiscal: En el transcurso de esas visitas que hizo, ¿no había surgido nada?

DB: No. Todas fueron visitas de muy alto nivel de las que no se habló de nada. Se expresaba la alegría de tener al Gran Maestro.

---

87 Reggio Calabria.

Fiscal: Entonces, con respecto a Sicilia, nadie había advertido "mira, evita".

DB: No, no, no.

Fiscal: ¿Nunca había ocurrido en Calabria?

DB: No. Nunca. Nunca.

Fiscal: ¿Y lo discutió con Loizzo?

DB: Le dije: "¿Cómo es que no me lo habías dicho antes? Has sido mi Gran Maestro Adjunto durante dos años". Y él me dijo: "Sabes..." - me contestó algo así - "estas son cruces personales que se llevan y ya está".

Fiscal: Escuche, al principio de su examen de hoy usted dice en cierto momento: "El GOI, de todas formas, la masonería en general vivía, salía, incluso de los problemas del pasado, entre ellos el asunto Gelli". ¿Qué vivió usted en relación con Licio Gelli? ¿Y a lo que fue la P2?

DB: El tema es amplio, tengo que elegir dos o tres... Quiero decir que, como es bien sabido a estas alturas, Gelli fue inventado por la CIA, por los estadounidenses.

Fiscal: Inventado.

DB: Inventado. Inventado porque el gobierno americano había perdido la confianza en Moro y Andreotti y, por lo tanto, empezó a temer que pudiera haber un sorpaso comunista en Italia.

Fiscal: Sí.

DB: Cuando los americanos, forma parte de su mentalidad, ya no tienen confianza en los órganos institucionales, van en busca del "hombre nuevo[88]", fuera de cualquier contexto. Gigliotti es un nombre importante, que favoreció el desembarco de los americanos, que pidió la ayuda de la Mafia en este desembarco; Gigliotti es el que refundó la masonería en Italia. Gigliotti propuso a Gelli. Dijo: "El salvador de Italia es este hombre". Podría haber presentado a cualquier otro, pero presentó a Gelli. Desde ese momento, Gelli fue el único y exclusivo referente del gobierno americano para evitar el "adelanto" de los comunistas. Gelli tenía montañas de dólares, pero sobre todo, el gobierno americano, la CIA, el FBI, puso a la obediencia de Gelli a los vértices italianos, a los vértices económicos, a los vértices militares y a los vértices del poder judicial. Los vértices los tenía a todos bajo su obediencia, que inició al Excelsior de Roma, con el Gran Maestro Gamberini. Así, este hombre se encontró de repente con un poder como creo que nadie ha tenido nunca en Italia. Todo esto pretendía evitar el "adelanto". Se habla de este proyecto político de Gelli...

Fiscal: Sí. El Plan de Renacimiento Democrático.

DB: Ahora bien, ¿qué ocurre? La realidad es siempre más banal de lo que se podría pensar. Gelli se había comprometido a cambiar Italia para evitar el sorpaso, pero Gelli, cuando recibe dinero de los americanos, hace sus negocios en distintos países del mundo, etc. etc. No piensa en el propósito fundamental que, en cambio, debería haberle interesado. Los americanos empezaron a solicitarle y entonces él, como confió a algunos de sus colaboradores, que luego vinieron también a mí, no pudo aguantar más estas solicitudes de los americanos y empezó a escribir un proyecto tan al azar, el "famoso proyecto" del que hablamos. Incluso aquí, a veces se va a dar mucha importancia a algo que no la tiene.

---

88 El tristemente célebre "Homo Novus".

Fiscal: Entonces, digamos que la tarea que se le encomendó era clara y evidente.

DB: Pero Gelli se dedicó a hacer negocios por todo el mundo y aquí traicionó a los estadounidenses. Dejando de lado el objetivo político, para favorecer sus propios objetivos económicos y los de su grupo.

Fiscal: Usted dice "estas cosas las aprendo a través de uno de sus colaboradores". Pero, ¿estamos hablando de que todos estos individuos, sin embargo, pertenecen a la masonería?

DB: No, porque Gelli tenía su base dentro del Gran Oriente. Una base muy, muy fuerte. Oficialmente, hablo de mi experiencia personal, aquí, como Gran Maestro.

Fiscal: Por supuesto.

DB: Oficialmente, todo el mundo condenaba a Gelli, pero yo comprendí que eso no era cierto. Gelli, después de mi elección, me envía dos cartas, de las que os he hablado en varias ocasiones. En estas dos cartas me pide ser readmitido. Le leí, en una "fórmula adjunta", declarando que estas cartas me habían llegado, y no hice nada.
Una tarde, mi Gran Maestro Adjunto, Eraldo Ghinoi, no Ettore Loizzo, sino Eraldo Ghinoi, viene a verme y me dice: "Pero, ¿recibiste las dos cartas de Gelli?". Le digo: "Sí, también informé a la Junta". Y me dice: "¿Y qué piensas hacer?". Le dije: "Aparte de mi idea personal de que Gelli no puede ni debe volver al Gran Oriente, pero aunque quisiera proponer su regreso, debo presentarlo a la Gran Logia, no puede ser decisión del Gran Maestro, y estoy seguro de que la Gran Logia lo rechazará por amplia mayoría". Ghinoi dijo: "Aquí te equivocas. Aquí te equivocas. Intenta someterlo a la aprobación de la Gran Logia y verás que será aprobado". Y yo le dije: "Pero, ¿por qué me dices estas cosas?". En ese momento se quitó la máscara. Me dijo: "Porque soy amigo de Gelli desde hace mucho tiempo". Me enseñó una medalla de oro y platino que acababa de recibir de Gelli, destinada a unos amigos de confianza, para conmemorar no sé qué. Entonces empecé a pensar: "¿Pero esto es la masonería?". Quiero intentar haceros entender todas las razones...

Fiscal: ¿Se preguntaba un día sí y un día no si aquella era masonería?

DB: Efectivamente (se ríe junto con el PM Lombardo). ¿Lo ha entendido? Entonces, Gelli tenía una ascendencia muy fuerte, partidarios muy fuertes, y esto se manifestó...

Fiscal: ¿Eso fue inmediatamente después de su nombramiento como Maestro?

DB: Eso fue al año siguiente.

Fiscal: Un momento, que se interrumpió la conexión...

Presidente: ¿Necesita hacer un descanso o está bien?

DB: No, prosigamos. Cuando uno llega al Sur, en lugar de encontrar calor, siempre encuentra frío (risas en la sala).

Presidente: No ha tenido mucha suerte esta vez.

DB: Nosotros allí arriba tenemos casas con calefacción de octubre a mayo, así que puede haber también 20 grados.

Presidente: Si hubiéramos celebrado las audiencias en julio habríamos tenido el problema contrario, demasiado calor. Así que no sé qué es peor. Sólo tenemos un testigo, ¿verdad, fiscal?

Fiscal: Sí.

Presidente: Como quiera, si consideramos oportuno, hacemos un descanso en este momento que el testigo se ha alejado.

Presidente: (...) Podemos reanudar.

Fiscal: Sí, usted nos estaba contando sobre la petición de Gelli de reincorporarse al GOI, que evidentemente usted no cumplió, en el sentido de que, quiero decir, esa reincorporación no se produjo.

DB: Claro, no se produjo, nunca se habría producido, pero hubo otras consecuencias tras la reunión con el Gran Maestro Adjunto Eraldo Ghinoi.

Fiscal: Sí.

DB: Es decir, Gelli me envió a uno de sus emisarios para pedirme explícitamente que lo incorporara nuevamente. Asimismo, Gelli cree que todo hombre puede ser comprado y me hace preguntar: "Tú decides la cantidad. Tú decides. Si le dejas volver a ser miembro, Gelli te da esta suma". Y le hago responder: "Gelli habrá comprado a muchos, pero a mí desde luego no me comprará". Poco después, la misma persona volvió con otra propuesta para inducirme a dejarle entrar de nuevo y me dijo: "Gelli, a cambio de tu apoyo para dejarle entrar de nuevo, podría poner (lo invitan a acercarse al micrófono desde lejos)..." se oye así?

Fiscal: Sí.

DB: Gelli pondrá a su disposición la verdadera lista de la P2 con sus archivos.

Fiscal: ¿La lista real significa no la incautada por la justicia?

DB: No, esa es sólo parcial. He llegado a la conclusión de que es sólo parcial. Gelli hizo que este emisario suyo me dijera que pondría a mi disposición y me daría la lista real con los archivos relativos, y añadió: "De esta manera podras chantajear a toda Italia". Este fue el comentario.

Fiscal: Eso es lo que dijo exactamente.

DB: Sí.

Fiscal: Este emisario, ¿quién era?

DB: Prefiero no decirlo por el momento... Bueno, yo lo pensé. No digo que inmediatamente dije que no. Me lo pensé, ¿y por qué? Porque quizás podría haber sido una oportunidad para arrojar luz sobre ese periodo de la historia italiana, etc., etc. Pero, al final, decidí no seguir adelante, no hacer nada, y así se acabó.

Fiscal: ¿Cuándo tiene lugar esta última propuesta? Si puede situarla en el tiempo.

DB: Bueno, esta tiene lugar alrededor del verano de 1992, o un poco antes, no sé si fue en otoño del '91 o en primavera del '92.

Fiscal: Este último de la lista real no?

DB: Esto de la verdadera lista. Pero sobre esto tuve otra declaración, esta para explicar mi convicción de que la lista real está ahí. Después de mi elección, el secretario personal del maestro Battelli pidió encontrarse conmigo. Estuvieron Salvini, Battelli, Corona y yo. Bien. Este secretario personal pide reunirse conmigo porque quería hacer una declaración al Gran Maestro para que se firmara[89]. De hecho, me reúno con él y me cuenta que, una tarde, Gelli se presenta en el estudio del Gran Maestro Battelli con una gran carpeta, y le dice: "Esta es la lista de la P2". Battelli empieza a hojearla y, según afirma su secretario, se pone de todos los colores. Al final...

Presidente: Disculpen, disculpen un momento, de nuevo tenemos los problemas...

DB: ¿Puedo hacer una sugerencia al Presidente mientras tanto?

Presidente: Por supuesto.

DB: En las citaciones, ponga también la dirección. Esta mañana me han hecho dar una vuelta por los juzgados antes de llegar.

Presidente: La fiscalía.

Fiscal: Para nosotros, el tribunal sólo está aquí. ¿La enviaron al tribunal de apelación?

(Todos ríen)

Presidente: Entonces, ¿tuvo que dar vuelta?

DB: Sí, desde allí me dijeron que fuera un poco más abajo. Llegué allí y me dijeron: "No, aquí no. Vaya por ahí". Así que llamé a la secretaria, una señora...

Fiscal: Sí, sí. Es mi secretaria.

DB: Que me dijo: "No, tiene que venir aquí".

Presidente: De acuerdo, gracias. Aceptamos la sugerencia.

PM: Está claro. Tiene razón.

(Pasa del tiempo)

Presidente: Como se suponía que las cosas iban mejor ahora que hay fibra, me parece, en cambio, que no es así.

PM: Parece que ha vuelto... (tras un intercambio de comentarios). Dijo, entonces, que se presenta con...

DB: Battelli, después de leer, cierra y le dice a Gelli: "Toma, yo nunca lo he visto".

Fiscal: Después de leerlo en parte.

_____

89 Para que se autentique.

DB: Después comenta a su secretario: "Los nombres que he visto ahí, ni quiero contártelos a ti. Yo, ese archivo, nunca lo he visto". Entonces, el secretario de Battelli se sintió obligado a hacerme esta declaración escrita para decirme "mira que... ". Así que, desde la propia confesión de Gelli de que quería darme la lista completa con los fascículos, hasta el testimonio de este señor, tengo la convicción de que la lista real existe, pero no sabemos dónde.

Fiscal: Y todo esto, por supuesto, después de que la logia P2 se hubiera disuelto formalmente.

DB: Por supuesto.

Fiscal: ¿Muchos años después?

DB: Muchos años después.

Fiscal: ¿Por lo que usted experimentó, como dirigente del GOI, en relación con estos contactos con Gelli, a pesar de la disolución, la P2 siguió existiendo?

DB: La P2, es decir... para disolver la P2 fue necesaria la Ley Anselmi[90]. La ley Spadolini-Anselmi. La ley no disuelve nada en absoluto, porque contiene una contradicción que también contrasta un artículo de la Constitución.
(Hay un problema técnico en las comunicaciones)
Estoy tocando con la mano por qué se necesita más dinero (risas). Increíble, increíble.

Presidente: Tenemos que informar de esto...

Fiscal: No tengo ni la más mínima idea de cuál puede ser el problema. Además, es la primera vez que nos ocurre en estos términos. No sé si ya os ha pasado. Con el antiguo gestor se caía de vez en cuando, pero no así.

Presidente: No, la señora dijo que era desde que cambiamos de gerente. Antes no ocurría.

Fiscal: No, a veces se oían interferencias.

(Intercambio de comentarios)

Presidente: Tendrá que disculparnos, vamos a ver si podemos...

Fiscal: Entonces, ¿decía que la Ley Anselmi no disolvió nada...?

DB: Eso es, también porque la Ley Anselmi fue redactada por un masón.

Fiscal: Ah.

DB: Especialmente por el profesor Paolo Ungari. Yo había conocido a Paolo Ungari en la Universidad de Trento, donde había enseñado toda mi vida, y Paolo había venido como profesor durante cierto tiempo. Así que nos conocimos en la Universidad de Trento. Luego, nos volvimos a encontrar después de mi elección como Gran Maestro del Gran Oriente. Y, entonces, hablando de esto y de aquello, me dijo: "Todavía no se han dado cuenta" - aquí estamos hablando del '91 - "de que la Ley Anselmi no sólo no permite disolver la P2, porque el segundo párrafo contrasta con el

---

90 La Ley Anselmi 17/1982 prohíbe las asociaciones que oculten actividades y miembros que puedan interferir en el ejercicio de las funciones de los órganos constitucionales, las administraciones públicas y los organismos o servicios públicos de interés nacional.

primero, sino que es incluso inconstitucional, porque contrasta con el artículo de la Constitución sobre la libertad de asociación". Y dijo: "A ver cuánto tiempo pasa antes de que se den cuenta". Parece que la comisión antimafia se ha dado cuenta hace poco...

Fiscal: La última comisión antimafia.

DB: Y así, estas son las cosas importantes que hay que revisar, porque la Ley Anselmi no permite evitar las asociaciones secretas, pero al mismo tiempo contraviene la Constitución. Y esto es algo de lo que alguien tendrá que ocuparse tarde o temprano.

Fiscal: Así que básicamente está diciendo que se trata de normas que no pueden aplicarse en la práctica. Ha vuelto a caer... (la línea).

(Tras una breve pausa)

Presidente: Reanudemos.

DB: Pero las logias encubiertas no terminan con la P2.

Fiscal: Sí.

DB: Tras la condena por expulsión de Gelli por el Gran Oriente de Italia, en aquel tiempo era Presidente del Tribunal Central Armando Corona, Corona adquiere el mérito tras la expulsión de Gelli, hasta el punto de ser elegido Gran Maestro inmediatamente después. Más tarde, cuando Corona se convirtió en Gran Maestro, él mismo creó logias encubiertas. Inmediatamente, después de mi elección como Gran Maestro, fue a verme a la sede romana el abogado Virgilio Gaito, encargado de un ritual, y me dijo: "Estamos seguros de que Armando Corona estableció logias encubiertas, pero no hemos podido identificarlas. Tú, que ahora eres Gran Maestro, tienes el poder de buscar por todas partes, haz esta investigación. Es muy importante para la existencia del Gran Oriente de Italia". Tomé nota, y di instrucciones al Gran Secretario, Alfredo Diomede, para que empezara a buscar; luego descubrí que era amigo de Corona, así que aunque buscara (risas), nunca encontraría algo. Sin embargo, algo sucedió que me reveló una de estas logias encubiertas.

Fiscal: Así que existían.

DB: Existían. Me visitó una persona de Calabria, que me dijo: "Gran Maestro, estoy en la obediencia de Armando Corona, de la logia encubierta, pero siempre quiero estar al lado del número uno. Quiero entrar en vuestra logia encubierta".

Fiscal: Así que daba por sentado que usted también tenía una logia encubierta.

DB: Claro (responde riendo). Así que, en ese momento, dije: "Esta es la oportunidad". Le dije: "Yo, para considerar tu solicitud de ingresar en mi logia encubierta, necesito un documento escrito. Tú me dices dónde estás, adónde quieres venir, qué has hecho, etc., etc.". Él me escribe esta carta en papel con membrete, me adjunta también una fotografía con Corona y con los paramentos masónicos, y me la entrega.

Fiscal: Le aporta pruebas documentales de que existía. ¿Y estaba en Calabria esta logia encubierta?

DB: Yo no lo supe dónde la tenía Armando Corona.

Fiscal: ¿El sujeto era de Calabria?

DB: El sujeto era de Calabria. Eso era. En ese momento yo todo esto se lo di a Cordova.

Fiscal: ¿Y existen estas referencias en los archivos de Cordova? ¿Recuerda el nombre de esta persona?

DB: Ha pasado mucho tiempo...

Fiscal: ¿Calabrés?

DB: Calabrés. Estaba en la cima de los servicios forestales.

Fiscal: Digamos, ¿de qué parte de Calabria...?

DB: Eh, no lo sé.

Fiscal: No se acuerda...

(El Presidente anuncia la renuncia de un acusado, conectado telemáticamente, a asistir a la audiencia)

Fiscal: ¿Es esa la única prueba que se puede obtener de la existencia de estas logias encubiertas? Y, sobre todo, ¿qué eran, para qué servían?

DB: Comités de negocios y punto. ¿Qué había hecho Corona? Cuando hubo el informe Aselmi sobre la P2, se puso inmediatamente del lado de Anselmi, para decir "quiero hacer limpieza en el Gran Oriente". Denunció a los que, según él, no eran importantes: profesores universitarios, etc., etc. Corona necesitaba a hombres de negocios. Aquí recuerdo el caso personal del rector de la Universidad de Pisa. Ahora no recuerdo el nombre, el rector de la Universidad de Pisa era miembro de los Zamboni De Rolandis de Bolonia, la logia de los profesores universitarios. Recuerdo que una noche nos anunció que dimitiría de la Zamboni De Rolandis porque había sido llamado a una tarea más elevada en interés del Estado. Significaba que había sido invitado a unirse a la P2. Cuando se descubrió la lista, su nombre estaba en ella.

Fiscal: La lista conocida.

DB: La conocida. Corona en lugar de... profesor universitario, ¿qué complot podría haber hecho contra el Estado? ...Corona fue tras él, con la consecuencia de que esta persona se suicidó. Estas son también las tristes consecuencias de esta historia.

Fiscal: Mientras que los nombres importantes nunca fueron...

DB: Los nombres importantes...

Fiscal: Nunca surgieron.

DB: Exactamente. Entonces, ¿qué hizo Corona? Porque a Corona le interesaban los "business", los negocios... entonces, tomó a esos empresarios que él pensaba que podían serle útiles en sus proyectos, y los reunió en una logia encubierta. Y fue esa logia la que luego se destapó con este personaje calabrés que vino a verme.

Fiscal: ¿Esas logias encubiertas respondían a Corona o también a otros?

DB: Aquí estamos hablando de la logia de Corona. Así que venía específicamente identificada...

Fiscal: Si había algo más, digamos...

DB: Eso no surgió. Es decir, pudo haber surgido si Cordova hubiera seguido con la investigación. Ya he ofrecido elementos para...

Fiscal: Entonces, usted proporcionó este documento sobre las logias encubiertas a Cordova.

DB: Sí, por supuesto.

Fiscal: Escuche, profesor. Hay un último aspecto en el que me interesa profundizar. Usted dice "Gelli en varias ocasiones, tanto directa como indirectamente, me pidió que volviera a entrar, me pidió que volviera a entrar en el GOI". Yo le pregunto: ¿pero el hecho de que quisiera reingresar era funcional a su papel en relación con los estadounidenses? Es decir, ¿necesitaba volver a entrar en el GOI para ejecutar lo que era el mandato...?

DB: No. A estas alturas, las relaciones con los americanos habían acabado para Gelli. Gelli quería volver porque había comprendido que con el canal masónico podría haberse movido por todas partes. Por lo tanto, Gelli sin la masonería valía poco. Con la masonería habría podido reanudar sus contactos internacionales. Así que su petición no era para ejecutar el proyecto de los americanos, sino simplemente para reforzar su poder empresarial.

Fiscal: ¿A la luz de lo que ha explicado antes?

DB: Sí.

Fiscal: Es decir, que los estadounidenses en un momento dado se dieron cuenta de que, de hecho, también destinaba los capitales para otras cosas.

DB: Por supuesto.

Fiscal: Que usted sepa, nunca volvió a entrar en el GOI.

DB: Nunca.

Fiscal: ¿Entró en otras obediencias?

DB: Esto no lo sé. Le diré algo sobre...

Fiscal: ¿O dio vida a algo nuevo?

DB: Es decir, Gelli había reunido a su alrededor a una serie de antiguos piduistas[91] y también a gente nueva, siempre con la esperanza de reconstituir la P2 de antaño. Pero nunca consiguió hacerla funcionar. ¿Quiere saber algo muy extraño? Que uno de sus superfieles vino a preguntarme si quería ser el jefe de esa estructura.

Fiscal: Y era una estructura calcada...

DB: En la antigua P2.

---

91 Miembro de la logia masónica P2 (o Propaganda 2).

Fiscal: Así que, básicamente...

DB: Es decir, son los hombres los que hacen caminar las ideas. Si no hay hombres, las ideas pueden ser grandiosas pero se paran ahí.

Fiscal: Así es exactamente. Mire, en sus relaciones con las masonerías de orígenes culturales distintos a la que nos está contando, es decir, también relacionados con el Vaticano o estructuras extranjeras, ¿ha tenido alguna relación?

DB: No.

Fiscal: ¿Alguna vez oyó hablar de ellos?

DB: Siempre me he movido dentro de las masonerías regulares, que son las masonerías reconocidas por la Gran Logia Unida de Inglaterra y las masonerías del Rito Escocés, reconocidas por su gran comendador soberano de jurisdicción sobre Washington, estas yo... siempre me he movido dentro de las masonerías regulares.

Fiscal: ¿Alguien le ha hablado alguna vez de obediencias masónicas relacionadas de alguna manera con el Vaticano?

DB: Eso también para mí... Le diré la idea que me hice. Hoy se habla tanto de conexión entre las masonerías, la más extraña con el Vaticano. Para mí, son sólo invenciones. La idea que yo, personalmente, tengo, no excluyo que haya habido relaciones entre la masonería y el Vaticano, pero hoy y desde hace mucho tiempo, ya no existen.

Fiscal: Entre masonerías normales, querrá decir.

DB: Sí. Sí. Pero también creo, quiero decir, que hoy en día el Vaticano ha dejado atrás estas cosas. De hecho, los cardenales en sus luchas en el Vaticano acusan a otros cardenales de ser inscritos en logias masónicas, es decir, dentro del Vaticano el conflicto entre las altas esferas también se produce acusándose mutuamente de ser masones.

Fiscal: Esto, digamos, aportaría pruebas de lo contrario. El hecho de que existen relaciones entre el Vaticano y los círculos masónicos. ¿Dice usted "hoy, pero en el pasado", es decir, cuando usted era Gran Maestro?

DB: Cuando yo era Gran Maestro, nunca hubo relaciones con el Vaticano.

Fiscal: Como GOI.

DB: Como GOI, eso es. Hubo un tiempo en que hubo una controversia muy violenta entre el Gran Maestro del Gran Oriente y el entonces cardenal Piovanelli de Florencia. Aquí estamos hablando todavía del '91, finales del '91. El cardenal Piovanelli acusó, es decir, le preguntaron: "¿Cuál es el mayor mal de Toscana?", porque el cardenal Piovanelli era el cardenal de Toscana, y él dijo: "La masonería. Porque la masonería pone ganglios por todas partes". Pues bien, le pedí públicamente al cardenal Piovanelli que desmintiera esta afirmación suya o que la probara. No respondió, así que volví a escribir oficialmente al Papa y le dije que repudiara al cardenal Piovanelli, pues de lo contrario habría hecho marchar a mis tropas contra el Vaticano. Es todo ironía: los periódicos de entonces, si se miran etc. etc. Así pues, con esto quiero decir que yo, personalmente, nunca he tenido relaciones con el Vaticano. Tuve relaciones con el Vaticano después de fundar la Academia de los Illuminati, y esa es otra historia.

Fiscal: ¿Es decir? ...En pocas palabras. Sólo para hacernos entender qué tipo de relaciones.

DB: Cuando me retiré de la masonería, pero no sólo de la masonería italiana, sino de todas las cargas que tenía en el mundo, abandoné definitivamente la masonería. Hubo algunos en el Vaticano que dudaron de mi elección. Pensaban que era una farsa. Dado que la esposa del duque de Kent, Gran Maestro de la masonería inglesa, se había convertido al catolicismo y acudía a menudo al Vaticano, le pidieron que preguntara a su marido si mi salida de la masonería era un hecho o una farsa. Bien. Una vez regresada del Vaticano dijo que era una realidad. Al mismo tiempo, yo había instituido la Academia de los Illuminati en 1992, y recibí una petición de la Secretaría de Estado del Vaticano para incluir a uno de sus representantes en la Academia. Me propusieron a Monseñor Eldarov, George Eldarov de Bulgaria. ¿Quién es él? Es una persona muy famosa: jefe de la diplomacia y de los servicios secretos, y el que había seguido la pista búlgara del atentado contra el Papa. Por lo tanto, un personaje increíble. Bueno, me lo presentan y yo, si ve el documento fundacional de la Academia de los Illuminati, también está su nombre: Monseñor George Eldarov. Eldarov en ese momento me dice: "Hay una persona en el Vaticano que quiere conocerle personalmente". Así que crucé el umbral del Vaticano por primera vez y me encontré frente al entonces subsecretario de Asuntos Exteriores, que se llamaba Pietro Parolin. Hubo una simbiosis inmediata sobre lo que había que hacer. Varias veces volví a la secretaría de Estado y ayudé a Parolin a resolver un problema con el gobierno chino, de hace unos años.
Usted sabe que Parolin fue entonces enviado al exilio en Venezuela. En Venezuela conoció a Bergoglio, Bergoglio lo nombró Secretario de Estado. Así que, digamos, mis relaciones con el Vaticano comenzaron tras mi retirada de la masonería, tras la creación de la Academia de los Illuminati, con la presencia de George Eldarov.

Fiscal: Entonces, relaciones entre la masonería regular, por lo que usted ha experimentado, con el Vaticano, nunca las ha habido. En cambio, quiero decir, ¿puede descartar que las haya habido a nivel de logias encubiertas, como la que ha mencionado antes refiriéndose a Corona?

DB: No. Lo excluyo. El Vaticano se ha emancipado mucho con respecto a estas cosas.

Fiscal: ¿Actualmente o también en el pasado?

DB: En el pasado hay que ver qué pasado.

Fiscal: La época de Corona y las logias encubiertas.

DB: No. El Vaticano lo conocía demasiado bien como para tener relaciones con Corona.

Fiscal: Entonces, usted lo excluye.

DB: Lo excluyo.

Fiscal: Y de obediencias, específicamente, cómo le diría... típicamente vinculadas a los círculos vaticanos, ¿nunca tuvo rastro de ellas?

DB: No, quiero decir que creo que es pura ficción. Hoy en día se escriben libros sobre las conexiones entre el Vaticano y...para mí son tonterías.

Fiscal: Entonces, usted nunca experimentó nada directamente.

DB: Nada.

Fiscal: Muy bien. Se lo agradezco.

Presidente: ¿Demandante (Parte Civil)?

Abogado: ¿Puedo sentarme, Presidente?

Presidente: Sí, por supuesto.

Abogado: Profesor, se ponen en contacto con usted, es decir, el Vaticano pide que uno de sus representantes se una a la Academia de los Illuminati, pero la Academia de los Illuminati, es decir, ¿considera usted que es una asociación, una academia de clara inspiración masónica?

DB: No. No. Y aquí tengo que hacer una pequeña aclaración. De lo contrario, no nos entendemos. Quiero decir, los Illuminati existieron históricamente antes que la masonería. Los Illuminati tienen la característica de ser "despertados". Fueron despertados en Alemania en el 1700, eso es, la orden de los Illuminati de la que tanto se ha hablado, ¿no? Ahora, aquellos que tienen la autoridad para hacerlo, pueden despertarlos. Yo, teniendo esta autoridad iniciática, que me fue conferida por la masonería inglesa, la Gran Maestría, etc., etc., "desperté" a los illuminati en Italia, que luego se extendieron a otros países. El origen es oficial, es decir, con una acta constitutiva, con estatuto. La orden, la academia de los Illuminati, tuvo su sede durante seis años en Plaza de Spagna, en el número 33, bajo el museo Chirico. Ha actuado claramente y libremente, hay personalidades ilustres que han declarado ser miembros de la Academia de los Illuminati, etc. etc.

Abogado: Claro. Usted ha dicho que en Londres le dijeron que estaban al tanto de la infiltración de la 'Ndrangheta en las logias calabresas...

Voz anónima: Disculpe, de Termini, no escuchamos las preguntas del demandante, disculpe.

Presidente: ¿No escuchan en absoluto o escucha la voz demasiado lejos? Para entender...

Voz anónima: No se oye en absoluto, no se oye nada. Sólo se oye un susurro.

Presidente: Sí, gracias, ¿quizás cambiamos el micrófono? Hable más alto abogado.

Abogado: Sí, repito Presidente. En Londres le dicen que están al corriente de la infiltración de las logias calabresas, porque las fuentes eran las embajadas y los servicios, obviamente ingleses. Pero, qué impresión le dio a usted si hasta los servicios y embajadas de un país extranjero conocían hechos de dicha asociación.

DB: Pues, para mí esto es normal. Inglaterra lo hace, pero también lo hacen todos los demás países, quiero decir, porque la masonería en Inglaterra es una de las instituciones más importantes, el Gran Maestro es el duque de Kent, si estuviera el rey sería el rey. Bueno, está claro que las masonerías que están reconocidas por Inglaterra están bajo un cierto control en cuanto a cómo actúan y operan, así que para mí era algo completamente normal.

Abogado: Última pregunta, Presidente. Usted abandonó el Gran Oriente de Italia en el '93 y fundó la Gran Logia Regular de Italia, pero basándose en su experiencia anterior, ¿qué precauciones tomó para evitar que también esta nueva obediencia fuera objetivo del crimen organizado u otros?

DB: Consciente de la antigua experiencia, constituí por primera vez la Gran Logia Regular de Italia eligiendo sólo a 107 personas de un total de 18.000, porque eran los miembros de la logia "emulation" que Inglaterra quería para dar reconocimiento al Gran Oriente de Italia. Puesto que había decidido importar totalmente el modelo inglés, para estar seguro, elegí a los miembros de las seis logias de "emulation" existentes en Italia. Podría haberme llevado miles, pero no era esa mi intención. Posteriormente, verifiqué, hice verificar las admisiones y todo fue bien hasta que fui Gran Maestro. Me retiré en 2002, por lo tanto, fui Gran Maestro durante 9 años, y luego leí en el informe de la Comisión Antimafia, también reportado por el "Espresso[92]", que mi Gran Logia, la que yo fundé, mi criatura, en las regiones de Calabria y Sicilia, tiene un 77,3% de afiliados no identificables. Este es un hecho muy, muy grave.

Abogado: Entonces, el mismo fenómeno que encontró en el Gran Oriente de Italia lo vuelve a encontrar después de un tiempo, la misma dinámica, también en la otra obediencia que fundó posteriormente.

DB: Lo encuentro en un estado agravado y no dejo de preguntarme: "¿Pero cómo es posible? Crear la inidentificabilidad de una cantidad tan importante. Es cierto que hablamos de dos comunidades autónomas[93]: Calabria y Sicilia. Pero como también informó el "Espresso" en febrero del año pasado, que se basaba en el informe de la comisión antimafia, el 77,3% de los afiliados no son identificables. ¿Qué es esto? Tal vez, un nuevo encubrimiento.

Abogado: Señor Presidente, no tengo más preguntas. Gracias.

Presidente: ¿Quién desea continuar?

Abogado 2: Una pregunta. Buenos días, Profesor. Quería preguntarle, usted ha citado un acontecimiento que tuvo lugar en Sicilia, concretamente la detención del alcalde de Castel Vetrano. ¿Puede decirme el nombre del alcalde? No sé si ya lo ha mencionado.

DB: Es muy difícil recordar el nombre, pero si va a las noticias todos los periódicos hablaron de ello, incluso la prensa extranjera habló de ello. Así que estamos entre finales del '91... Creo que tuvo lugar en el '91.

Abogado 2: ¿Y el asunto? ¿Qué ocurrió?

DB: Se demostró, es decir, la justicia demostró que estaba afiliado a la Mafia. Y eso tuvo consecuencias, consecuencias muy muy graves.

Abogado 2: De acuerdo. No hay más preguntas.

Presidente: Disculpe... ah, fiscal.

Fiscal: Sí, sólo una. No he entendido, profesor, cómo era posible que se llegara a esos porcentajes de no identificabilidad. Es decir, para lo que usted había creado, el sistema siempre tenía que estar ligado a sujetos cuya identidad fuera conocida.

DB: Por supuesto. Pero yo me pregunto, aquí, me pregunto cómo es posible no identificar a los afiliados de una obediencia.

Fiscal: ¿Y cómo fue posible?

---

92 Periódico italiano de investigación.
93 La palabra utilizada en italiano para definir las "comunidades autónomas" es "regioni" (en plural). En singular es "regione".

DB: Me refiero a mi época, pero creo que también a épocas más recientes.

Fiscal: Así que en su época no había sujetos sin identificar.

DB: No, no los había. Pero no podía haberlos! Porque en primer lugar se hacía la solicitud. La solicitud se anunciaba, es decir, se exponía en una especie de tablón de anuncios durante cierto tiempo, luego se creaba un expediente en papel con su solicitud (las voces se superponen), etc., si escribía un nombre en el interior, estaba toda la documentación sobre ese nombre.

Fiscal: Tenía que haber identidad entre la persona que estaba registrada y la persona que realmente era masón.

DB: ¡Por supuesto!

Fiscal: No había un testaferro para el masón.

DB: Por supuesto. Pero ahora estamos hablando de un 77,3% no identificable. Es un dato muy grave. Tenemos que arrojar luz sobre ello. Porque si no arrojas luz sobre esto... ¡eh! Entonces se deja que el fenómeno continúe...

Fiscal: Perdóneme, pero durante su experiencia, ¿alguien pidió alguna vez ser afiliado o inscrito sin figurar?

DB: Conmigo nunca fue posible.

Fiscal: ¿Antes?

DB: Antes, quizá. Pero estoy hablando de mis experiencias personales.

Fiscal: Entonces, usted nunca lo permitió y lo hemos entendido (la pregunta y la respuesta se sobreponen). Es decir, existe entonces una jerga masónica que son los llamados "susurrados al oído". Es decir, aquellos que no están inscritos, pero que obviamente también pueden estar inscritos bajo un nombre falso o en relación con personas que se prestan a una inscripción formal sin ser entonces los verdaderos...

DB: Verá, este es un procedimiento que comenzó en la segunda mitad del siglo XIX, creo que por el Gran Maestro Frapolli, que quería dar una especie de confidencialidad a las figuras del Estado que estaban en logias masónicas. Hablamos de ministros, dirigentes militares, banqueros, poetas como Carducci, y eso.

Fiscal: Personalidades destacadas.

DB: Entonces, el Gran Maestro, creo que fue Frapolli, decidió crear una logia reservada, de la que sólo el Gran Maestro conocía la existencia. Evidentemente, la afiliación no tenía lugar por el procedimiento normal. Se dice que la afiliación se producía con la espada. El Gran Maestro hacía arrodillar a la persona, le hacía recitar una fórmula de obediencia, y la iniciaba. Lo mismo que susurrar al oído, y significaba que no se hablaba a los demás. Sólo el Gran Maestro conocía a los miembros de esta logia, que se llamaba P2. Así nació la P2. Ahora bien, esta costumbre se conservó a lo largo del tiempo, y también fue así tras el renacimiento de la masonería en Italia, después de la Segunda Guerra Mundial. Entonces, había, por ejemplo, en el Rito Escocés, un capítulo general encubierto. Sin embargo, la cobertura...

Fiscal: Así que cuando se habla de logias encubiertas, masonerías encubiertas, también se habla de esto.

DB: Y también se habla de esto, pero esto en un sentido diferente. Por ejemplo, y esto forma parte de mi experiencia personal, cuando entré en la logia Zamponi de Rolandis de Bolonia en 1974, se decía incluso dentro de la masonería que era una logia encubierta, porque se habían concedido ciertos privilegios, por ejemplo el de celebrar las reuniones no en el templo sino en las casas de los venerables pro tempore[94]. Por lo tanto, entré en una logia que en la terminología de la época se consideraba "encubierta", hasta el punto de que me piden que escribiera la solicitud para entrar en la Zamponi de Rolandis, que era denominada logia encubierta. Pero la cobertura de la Zamponi De Rolandis ¿en qué consistía? En el privilegio de reunirse fuera del templo. Hubo, en aquellos años, cuando el profesor Roversi Monaco decidió presentarse a rector de la Universidad de Bolonia, nuestra preocupación de que aquella logia... de que la pertenencia de Roversi Monaco a la Zamponi de Rolandis pudiera perjudicarle. Decidimos, todos nosotros, salir a la luz. Allí, el Carlino y todos los periódicos publicaron nuestras listas. Sin embargo, un magistrado de Bolonia, Libero Mancuso, no quiso creernos y siguió considerando la Zamponi De Rolandis una logia encubierta, tanto que inicia una investigación y todos nos encontramos investigados.

Fiscal: Por la Ley Anselmi.

DB: Por la Ley Anselmi. Bueno, ¿cuál fue la conclusión? Que todos fuimos absueltos porque el "hecho no existía[95]". Quiero decir que aquí estamos hablando de encubrimiento en un sentido diferente a la P2, porque nuestro encubrimiento era tal porque sólo nos reuníamos fuera del templo. Así que hay muchas facetas en el significado de encubrimiento.

Fiscal: Perdóneme, pero reuniendo, digamos, los que son sus principales conceptos, si en la P2 se permitió este particular, cómo decirlo, "modelo de afiliación", es decir, sin indicar los nombres...

DB: Sí, por supuesto.

Fiscal: De alguna manera es como si ese mismo modelo se encontrara ahora en esa masonería de la que usted fue fundador, es decir, el hecho de que haya un 77% de no rastreables y como si usted hubiera transformado la Gran Logia Regular de Italia en una obediencia masónica según el modelo de P2.

DB: Existe esta sospecha, y espero que el Gran Maestro demuestre que es falsa. Pero de momento nadie ha dicho nada.

Fiscal: Entendido. De acuerdo.

Presidente: Disculpe profesor, sólo unas preguntas. Querría entender, ¿usted ya dijo quién estaba a cargo de la circunscripción de Calabria? ¿Era su adjunto? ¿También? Era un abogado de Catanzaro. Estamos hablando de la época de...

---

94 Expresión latina utilizada para indicar una cesión, una concesión, sólo por un tiempo determinado, temporalmente; una situación transitoria, no definitiva.

95 En italiano, el nombre de la absolución específica es "Il fatto non sussiste", que se sitúa entre "absolución por resultado del relato de los hechos" y "absolución por falta de pruebas". La definición de la absolución italiana es la siguiente: "Si el hecho no existe, si el acusado no lo cometió, si el hecho no constituye delito o no está previsto por la ley como delito, o si el delito fue cometido por una persona que no puede ser acusada o no es punible por otra razón, el juez pronuncia una sentencia absolutoria indicando la causa en la parte dispositiva". Art. 530, co. 1, c.p.p., rubricato "Sentenza di assoluzione". Fuente: https://www.dirittoconsenso.it/2021/12/18/il-fatto-non-sussiste-che-cosa-significa/

DB: En la época... Sé que era un abogado de Catanzaro. El nombre se me escapa en este momento. Pero, si se busca en los archivos, seguramente aparecerá.

Presidente: Pero con este abogado de Catanzaro, cuyo nombre no recuerda, ¿se abordó este problema de la infiltración de estas asociaciones mafiosas dentro de estas 32 logias?

DB: Sólo se abordó en las reuniones de la Junta, donde Ettore Loizzo hizo esa declaración.

Presidente: Y este responsable de la circunscripción también estaba presente. Pero, entonces, puesto que no conozco el funcionamiento, ¿tiene cada logia su propio responsable? ¿Cómo funciona?

DB: El venerable.

Presidente: ¿El venerable está a cargo de cada logia?

DB: Sí.

Presidente: ¿Y los distintos Venerables asistían a estas reuniones de la Junta?

DB: No. Cuando se elige al Gran Maestro, también se elige la estructura de la Junta. Es decir, es en la elección nacional en la que eligen al Gran Maestro y a los miembros...

Presidente: ...de la Junta.

DB: Que son entonces los dos adjuntos del Gran Maestro, el Gran Orador, el Gran Tesorero, el primer Gran Supervisor, etc., etc., estos son elegidos con la elección del Gran Maestro.

Presidente: Entonces, no se trata de los venerables.

DB: No, ellos no tienen absolutamente nada a que ver con eso.

Presidente: Pero déjeme entender otra cosa. Los Venerables de este problema, que se refería a la infiltración de la 'Ndrangheta dentro de las distintas logias, fueron investidos, de alguna manera, después de esta reunión del Consejo. Que usted sepa, ¿hablaron de ello?

DB: Y eso, no sé lo que hizo Ettore Loizzo, lo que hizo el Presidente del distrito después de esa reunión de Junta, en la que Ettore Loizzo hizo esa declaración. Aquí, no lo sé.

Presidente: Porque usted se retiró de ella.

DB: Fue entonces cuando me retiré. De hecho, a la semana siguiente estaba en Londres para hablar con los jefes de la masonería inglesa, así que al cabo de un tiempo me retiré. Así que no seguí el hilo de lo que pasó.

Presidente: No ha tenido más contacto. Por lo que usted sabe, de lo que ocurrió después de que usted se marchara, después de que, digamos, se retirara el reconocimiento oficial al Gran Oriente de Italia, no sabe nada de cómo se resolvió esta cuestión de la infiltración de la 'Ndrangheta.

DB: Tras mi dimisión del Gran Oriente de Italia, se siguió un procedimiento masónico. Es decir, me "quemaron entre las columnas". Es decir, no físicamente: tomaron mi fotografía y la quemaron en el templo para "quemar" al traidor.

Presidente: ¿Se enteró de lo que pasó?

DB: Sí, me llegaban informaciones desde muchos lados. Y, por tanto, a día de hoy sigo siendo el "traidor" desde sus puntos de vista. Pero lo que les sigue molestando es que por mi culpa perdieron reconocimiento.

Presidente: Al igual que supo que había sido "quemado entre las columnas", como usted dice, ¿no supo lo que se había decidido con respecto a este problema de la infiltración?

DB: No. Se había cortado toda vinculación. Todo. Todos los puentes habían sido cortados. Porque luego me expulsaron, etcétera, etcétera.

Presidente: Y, en cambio, cuando decidió dejar también la Gran Logia Regular, ¿a qué se debió exactamente esta decisión en 2002?

DB: No fue sólo una razón interna, porque como razón interna empezaba un poco a sentir... a sentir que estaban metiendo elementos que no respetaban... es decir, empezaba a sentir que la Gran Logia Regular se estaba convirtiendo en el mismo GOI que yo había dejado.

Presidente: ¿Tenía esa sensación?

DB: Tuve la sensación, no tenía datos concretos, pero eso fue todo. Sin embargo, la razón fundamental por la que me retiré hay que buscarla en Inglaterra. Es decir, el Pro Gran Maestro, el Marqués de Northampton, mi gran amigo, construimos juntos la Gran Logia Regular de Italia, hicimos tantas cosas importantes en el mundo para la masonería, y en 2001, en septiembre de 2001, me informó de que Inglaterra se inclinaba por devolver el reconocimiento al Gran Oriente. Entonces le dije: "¿Qué sentido tiene todo eso?

Presidente: ¿Pero eso no ocurrió?

DB: No, pero la información que recibí de mi muy querido amigo, que es el Pro Gran Maestro, el número dos, me dijo: "Mira, debo informarte de que aquí existe esta tendencia a devolver...".

Presidente: ¿Y por qué había esta tendencia? Que usted sepa...

DB: A veces siempre vamos buscando las grandes causas. A veces son las banalidades las que marcan los puntos de inflexión.

Presidente: ¿Pero eso no era banal? Teniendo todo en cuenta.

DB: No era poca cosa, pero ¿qué había ocurrido? Que muchos masones ingleses, que siempre habían venido a Italia y se habían apoyado en la masonería, primero en el Gran Oriente de Italia, ahora tenían dificultades para venir a Italia, porque la Gran Logia Regular era muy pequeña, y no les permitía la posibilidad de ser favorecidos en estos viajes, que eran turísticos, de negocios...

Presidente: ¿El número de miembros se había quedado siempre muy reducido?

DB: Sí, muy, muy, muy reducido, porque yo había impuesto la selección. Exacto, la selección. De hecho, cuando me dí cuenta de lo que estaba pasando, dije: "Mi misión ha terminado, me he equivocado en todo". ¿Por qué me equivoqué en todo? Dejo el Gran Oriente para llevar a Italia la verdadera masonería, que es la inglesa, y lo hago. La aplico, toda, en las constituciones, reglamentos y rituales, "ritual emulation[96]", todo. Hago una elección a favor de Inglaterra, pero había contrastes entre la masonería inglesa y las masonerías europeas, que sufrían el predominio de Inglaterra en las elecciones importantes: Inglaterra que era quien decidía lo que había que hacer. Cuando fui reconocido por Inglaterra, Irlanda y Escocia, que para mí son las tres nobles masonerías, todo podía haber acabado ahí, de otros reconocimientos no hubiera sabido qué hacer con ellos... los Grandes Maestros europeos me dijeron: "Si quieres nuestro reconocimiento, tienes que dar un paso atrás respecto a Inglaterra. Por ejemplo, también debes adoptar nuestros rituales". Vi la confusión y dije: "Quédaos con vuestros reconocimientos". Así que renuncié a los reconocimientos de las masonerías europeas. Luego llegó el momento de los reconocimientos de las masonerías americanas, de los Estados Unidos, y aquí se produjo una situación análoga.

Permítanme explicarle un problema. El Rito Escocés Antiguo y Aceptado, del que habéis oído hablar, el Rito del 33, es decir, el Rito Escocés Antiguo y Aceptado, se apoya en la masonería de la Orden, es decir, aquí en Italia, el Supremo Consejo de la Orden Escocesa Antigua y Aceptada se apoya en el Gran Oriente de Italia. Ahora, ¿qué dicen los americanos? Si le quitamos el reconocimiento al Gran Oriente de Italia y se lo damos a la Gran Logia Regular de Italia, ¿dónde vamos a apoyar al Rito Escocés? Así que me dijeron en Washington, en la conferencia euroamericana de los grandes maestros, si quieres nuestro reconocimiento tienes que llevarte a todo el Rito Escocés italiano, que eran más de 3.000, todos masones del Gran Oriente, y yo dije "por supuesto que no, destruiría todo lo que he hecho hasta ahora". Y renuncié a los reconocimientos americanos siempre como un acto de lealtad hacia la masonería inglesa. Llegamos a un punto en que la masonería inglesa me dijo: "Mah, estamos pensando en reconocer al Gran Oriente". Y yo dije: "Lo he sacrificado todo en vuestro altar ¿y ahora queréis hacer esto?". En ese momento decidí irme, dejar la masonería para siempre.

Presidente: Entiendo. ¿Tenemos alguna otra pregunta?

Fiscal: No, ¿podría profesor por casualidad encontrar el nombre de ese abogado de Catanzaro en sus notas? ¿Podría conseguírmelo, por favor?

DB: Sí.

Fiscal: De acuerdo.

Presidente: Muy bien. Muchas gracias. Hemos concluido[97].

---

96 "El ritual de la Emulación es uno de los sistemas rituales masónicos más extendidos y comprende, además de los tres grados del Oficio, la ceremonia de Instalación. Se practica sobre todo en Inglaterra, su país de origen, pero también en muchos otros países, especialmente de habla inglesa, por lo que está representado en todo el mundo". WHAT IS EMULATION?, Freimaurerloge BONACCORD Nr. 41 im Orient von Bern. Traducción del inglés realizada por el autor del texto. Fuente: https://www.bonaccord.ch/what-is-emulation.html

97 La audición también puede encontrarse en YouTube. Fuente: https://www.youtube.com/watch?v=bMhPqaqdyOk

CAPÍTULO III

¿QUÉ ES EL SISTEMA CRIMINAL INTEGRADO?

Giuseppe Lombardo: Fiscal
Ornella Pastore: Presidente

AUDIENCIA DEL COLABORADOR DE JUSTICIA COSIMO VIRGIGLIO EN EL JUICIO " 'NDRANGHETA STRAGISTA ", 15 FEBRERO DE 2019

Virgiglio: Buenos días, señor Presidente, soy Cosimo Virgiglio, nacido en Rosarno, provincia de Reggio Calabria, el 25 de mayo de 1966.

Presidente: Muy bien, gracias. Escuche, señor Virgiglio, como ya ha oído, aquí está su abogado defensor de confianza, y va a ser examinado en virtud del artículo 210, y, por tanto, en esa calidad puede responder o puede acogerse al derecho a no responder. ¿Qué piensa hacer?

Virgiglio: Tengo la intención de responder, señor Presidente.

Presidente: Muy bien, perfecto. Entonces, el Fiscal puede dirigir sus preguntas.

Fiscal: ¿Me autoriza a tomar asiento, señor Presidente?

Presidente: Sí, por supuesto.

Fiscal: Gracias. Virgiglio, buenos días. Soy el Doctor Lombardo.

Virgiglio: Buenos días a usted Sr. Fiscal.

Fiscal: Me gustaría que, rápidamente, repasara cuál ha sido, digamos, su carrera delictiva y, por tanto, sus relaciones, si las hubo, con los círculos de la 'Ndrangheta y, sobre todo, que explicara por qué, en un determinado momento, decidió colaborar con la justicia.

Virgiglio: Soy empresario y nací en Calabria. En 2004, tras una serie de acosos, en consecuencia, de atentados, todos ellos demostrables, por parte de las camarillas criminales de la zona de Rosarno, me dirijo y pido protección a Rocco Molè, el último de los hermanos de la conocida familia de 'Ndrangheta de Gioia Tauro, a través de su suegro, con el que tenía relaciones, ya que había sido padrino en mi confirmación. Y a partir de ese momento, yo le pedí el favor de la protección, y a cambio me pidió que le avalara y le ayudara con un tráfico de productos falsificados procedentes de China. Tras una serie de investigaciones, fuí detenido en el marco del procedimiento conocido como "Maestro" el 22 de diciembre de 2009. Inmediatamente, decidí colaborar con la justicia, porque como persona madura, reconozco que me equivoqué, y, por tanto, reconozco que no quiero en absoluto formar parte de ese sistema criminal, ya que no nací en él, y pido perdón, en definitiva, a la justicia por todos mis delitos.

Fiscal: Cuando entró en contacto con Rocco Molè, ¿quién era Rocco Molè y cuál era su actividad en aquella época?

Virgiglio: En aquella época yo era empresario en el sector de la logística integrada en el puerto de

Gioia Tauro. Era un empresario en expansión, tanto que también me estaba expandiendo por Roma y la Toscana, en otros sectores como la restauración y la hostelería. Rocco Molè, ya fallecido, era, por tanto, el tercero de los hermanos Molè, conocidos por ser los creadores de la familia criminal Molè, próxima al clan Piromalli, entre otros parientes suyos, del pueblo de Gioia Tauro, en la "Piana di Gioia Tauro" (llana de Goia Tauro).

Fiscal: ¿Ha dicho que llegó a Rocco Molè a través de su suegro?

Virgiglio: El suegro, sí, Giuseppe Speranza. Alias Pino.

Fiscal: ¿Qué usted ya conocía?

Virgiglio: Sí, le conocía desde hacía varios años. Pues, le conocí en los años '90, ya que frecuentábamos juntos los campos de tiro, de tiro al plato. Y luego la hija de Pino Speranza se casó con Roccò Molè y así, en resumen, Pino Speranza también se convirtió en un hombre de la cúspide de ese sistema criminal. Me dirigí a él, directamente, después de esta serie de vejaciones que están todas denunciadas en las distintas autoridades, en las distintas fiscalías.

Fiscal: Entonces, ¿cuántos años de relación mantiene con Rocco Molè y con los Molè-Piromalli en general?

Virgiglio: Bueno, si decimos que entro en contacto en 2004, hasta 2009: cinco años.

Fiscal: ¿Nunca había tenido relaciones con ellos?

Virgiglio: No, anteriormente, directamente, con estas familias, no. Sabía quiénes eran, pero nunca me había relacionado, en definitiva, con actividades delictivas. Viviendo en esa zona, sabía quiénes eran las familias hegemónicas. Eso sí.

Fiscal: Durante los cinco años en los que se asocia especialmente con Rocco Molè, pero no sólo con él, ¿se convierte en parte integrante de la 'Ndrangheta o, digamos, permanece ajeno a ese contexto criminal?

Virgiglio: No, me condenan por el 416-bis, así que me convierto en hombre de confianza de Rocco Molè, por lo que también me entero de la lógica criminal en la que se movía la misma familia, en aquella época.

Fiscal: ¿Por qué entra en confianza con Rocco Molè y, por tanto, pasa a formar parte de ese mundo?

Virgiglio: Rocco Molè, después de mi petición de "ayuda", entre comillas, llamémosla así, a cambio me pidió que le ayudara con las actividades de importación, es decir, aduaneras, de contenedores procedentes de China y mercancías falsificadas. Él no era el comprador, pero su tarea consistía en hacer pasar estas mercancías por la aduana de Gioa Tauro sin muchos controles.

Fiscal: Cosa que usted pudo hacer.

Virgiglio: Pude hacerlo a nivel documental, porque, luego, con respecto a los sobornos a funcionarios de aduanas, Rocco Molè se ocupó directamente, ya que tenía sus canales directos con estos sujetos, estos funcionarios de aduanas. Yo, que pertenezco justamente al sector, era entonces también funcionario de aduanas, operador de aduanas, y conocía los mecanismos.

Fiscal: Sí, querría entenderlo un poco mejor. Porque a partir de esta petición que Rocco Molè le hace, que, obviamente, ya nos has explicado que tiene éxito, se convierte en un hombre vinculado a Rocco Molè, incluso, se convierte en un hombre de 'Ndrangheta. ¿Por qué es necesario este paso adicional? ¿Y por qué tiene lugar este ulterior paso?

Virgiglio: En el momento en que hago rico a Rocco, porque Rocco ganó mucha pasta, yo llego a ser una persona tenida en consideración por Rocco, era intocable y, por lo tanto, posteriormente, me pidió una serie de consejos. También descubrió que en aquel momento yo era Venerable Maestro en el campo de la masonería, y así llegamos a ser, en resumen... nos vinculamos, desde este punto de vista.

Fiscal: Entiendo. En el momento en que usted entra en contacto con Rocco Molè, dijo en 2004, ¿cuál era la estructura de la familia Molè-Piromalli?

Virgiglio: Rocco Molè, saliendo de la cárcel, la segunda vez, porque había estado en la cárcel por el conocido proceso Tirreno, luego fue absuelto por cierto tipo de delitos, por otros ya los había cumplido, había cumplido 10 años de cárcel, apenas salió, tenía ganas de recuperar lo que era la hegemonía territorial sobre el puerto de Gioia Tauro. Esto empezó a afectar, notablemente, a sus relaciones con los primos Piromalli. Sin embargo, Rocco continuó como líder, tanto que fue él, aprovechando la ausencia de los jefes, ya que, en aquel momento, el jefe de la camarilla Piromalli era Pino, el primo Pino con el alias de "facciazza[98]", quien, en aquel periodo, pasó a desempeñar el papel de vértice en el sector, tanto que todas las demás familias de la 'Ndrangheta se dirigieron a Rocco Molè como punto de referencia, en Gioia Tauro.

Fiscal: Entonces, en ese momento histórico, digamos, los Molè y los Piromalli eran sustancialmente uno.

Virgiglio: Hasta, digamos, el asesinato de Rocco Molè. O mejor, no tanto al asesinato, sino a unos meses antes, cuando hubo una fricción interna para la construcción de un cobertizo; cobertizo allí en la zona comercial de Annunziata, cerca del cruce de la autopista de Gioia Tauro, eran uno, un único... (Lombardo le interrumpe).

Fiscal: Por favor. ¿Un único?

Virgiglio: Era un único grupo Molè-Piromalli.

Fiscal: Entonces, para ser más claros, hasta finales de 2007 y principios de 2008, los Molè-Piromalli eran una misma cosa.

Virgilio: Hasta finales de 2007, sí. Porque justo en ese momento, en 2007, hay un desacuerdo. En verano, es precisamente en verano de 2007 cuando empiezan los roces, eso es.

Fiscal: Los jefes, por tanto, de las dos familias son Rocco Molè, por lo que ha podido comprobar, y Pino Piromalli "facciazza".

Virgiglio: Sí, pero "facciazza" ya estaba detenido en ese momento.

Fiscal: Ya estaba detenido.

Virgiglio: Entonces... (cruce de voces).

Fiscal: Adelante.

---

98 Significa "cara fea".

Virgilio: El que debía tomar el relevo o continuar con este poder era su hijo Antonio, pero al que Rocco no consideraba capaz. Luego las cosas fueron diferentes. Entonces Rocco, en ese momento, afirma "yo soy el líder en este momento, mis hermanos están en la cárcel para pagar", según él, "pecados que no cometieron". Sin embargo, nunca he tenido la oportunidad, Doctor[99], de conocer a nadie de la familia Piromalli. Nunca tuve ninguna relación con ellos, ni con Pino "facciazza", ni con Antonio, ni con los hermanos de Pino que eran Gioacchino y... otro.

Fiscal: Entonces, sólo relaciones con la familia Molè.

Virgiglio: Solo con Rocco Molè, porque los hermanos de Rocco estaban en la cárcel.

Fiscal: Déjeme entender aún mejor. En esta relación suya con Rocco Molè, ¿usted tuvo también relaciones con otras personas vinculadas a Molè?

Virgiglio: Los que lo frecuentaban. El sobrino, que era Stanganelli y el hijo del llamado "profesor", los sobrinos que eran "los Tonini", que eran los hijos del primogénito de los hermanos Girolamo-Molè, el conocido como Mommo, y Mico Molè. Y luego, como en mi negocio también gestionaba el transporte por carretera, me vi obligado a tener relaciones con las familias de Rosarno, porque también tenía que pagarles, por lo que me dijo Rocco, que dijo "vamos a darle una parte", ya que el transporte por carretera, en aquella época, estaba en manos de ciertos sujetos. Así que estas eran mis relaciones.

Fiscal: ¿Y cuándo habla de las familias de Rosarno a quién se refiere?

Virgiglio: A la familia "Pesce".

Fiscal: ¿Con quién, digamos, perteneciente a la familia Pesce, tenía relaciones?

Virgiglio: Relaciones así, casi de relato, porque no es que nos reuniéramos directamente con Francesco Pesce, el llamado Ciccio. Pero las relaciones se daban siempre a través de los intermediarios, que era en este caso la agencia de Marcello Pesce; y a través de la familia Rachele, que eran, en definitiva, operadores de transporte. Yo tenía relaciones con ellos, sobre todo con la familia Rachele.

Fiscal: En cuanto a su actividad logística, ha dicho que se dedicaba a la importación-exportación, por lo tanto, también a operaciones de este tipo, en contacto con el puerto de Gioia Tauro. ¿En qué años empezó y cómo empezó?

Virgiglio: Empecé el negocio en 1995 con una simple empresa unipersonal. En 2001 la empresa se transformó en una sociedad de responsabilidad limitada, en la que los socios somos un 80% yo y un 20% mi padre. Luego continuó con otra empresa, cuyos socios somos nosotros, y más tarde, con otra empresa más, se produjo la transformación de "cargo service" en Virgiglio spd, llegando finalmente a la creación de otra empresa: "Virgilio service". Estamos a principios del '95.

Fiscal: Usted dice que este negocio se estaba expandiendo, estaba creciendo.

Virgiglio: Sí, yo personalmente lo hice crecer, día tras día, con muchos sacrificios, hasta llegué a ser un poco importante, atraje el interés de la 'Ndrangheta, del crimen organizado, que exigía, en fin, exigía la "tangente[100]", o lo que fuera. Me negué y así empecé a sufrir los primeros atracos, los

99 Refiriéndose al Fiscal Lombardo. Para referirse a los licenciados, también es habitual utilizar la expresión "doctor".
100La "tangente" es una suma de dinero de la cual se apropia una entidad criminal mediante coacción de un ciudadano,

primeros robos, ataques a coches y toda una serie de hechos delictivos de los que, repito, siempre informé a la policía con las distintas denuncias.

Fiscal: Hasta el último episodio, que le llevó a hablar con Rocco Molè.

Virgiglio: Sí, porque el último episodio se había vuelto un poco grave, es decir, una mañana me arriesgué a un robo, un cargamento del valor de más de 300.000 euros. Me dirigí a los carabinieri, que llegaron inmediatamente, e hicieron una especie de vigilancia en ese momento. Me negué a ir a exponer los hechos, a la sede de los carabinieri, pero por miedo, y preferí, equivocadamente, dirigirme a la camarilla de al lado, es decir, Molè. Y fue mi fin.

Fiscal: En esta actividad suya, ¿tuvo relaciones con sujetos que operaban en el puerto de Gioia Tauro?

Virgilio: Sí, desde luego. Mantuve relaciones tanto con los almacenes del puerto como con la autoridad portuaria, con los directores de aduanas y los funcionarios de aduanas, el SVAD (Servicio Aduanero de Lucha contra el Fraude) y la Guardia di Finanza[101]. En resumen, con todos los que estaban implicados en el trabajo.

Fiscal: Estas relaciones que usted mantenía, obviamente como empresario, ¿las puso también a disposición de Molè cuando se vinculó con él?

Virgiglio: Molè tenía sus propios canales. De hecho, se dirigió directamente al que entonces era director del "SVAD", se dirigió a algunas personas de la policía, al capitán de los carabinieri, para que le facilitaran los controles... Tenía una red propia muy bien articulada.

Fiscal: ¿Eso también pasó a formar parte de la actividad que llevaba a cabo o los dos componentes permanecieron separados?

Virgiglio: No, no. Los dos componentes siempre permanecieron separados. Trabajaba y trabajo con casi 100 contenedores, con un beneficio de 45.000 euros por contenedor. Siguió con su negocio y eso fue todo. Luego, más tarde, en 2008, me echaron de otra actividad que era la adquisición de la estructura hotelera "Villa Vecchia", pero esto está fuera de la actividad portuaria.

Fiscal: Sí, en un rato hablaremos de esto. Usted también habló de las relaciones con miembros de la policía, por lo que se refiere a los controles en el puerto de Gioia Tauro. ¿Recuerda a alguna persona o situación en particular que le haya facilitado las cosas?

Virgiglio: Que facilitaron a Rocco Molè, sí. Hubo un momento en que la Guardia di Finanza de Monopoli, que había llegado al puerto de Gioia Tauro para una de sus actividades de investigación, había bloqueado erróneamente, porque no formaban parte de esa actividad de investigación, algunos contenedores de mercancías falsificadas que pertenecían a Rocco Molè. Creo que eran cinco. Rocco Molè, a través de uno de sus hombres, de la zona de Gioia Tauro, hizo llegar a un capitán del NOE (Núcleo Operativo Ecológico de los Carabinieri), anteriormente perteneciente a la dirección de

---

preferiblemente un empresario. Originalmente, se entendía como un impuesto que debían pagar a cambio de protección, por ejemplo por el peaje de un puente o por el acceso a cualquier otro servicio. La "tangente", o extorsión, es un acto ilegal, ya que se sobrepone a la fiscalidad lícita del Estado, y se ejerce siempre mediante el chantaje, la amenaza y el ejercicio de la violencia. La tangente es habitual tanto en el mundo de la delincuencia como en el de la política y la economía. Se llama de esa manera porque deriva del latín "tangere" (tango, is, tĕtĭgi, tactum, ĕre), que tiene los siguientes significados: 1. tocar 2. chocar, golpear, matar, 3. violar, seducir 4. tomar, apropiarse, robar.

101 La Guardia di Finanza es uno de los cuerpos de policía militar de Italia, con competencia general en asuntos económicos y financieros.

investigación antimafia de Reggio Calabria, que llegó, intentó organizar la liberación de estos contenedores a través del director del SVAD, que es el organismo de control aduanero, y de otros funcionarios. Sin embargo, no lo consiguió. Si quiere, también le diré el nombre de este capitán.

Fiscal: Sí, por supuesto. ¿Lo recuerda?

Virgilio: No lo he oído.

Fiscal: Sí, si se acuerda, nos lo diga, claro.

Virgiglio: Sí, era el capitán de la unidad ecológica de los Carbainieri: Saverio Stracuzzi. Saverio Spadari Stracuzzi, que llegó entonces con un FIAT Punto azul cielo.

Fiscal: Entonces, este contacto no era suyo, sino de Rocco Molè.

Virgiglio: Sí, sí, de Rocco Molè.

Fiscal: ¿Conocía ya al capitán Spadaro Tracuzzi?

Virgiglio: No, nunca le había conocido.

Fiscal: Así que usted lo ha conocido en aquella ocasión.

Virgiglio: Sí, sí.

Fiscal: Y después nació una interacción entre vosotros?

Virgiglio: No, no. Con Stracuzzi, no.

Fiscal: ¿Nunca tuvo ningún tipo de interacción?

Virgiglio: Yo pregunté al entonces director de aduanas, que era el Dr. Aldo Fracchetti, que cuando se jubiló se incorporó a mi empresa como consultor externo. Pregunté quién era y me informó que era una persona que había favorecido y respaldado muchos tráficos de desechos tóxicos en el puerto de Gioia Tauro. Nunca he tenido una relación humana con él.

Fiscal: ¿Otras personas que le hablaron de él?

Virgiglio: Bueno, varios. De "U Rizzu", alias Rizzu, pero su nombre es Rocco Delfino; por muchas otras situaciones. Rocco Molè también le había llamado para que le ayudara con un contenedor de estupefacientes que había llegado a Nápoles por error en lugar de llegar a Gioia Tauro. Tuve la oportunidad de tratar con elementos de los Servicios de Seguridad del SISDE en aquella época.

Fiscal: ¿Usted directamente?

Virgiglio: Sí, yo directamente, sí. Tuve contactos directos con estos... con gente del SISDE.

Fiscal: ¿Y por qué motivo tenía contactos con miembros del SISDE?

Virgiglio: En aquella época, yo tenía estos contactos porque me pidieron que evaluara los movimientos un tanto extraños de contenedores en Gioia Tauro que iban al extranjero para deshacerse de residuos tóxicos, pero también que evaluara otros movimientos extranjeros, es decir, contenedores con situaciones un tanto delicadas a nivel militar, y de hecho también había vigilancia, con representación estadounidense allí, y, por lo tanto, tenía que entender discretamente lo que estaba ocurriendo en el puerto de Gioia Tauro.

Fiscal: Por favor, explíquese. ¿Cómo se producen estas relaciones entre usted y los miembros de los servicios de seguridad?

Virgiglio: Las relaciones entre los servicios de seguridad y yo...(es interrumpido por Lombardo).

Fiscal: ¿Quién actúa de intermediario, es decir, cómo se conocen?

Viriglio: Estas relaciones son un poco antiguas. Un poco antiguas porque yo formaba parte de un contexto masónico en Roma que era un poco particular, y dentro de él estaba el embajador Ugolini, donde junto con él estaba también el entonces jefe de los Servicios, que era el general Pollari, pero en mi caso, cuando fui, digamos, investido con esta...

Fiscal: Tarea...

Virgilio: De esta tarea, fue el entonces mayor de la Guardia di Finanza, Francesco Pizza, que era de Roma, con quien nos reunimos entonces en un lugar común a nosotros en Roma, junto con otras personas, un tal Giacomo, que también era mayor de la Guardia di Finanza, un capitán de la Guardia di Finanza, un tal Venanzio, y un mariscal de los carabinieri, todos los cuales, en resumen, pertenecían al servicio de seguridad democrático, el SISDE.

Fiscal: Y le pidieron que vigilara esos contenedores.

Virgiglio: Sí, dice: "Mira, tenemos que ayudar a nuestro Estado en el puerto de Gioia Tauro, porque hay un paso de armas de carácter... es decir, tecnología militar". De hecho, hubo un momento que un funcionario, sin darse cuenta, estaba casi en punto de bloquear irremediablemente el paso de un contenedor que no debía bloquear, y esta es la famosa historia que también fue denunciada por la aduana. A este contenedor, luego, lo hicieron embarcar rápidamente en ese mismo día. Este contenedor también había escapado al escrutinio de estos representantes de la inteligencia estadounidense que ya vigilaban en el puerto de Gioia Tauro.

Fiscal: Cuéntenos también algo más sobre este hecho. Es decir, dentro del puerto de Gioia Tauro, por lo que ha experimentado, hay una representación de Estados Unidos. Pero, ¿de qué estamos hablando?

Virgiglio: Eran dos chicos que vivían en Vibo Valentia, en aquella época claramente, y ellos, con sus sistemas técnicos, cuando había contenedores que iban a ciertos destinos, hacían controles. Pertenecían ellos también a un servicio de seguridad estadounidense.

Fiscal: ¿Usted los conocía personalmente?

Virgiglio: Sí, sí, sí.

Fiscal: ¿Y por qué?

Virgiglio: Porque con la excusa de que yo era aduanero, nunca fui porque iban mis empleados. Sin embargo, como estos servicios de inteligencia me habían encomendado esta responsabilidad, en virtud de ella, era como si yo personalmente fuera a hacer las visitas al depósito, y por estas razones siempre estaba presente en estos depósitos durante estas visitas. También por esa razón, siempre estaba cerca de ellos en el segundo "gate". Estábamos en el gate, precisamente el adyacente a la zona de visitas de Gioia Tauro, donde los contenedores se llevaban a indicación del sistema a esta zona concreta, donde se sometían a una visita de escáner, o a una visita física, y después a un vaciado total, parcial o sólo visual. Y en una de esas situaciones, presencié personalmente un contenedor que tenía que ser embarcado, que se encontraba en transbordo, es decir, que había regresado de un barco y tenía que volver a embarcar en otro. El funcionario le detuvo y quiso hacerle un examen físico. Es decir, primero hizo una visita de escáner. Entonces, los americanos, estos estadounidenses, entraron con sus sistemas desde el exterior y evaluaron que todo estaba bien para ellos, pero desde el sistema italiano, con un simple paso por el escáner, el funcionario se dio cuenta de que en los dos primeros metros aparecía la mercancía que figuraba que eran sofás. Desde los dos metros restantes hasta los 10 restantes, porque el contenedor de 40 pies mide 12 metros, estaba totalmente vacío, lo que era anómalo como cosa. Entonces, el funcionario dijo: "Nada, algo no encaja aquí", aunque para los otros, que no tienen competencia, ningún problema. Ahora, ojo: estos funcionarios estadounidenses estaban allí como una especie de favor, porque no es que puedan interactuar con las aduanas italianas. Finalmente, el funcionario dijo: "De acuerdo, lo ponemos en la zona de vaciado bajo el toldo, llamamos al equipo de trabajadores para que lo vacíen inmediatamente". En el momento en que dio esta orden, y, por lo tanto, el bloqueo aduanero se mantuvo, llegó todo el personal armado de Maersk[102], desde el representante marítimo hasta otros funcionarios del SVAD, diciendo: "Pero, sabes, este contenedor está perdiendo su abordaje porque el barco está a punto de soltar amarras" - "¿Y a mí qué me importa?" dijo el funcionario. En ese momento yo estaba hablando con Venanzio por teléfono diciendo: "Venanzio, las cosas están así" - "Muy bien, Cosimo. Ten cuidado, tú ten cuidado". Inmediatamente, le señalé las iniciales del contenedor, que era un MAEO y luego los números que no recuerdo. Eran alrededor de las 12 y pico del día, había cambio de turno, y dije: "Vale, entonces nos vemos por la tarde". Por la tarde me apresuré a ir a la aduana, donde estaban los funcionarios, fui allí en mi coche con la excusa de que el mismo funcionario tenía que hacer una visita a uno de mis contenedores habituales. Le dije: "Doctor, le acompaño" - "Sí. Virgilio, vamos". Fuimos allí, entramos, y el contenedor no estaba. Básicamente, ignorando un bloqueo aduanero, había sido enviado sin que pudiera someterse a este examen físico.

Fiscal: Entiendo, por lo que cuenta, que, por tanto, no sólo suministraba información a los servicios de seguridad, sino que también operaba en su nombre...

Virgiglio: Sí.

Fiscal: Es decir, según su relato, tengo entendido que usted participó personalmente en ciertas operaciones.

Virgiglio: Sí, tanto que ellos mismos me aconsejaron que hablara con Fracchetti, que le explicara estas situaciones. Y de hecho fui a ver a Fracchetti y Fracchetti sé que hizo una denuncia a la fiscalía, no sé si fue verdad o no, pero teóricamente se hizo una denuncia a la fiscalía allí en Palmi sobre lo que había pasado, también porque el funcionario se puso furioso.

Fiscal: ¿Hacía este tipo de actividades antes de conocer a Rocco Molè o después?

Virgilio: Este tipo de actividad nunca afectó a la llamémosla "amistad" con Molé. Molé no sabía nada de estas mías (actividades)... a esas alturas ya estaba convencido de que no lo sabía... (el fiscal Lombardo lo interrumpe).

102A.P. Møller - Mærsk, también conocido como Maersk, es un grupo danés con actividades en varios sectores: principalmente transporte marítimo, energía y construcción naval. Es el mayor armador de buques mercantes del mundo desde 1904 y hoy es el segundo, sólo por detrás de MSC.

Fiscal: Por lo que usted sepa, Molè no lo sabía.

Virgilio: Exacto, que yo sepa.

Fiscal: Entonces, ¿opera junto a los servicios de seguridad antes o después de la reunión con Molè de la que nos ha hablado hace unos minutos?

Virgiglio: Lo hacía de antes. Lo hacía antes y durante, hasta 2007, hasta que se produce el cambio de SISDE al nuevo sistema.

Fiscal: Entonces, ¿durante cuántos años trabajó junto a los servicios de seguridad?

Virgiglio: Pues, mire, desde 2001/2002 hasta 2007, nos vimos por diversas vicisitudes, por diversas formas de colaboración, pero en 2007, el último encuentro que tuve fue en la estación Termini de Roma, donde me dicen: "Cosimo tenemos que desvincularnos porque las cosas están cambiando". No sé por qué, quizás lo sabían. Si conocían mis actividades de investigación o porque realmente se produjo el conocido cambio que entonces tuvo lugar, pero a partir de ese momento ya no... nunca quise tener contacto directo con ellos. Siempre quedan algunos amigos, eh.

Fiscal: Entiendo. Virgiglio, al introducir esta referencia, digamos, empieza muy atrás y dice "porque tenía adherencias masónicas", es decir, tenía ciertas relaciones. Y por eso, obviamente, le pediría que hoy hiciera un esfuerzo y repasara, empezando por el principio, cuál ha sido su carrera masónica, intentando hacernos comprender que nivel usted ha alcanzado.

Virgilio: Así que, desde el principio, tenemos que remontarnos a hace muchos años.

Fiscal: Tómese su tiempo porque ahora mismo me interesan los detalles.

Virgiglio: De acuerdo. Terminando mis estudios de economía en la Universidad de Mesina, por mediación de un noble, periodista de la aristocracia de Mesina, entro... (Lombardo le interrumpe).

Fiscal: Le hago una anotación general, a modo de preámbulo. Obviamente, cuando se refiere a personas cuyos nombres recuerda, diga los nombres.

Virgiglio: Muy bien. Así pues, el noble de Messina del que estamos hablando era el Dr. Carmelo Aguglia. A través de él empecé tanto mi carrera como periodista como mi participación en el Rotary Club, el del distrito de Malta que estaba en Tommaso Cannizzaro, estaba debajo de donde estaba la Universidad de Ciencias Políticas en Messina. Poco a poco empecé a conocer allí a todas las personas que habían sido mis profesores universitarios y profesores en la universidad de medicina, etc., etc., hasta que, tras unos años en este sistema, en el '92, fuí invitado por el hijo del entonces decano Caratozzolo. Entonces, Marcello Caratozzolo dice: "¿Quieres formar parte de la obediencia, de una obediencia masónica?". De joven siempre me atrajo, siempre me apasionó la cultura del pasado, de la historia, de hecho en el periodismo sólo utilizaba las noticias de historia, y así me inicié por primera vez en el Gran Oriente de Italia y fue en el '92, pero duró muy poco y me iniciaron en una especie de templo masónico improvisado en la parte alta de la Zancle, es decir Messina, en la zona de Papardo, y estábamos en la taberna de una villa que pertenecía a un médico adjunto del director de gastroenterología de la Universidad de Messina.

Fiscal: Vale.

Virgiglio: Pero esta iniciación duró poco, porque por la noche llegó un chivatazo desde dentro de la misma Fiscalía de Palmi, según la cual la Fiscalía de Palmi, con el doctor Cordova a la cabeza de la investigación, había decidido arrojar luz sobre ciertas logias masónicas u obediencias masónicas, principalmente de Calabria y que luego se expandiría a nivel nacional. De inmediato, se quemaron todas... (Lombardo lo interrumpe).

Fiscal: Disculpe, esa noche, ¿a través de quién obtuvo ese chivatazo? Entiendo que estamos hablando de un sistema oculto, pero... alguien, quiero decir, ¿le envió el chivatazo, o no?

Virgilio: Nos llegó al estudio de Marcello Caratozzolo. Marcello nos dijo: "Debemos quemar inmediatamente todos estos archivos porque ya no confiamos en Di Bernardo" - que en aquel momento era el Gran Maestro del GOI - "debemos quemarlo todo". Entonces, Marcello ordenó que todo tenía que desaparecer.

Fiscal: Entonces, no sólo un chivatazo sino también una petición de destrucción de lo que eran documentos que se guardaban en Messina.

Viriglio: Sí. Así que por el momento bloqueé mi adhesión masónica.

Fiscal: Vale.

Virgilio: Posteriormente, fuertemente reprendido por Ugo Aguglia, que nunca habría aceptado mi ingreso en la masonería, poco después me dio el "derecho de entrada[103]" en el Santo Sepulcro de Messina.

Fiscal: ¿Qué es el Santo Sepulcro? Porque antes hablábamos del GOI. Existe abundante literatura sobre el GOI, pero ¿qué es el Santo Sepulcro?

Virgilio: El Santo Sepulcro es la orden territorial a la que pertenece la Orden Ecuestre del Santo Sepulcro. Es una orden caballeresca que se encuentra en el Estado Vaticano, a cuya cabeza se encuentra un cardenal nombrado directamente por el Santo Padre. Y la finalidad de la Orden Ecuestre del Santo Sepulcro, formada por caballeros y damas y caracterizada por un sistema jerárquico, no es otro que promover obras piadosas hacia la tierra de Jerusalén. Este es el concepto, y responde al lema "deus lo vult", Dios lo quiere. En realidad, los sistemas también pueden ser perversos dentro de esta orden caballeresca. Pero yo no entro primero en Roma, entro primero en Messina, que es una orden territorial, descentralizada. Llegaré a Roma unos años más tarde.

Fiscal: Y una vez que usted accede a la Orden Ecuestre del Santo Sepulcro, ¿qué ocurre?

Virgilio: Entré en la Orden Ecuestre del Santo Sepulcro después del '95. Primero en el Santo Sepulcro de Messina. En Messina, empecé a conocer a ciertos personajes, entre ellos... si me dice que le puedo dar algunos nombres: Don Elio Matacena, el Matacena mayor, Franco Sensi, que era muy cercano a la ciudad de Messina, otros personajes del sector periodístico, etcétera. De ahí, posteriormente y prácticamente me desprendo.

Fiscal: Entonces, ¿esta gente frecuentaba Messina? ¿Hablamos de Franco Sensi, expresidente de la Roma?

Virgiglio: Sí, estaba muy atado a la ciudad de Messina. También porque en aquella época tenía intereses en los hidrocarburos, que luego también se trasladaron a Calabria, primero a Vibo y más tarde, cuando subió de importancia Gioia Tauro, también quiso venir a Gioia Tauro. Y también

---

103Literalmente, se utiliza la expresión "cuota de entrada" o "canon de entrada". El "canon de entrada" es una cantidad de dinero que el franquiciado debe abonar al franquiciador en la fase inicial del acuerdo, necesaria para acceder a los servicios y bienes necesarios para el correcto desarrollo de la actividad.

hablaron de ello conmigo.

Fiscal: ¿Qué tipo de relación se establece entre usted y estas personas?

Virgiglio: Una relación de hermandad. Porque es una relación muy fuerte que va más allá de lo que puede ser una simple agregación en un orden asociativo.

En el '93 ocurrió algo anómalo, es decir, prácticamente los líderes de los dos mundos, Europa y los Estados Unidos, América, pido disculpa, no los Estados Unidos, convocaron una importante reunión masónica y, por lo tanto, de obediencias "reservadas". Ojo, cuando hablo de la parte reservada, no quisiera que usted pudiera referirse sólo a la logia masónica o al GOI. No. La parte reservada pasa a incluir un conjunto de órdenes, órdenes de poder, digamos órdenes caballerescos, sistemas de poder. Y esta fue la convocatoria, que se organizó en Santiago de Cabo Verde, en una casa episcopal... (Lombardo lo interrumpe).

Fiscal: ¿En 1993 ha dicho?

Virgiglio: Sí, la famosa convocatoria del '93.

Fiscal: ¿Puede decirme con más precisión cuándo entra en este mundo? Porque nos ha hablado de sus estudios universitarios. ¿Pues, cuándo paso?

Virgiglio: Justo después del '92. Es justo después del '92 cuando entro en el Santo Sepulcro. Entro porque Ugo me veía impaciente. Este último me dice: "Basta ya con esta camurria[104] de la masonería. Déjala en paz. Te dejaré entrar en el Santo Sepulcro, donde tendrás momentos de estudio, momentos de encuentro, momentos de luz", los definía. Y así entré en el Santo Sepulcro, y justo en ese momento, en el '93, cuando ocurre esta famosa convocatoria. A esta famosa convocatoria asistió el Gotha del poder de la época, entre ellos el embajador Ugolini, Franco Sensi, una representación de Gianni Alliata, que era el príncipe de Montereale, que moriría poco después, y otros empresarios, como Ligresti, y muchas otras figuras italianas, porque también había representantes europeos y americanos.

Las directrices de aquella famosa convocatoria son, por resumirlas muy brevemente, que ya no había que identificarse con un poder político dictado únicamente por la Iglesia de Roma, es decir, la famosa "DC" (Democrazia Cristiana). En la reunión se afirmó: "El poder no nos interesa si toca a un sistema de derecha o de izquierda, lo que nos interesa es aglomerar el poder". De hecho, ese es el periodo en el que desaparecerá el famoso sistema "Pentapartito[105]". Y, en último: "Ya no nos interesa que los magistrados se inicien en la masonería". De hecho, los 'viejos' se quedaron, pero ya no se iniciaron más. Luego, si quiere, también hablamos del sacramento sobre la espada y de los susurrados al oído.

Fiscal: Claro.

Virgiglio: Es como si se adoptaran una serie de directrices. También era una época en la que en Italia se habían realizado determinados acontecimientos que no eran útiles para este sistema de poder, es decir, las masacres en Sicilia, los atentados. El que siempre había sido el intermediario de los intereses políticos, masónicos y criminales, que era el abogado Leone de Roma, "saltó[106]", porque también él había caído en la red de Tangentopoli. En fin, era un momento en el que hacía falta un poco de claridad. Y así llega esta famosa convocatoria.

---

104 Expresión del dialecto siciliano utilizada para referirse a un tipo de molestia o fastidio persistente y repetido.

105 Pentapartito es la expresión utilizada para definir la coalición de gobierno en Italia desde 1981 hasta 1991, formada por el acuerdo entre los siguientes partidos: Democrazia Cristiana, Partito Socialista Italiano, Partito Socialista Democratico Italiano, Partito Repubblicano Italiano y Partito Liberale Italiano. El objetivo del Pentapartito era hacer frente al avance del Partido Comunista Italiano para excluirlo de cualquier posible participación en el gobierno.

106 "Había saltado" significa que ya no formaba parte del sistema. El significado es similar a "volar por los aires".

Fiscal: ¿Quién le cuenta estas cosas?

Virgiglio: Bueno... Me había convertido en el ahijado de Franco Sensi, tanto que luego tuve un "momento de sueño[107]" del '94 al '95 y me casé, entre otras cosas, en el '95. Nada más casarme, de nuevo Franco me dijo: "Escucha, es hora de que realices un paso de luz", y fue entonces cuando me iniciaron en la Orden Ecuestre del Santo Sepulcro en Sant'Anna, en Roma, del Vaticano.

Fiscal: Entonces, da un paso adelante.

Virgilio: Sí, pero yo dije: "Franco, no tengo dinero para participar". Hablé antes de que la Orden Ecuestre, caballeresca, se ocupa principalmente de obras pías en la tierra de Jerusalén. Pero, ¿de dónde llega ese dinero? Son las damas y los caballeros quienes dan el dinero. Yo a Franco le dije: "No tengo dinero", pero él me contestó: "No te preocupes. Tú entra, yo me encargo de todo. Lo importante es que entres".

Fiscal: Y usted entró.

Virgilio: Y desde allí entré y di otro paso, así llamado, de luz. Sin embargo, al mismo tiempo, se exigió mi ingreso en la masonería, por lo que fui iniciado de nuevo en el templo de Vibo Valentia, un templo histórico. Aunque Vibo Valentia sea una provincia muy pequeña de la República Italiana, en realidad es un importante epicentro de la masonería por razones esotéricas, también por el paso de Giuseppe Garibaldi, etc. Y fui iniciado justamente en el templo de Pino Francica, que es el templo más histórico que había, y de ahí, del rango de aprendiz, camarada, maestro, llegue al noveno y a los elegidos del noveno, y al punto que pronto me dieron el título de Venerable Maestro y me confiaron a la Logia Héroe de los Dos Mundos en Reggio Calabria.

Fiscal: Así que básicamente usted se convierte en el responsable de la Logia de los Dos Mundos, que es la Logia de Reggio Calabaria. ¿Y en qué año tiene lugar?

Virgilio: Venerable Maestro, estoy alrededor del 2001, 2002. Sí, me parece que me convierto en Venerable Maestro allí, en Reggio Calabria, en este período, y luego continúo hasta 2006.

Fiscal: Déjeme entender algo; algo que se percibió, pero me gustaría que fuera más claro. O sea, usted mantuvo una especie de carrera paralela dentro de la Orden Ecuestre, pero en un momento determinado vuelve a la masonería. En este caso entiendo que se trate de masonería, pero qué tipo de masonería? Porque al principio había hablado del GOI, ahora cuando habla de la Logia de Vibo Valentia, y, por tanto, de la obediencia a la que pertenece, ¿de qué masonería estamos hablando?

Virgilio: De hecho, hace un momento he intentado decir que no es importante entrar en la obediencia que se llama GOI, regular, libres y albañiles, no. Lo importante es entrar en la obediencia. Yo entro en los Garibaldini de Italia.

Fiscal: Garibaldini de Italia.

Virgiglio: Garibaldini de Italia que, en aquella época, estaban federados con la Gran Logia de Italia y la Alliata de Roma.

Fiscal: ¿Quién le presenta? ¿Por qué usted va en esa dirección, es decir, por qué va hacia los Garibaldini de Italia, quién le introdujo?

---

[107]Es una expresión utilizada en ese contexto masónico específico para referirse a un periodo de pausa voluntaria y retirada de la actividad masónica.

Virgilio: Porque, digamos, en su momento fueron los más respetuosos con la Ley Anselmi. No quiero definirlos aquí como los más limpios, pero eran los más respetuosos con la famosa Ley Anselmi. El propio Franco Roma y luego uno de mis profesores universitarios, Miceli, me dijeron "entra ahí", porque me interesaba la "patente[108]". En resumen, la llamada licencia[109].

Fiscal: ¿Franco Roma es Franco Sensi?

Virgiglio: Sí, sí.

Fiscal: Usted le llamó Franco Roma.

Virgiglio: Patente que le entregué, creo, ¿no? Durante la compilación de las actas.

Fiscal: Por supuesto, todas serán producciones documentales que realizaremos. Así que en ese momento también se convirtió en parte de un sistema masónico que giraba en torno a la Logia de los Garibaldini d'Italia. Le pregunto, ¿esta logia tenía alguna relación con la logia encubierta de Ugolini que ha mencionado antes? ¿O con otras obediencias?

Virgilio: Bueno, sí, tengo que hacer una aclaración aquí, si no, no podremos...

Fiscal: Adelante.

Virgilio: Toda gran logia, para tener un elemento de poder, debe tener también una llamada logia sombra, o lo que generalmente se llama una logia encubierta.

Fiscal: Sí.

Virgilio: Entonces, cuando yo ya formaba parte de la Orden Ecuestre, en la Orden Ecuestre estaba Ugolini. En aquel momento, el jefe de la orden ecuestre era el cardenal Montezemolo, que ya había sido nuncio apostólico en Nicaragua; y siempre dentro de la Orden Ecuestre estaba el embajador del Nicaragua Robelo, que también había sido nuncio apostólico en San Marino para la Santa Sede. Dentro de este último, estaba Ugolini que también, en aquel periodo, había estado previamente en Etiopía como embajador de la República de Titano[110]. Además de ser ciudadano de San Marino, se convirtió en decano de todos los embajadores de la Santa Sede. Es en este contexto en el que yo traigo la logia Garibaldini a la luz de Roma y, por tanto, del gran sistema que dirigía en la época Giacomo Maria Ugolini, el embajador.

Fiscal: Muy bien, descríbanos este sistema, porque de lo contrario se queda en un segundo plano. ¿A qué se refiere con "sistema Ugolini"?

Virgiglio: Bueno, el sistema Ugolini era un sistema complejo, pero que hoy definimos en términos muy sencillos. Estaba formado por personas muy influyentes, incluso a escala internacional. De hecho, acabo de mencionar a Robelo, y también había otros embajadores estadounidenses, entre ellos Denofa, así como otros nombres excelentes, cardenales y otros.

Fiscal: ¿Y materialmente qué hacía este sistema? ¿Cómo funcionaba?

108El término utilizado aquí es "brevetto".

109El término utilizado aquí es "patentino". En italiano, con esa palabra, suelen referirse al permiso de conducir provisional. Otro significado es "licencia" o "permiso".

110El monte Titano es el símbolo de la República de San Marino. De ahí también el mencionado apelativo.

Virgiglio: Voy a descubrir que el sistema funcionaba al revés de como siempre se pensó, es decir, intentaban amparar, ayudar a la 'Ndrangheta, hablo de la 'Ndrangheta al igual que de crimen organizado en general. ¿Y qué quería (la 'Ndrangheta)? Asegurar sus ingresos. Así que el "sistema" se preocupó de asegurar estos ingresos con "sistemas" de inversión muy sofisticados. Estos últimos eran los "sistemas" de inversión inmobiliaria o los "sistemas" de los financieros sanmarinenses o los "fingestus". Y así ese dinero iba a llegar ahí, y luego, una vez que estaba a salvo, se utilizaba en formas de inversión en otros sectores legalmente reconocidos. El dinero, finalmente, se blanqueaba de forma extraordinariamente limpia.

Fiscal: Permítame resumir, le interrumpo un momento. ¿Así que este sistema operaba en contacto con la 'Ndrangheta, y ayudaba a la 'Ndrangheta blanqueando su dinero sucio?

Virgiglio: En resumen, sí. Ese era el concepto.

Fiscal: ¿Pero sólo habla de 'Ndrangheta porque sólo conocía ese aspecto, y excluye referencias a otras mafias, o la referencia que tuvo fue exclusiva de la 'Ndrangheta?

Virgiglio: No, se ocuparon durante muchos años del blanqueo de dinero procedente de los distintos grupos de criminalidad organizada, así que también estaba la siciliana. Allí tuve la oportunidad, por lo que le dije, de ver de cerca lo que era la parte territorial de la 'Ndrangheta Tirrenica, por lo tanto, de la llanura de Gioia Tauro.

Fiscal: ¿Y de qué familias estamos hablando?

Virgiglio: Siempre de las familias Piromalli y Molè, en definitiva de la llanura de Gioia Tauro principalmente, eso es.

Fiscal: ¿Podemos decir que básicamente fue testigo de la relación entre el sistema Ugolini y las familias Molè-Piromalli, es eso lo que está diciendo?

Virgiglio: Sí, a través de los Cedros de Gioia Tauro.

Fiscal: Cedro, ¿quién? ¿Carmelo?

Virgiglio: Cedro Carmelo, sí, eso, por una serie de vicisitudes que ocurrieron, vi los intercambios que tuvieron lugar en estos sistemas, incluyendo Robelo que utilizó la máquina diplomática para llevar el dinero a Suiza.

Fiscal: Cuéntenos más sobre esta operación en la que supuestamente participó el embajador de Nicaragua. Qué vio y qué se dijo.

Virgiglio: El crimen organizado de la Llanura tenía un pequeño problema: por desgracia, no habían conseguido cambiar las antiguas liras, una gran cantidad de antiguas liras, en euros, así que todavía tenían antiguas liras que necesitaban cambiar, de modo que Robelo se ofreció a llevar esta suma, que era una suma enorme, a los bancos suizos...

Fiscal: ¿De qué cifra estamos hablando?

Virgiglio: Creo que eran 500 mil millones de liras antiguas[111]. No hablamos de Suiza porque está ampliamente reconocida como un país que se caracteriza por importantes sistemas bancarios, sino porque el hijo de Robelo era embajador en Suiza. Robelo tenía el Audi A4, había mostrado interés,

_____

111 250 millones de euros.

y por dichas razones se produjo el transporte de este dinero. Llevándolos a Suiza, ciertamente tuvo su recompensa.

Fiscal: ¿Y vivió esta operación en primera persona o se la contaron?

Virgiglio: Experimenté todo esto en primera persona. Yo estaba allí cuando se encargaron de esta situación. Yo estaba allí, Cedro estaba allí, Boccardelli estaba allí, el embajador estaba allí.

Fiscal: ¿Quién es Boccardelli?

Virgiglio: Era el acompañante de Ugolini porque últimamente Ugolini, al ser de edad avanzada, se hacía acompañar por un chófer que entonces también se hacía llamar secretario, que era Boccardelli.

Fiscal: Entiendo. Luego siguió siendo operativo en el sistema Ugolini y, obviamente, su carrera siguió adelante. ¿En qué se convirtió en esos años?

Virgiglio: Digamos que me convierto en dignatario de logia, esa era la definición. Es decir, me convierto en una persona muy cercana a Ugolini y que le acompaña en determinados momentos muy especiales: una persona de referencia, de extrema confianza.

Fiscal: ¿Dónde se celebraron las reuniones? ¿Existía una ubicación física para este circuito?

Virgiglio: Cuando había una reunión, o una llamada "convocatoria importante", casi siempre se celebraba en una de las diversas residencias del embajador, en San Marino, y esto para evitar miradas indeseadas. Otras veces, en los últimos tiempos, también se hacía algo allí abajo, en Villa Vecchia, que era el hotel en Monte Porzio Catone...

Fiscal: ¿...Que estuvo a su disposición y a su cargo durante unos años?

Virgiglio: Sí, que luego estuve intentando comprar. Es decir, a partir del uno de febrero de 2008, yo pasé a ser el gerente, habiendo un preacuerdo de compra que nunca llegó a concretarse, pero esto fue después de la salida de Ugolini, porque Ugolini murió en 2006 y después de eso las cosas cambiaron un poco, 'mutan'. Yo también me distancié un poco de todo tras su muerte, porque ya no tenía las espaldas cubiertas. Franco Sensi también estaba por entonces al final de su mandato, Ugolini murió, y así...

Fiscal: Escuche, antes de continuar, me gustaría que volviera por un momento a aquella reunión del '93. Usted dice "ahí se decide cambiar de estrategia, también de perspectiva. Se abandona, digamos, un vínculo estrecho con una determinada zona política y se busca en otra parte". ¿Es así?

Virgiglio: Sí, sí. No querían más ideologías de partido, ni de derechas ni de izquierdas.

Fiscal: Una especie de transversalismo[112].

Virgilio: Sí, a estas alturas, mientras tanto, dice "ya no debemos ser esclavos", esclavos en el sentido de que no debemos servir a una ideología, "debemos ser libres, así que sea quien sea el que quiera hacerse cargo y administrar este País, que lo haga, al final seremos nosotros los que dominemos los

---

[112]La palabra utilizada es "transversalismo". Según el diccionario Treccani de la lengua italiana: "En el lenguaje político y periodístico, tendencia a superar las divisiones tradicionales entre los distintos partidos y alineaciones, para favorecer la convergencia sobre temas o iniciativas de interés más general que "atraviesan" sus estructuras y programas particulares". Fuente: https://www.treccani.it/vocabolario/trasversalismo/#:~:text=s.%20m. %20%5Bder.,strutture%20e%20i%20loro%20programmi%20particolari.

puertos, seremos nosotros los que dominemos lo que son las bolsas, seremos nosotros los que dominemos lo que son las finanzas, y al final poco nos importará la que sea la clase dirigente que esté ahí". Y así, salta por los aires todo el sistema.

Fiscal: Por favor, explíquese. En primer lugar, quién asistió a esta reunión en el '93 y, sobre todo, si puede ser preciso sobre el momento exacto en que tuvo lugar esta reunión, es decir, los primeros meses del '93 o finales del '93. Esto obviamente no sé si lo recuerda después de tantos años. Pero, sobre todo, me interesa entender en este momento si lo que se decidió en ese contexto influyó entonces, digamos, en las decisiones políticas que se tomaron en Italia.

Virgilio: La convocatoria fue, creo, en la primavera del '93, pero no recuerdo exactamente cuándo fue. Se hizo en Santiago de Cabo Verde, entre los participantes, porque no es que supe quien eran todos los participantes que estaban allí, también porque... (Lombardo lo interrumpe).

Fiscal: Mientras tanto, ¿cuántos eran estos participantes?

Virgiglio: Era un gran número. De los nuestros recuerdo que estaban Ligresti, Aponte, Caltagirone, luego estaba don Leo Matacena, Ugolini, Franco Sensi, había algunos cardenales como Fisichella, creo. Estos eran los nombres que recuerdo ahora. Eh... han pasado tantos años, señor Fiscal.

Fiscal: Lo sé.

Virgiglio: Estos, sin embargo, eran los nombres más destacados, los que recuerdo con más facilidad.

Fiscal: Y así, en ese ámbito, se decidió lo que nos contaba antes, pero me gustaría entender mejor, es decir, las decisiones que se tomaron en ese ámbito, luego, cómo se transformaron en hechos reales. Es decir, ¿cuál era la capacidad de influir en el curso de la historia?

Virgilio: Puedo poner algunos ejemplos, ¿no?

Fiscal: Si lo hace, entenderemos mejor.

Virgiglio: En la actualidad, la segunda compañía portuaria de contenedores del mundo es la MSC de Aponte. Hoy no hay puerto en Italia donde Aponte no sea el líder, así que si Aponte mueve sus naves, mañana por la mañana, el puerto de carga italiano entra en crisis. Y así dominamos una parte del mercado de entrada de mercancías. Igualmente, lo mismo pasa que con Ugolini. Si yo tengo una elevada capacidad financiera, puedo dirigir a través de Stolfi, el Ministro Stolfi, puedo moverme en lo que puede ser el bien y el mal[113], en la financiación pública y, por lo tanto, en los bancos. Lo mismo ocurre con el paquete electoral, el consenso electoral. Si yo a la criminalidad decido complacerlos con la reinversión de sus capitales, ellos, por otro lado, tendrán que darme sus paquetes electorales, no solo los concentrados en Sicilia o Calabria, sino en todo el territorio donde tienen su foco, para poder organizar, de esta manera, lo que era el sistema de poder. Y luego: Franco con los hidrocarburos, don Leo con el transporte marítimo, cada personaje tenía carisma, pero también poder comercial, financiero y de decisión. Por eso, lograron condicionar lo que era el mundo de nuestro País en aquella época.

Fiscal: Entiendo. Usted ha explicado antes que, digamos, el sistema Ugolini entró en relación con la 'Ndrangheta, ha explicado también con qué fines y en particular, por lo que usted sabe, con los Molè-Piromalli. Así que la 'Ndrangheta necesitaba reciclar, y este sistema garantizaba las operaciones de reciclaje. Pero ¿qué querían de la 'Ndrangheta a cambio? Si querían algo.

113La expresión utilizada en italiano es "puedo moverme tanto si hace buen tiempo como si hace malo", es decir, independientemente de las condiciones meteorológicas, que en este contexto adquiere un claro significado alegórico.

Virgilio: El paquete de votos.

Fiscal: ¿Qué significa?

Virgilio: El sistema Ugolini quería el consenso resultante de los votos durante el periodo electoral. Ese fue el intercambio. El principal pacto de intercambio era este, que exigían, aunque a veces en vano, la ayuda para determinados juicios. Cuando podía hacerse, intervenían como hicieron con Rocco Molè y otros miembros de la "cosca[114]" Molè para arreglar ciertos juicios. Cuando no podían hacerlo, la 'Ndrangheta era muy consciente de que llegarían las detenciones, pero lo importante era poner a salvo el dinero. El dinero es poder, el dinero compra hombres, el dinero compra armas, el dinero puede ganar cualquier batalla, así que lo importante era poner a salvo el dinero. Dinero que luego se volvía a invertir en complejos, como ya le he dicho, sistemas financieros.

Fiscal: Entonces, por lo que usted puede atestiguar, ¿vio salir parte de este dinero de Calabria con destino a Suiza?

Virgiglio: No, físicamente no lo vi, presencié la negociación de que Cedro debía llevarlos a Roma, y de Roma debían llevarlos a Suiza. Molè me dijo entonces que se llevó a cabo y, por supuesto, blasfemaba diciendo que casi la mitad del dinero lo "habíamos perdido por el camino[115]".

Fiscal: ¿Por lo que usted ha podido averiguar, esta operación se llevó realmente a cabo?

Virgiglio: No puedo decirlo en primera persona, sino de relato, porque Rocco me dijo que se llevó a cabo.

Fiscal: Cuénteme más sobre esto de ajustar los juicios.

Virgiglio: Por lo que se refiere a Rocco Molè, en su momento, hubo la intervención de ciertos sujetos de la Logia Alliata de Reggio Calabria.

Fiscal: ¿De qué juicio estamos hablando?

Virgiglio: Rocco Molè estuvo implicado en el caso Tirreno, creo que empezó en 1993, y en primera instancia me parece que fue condenado a cadena perpetua. Posteriormente, sin embargo, a través de estas intervenciones, que fueron gestionadas por el entonces Comandante de la Policía Municipal de Reggio Calabria, ahora no sé si fue el Comandante o alguien perteneciente a la Policía Local, pero a través de su suegro, fue el que se movió a través de otros dos abogados de Reggio Calabria para resolver estos procedimientos. El hecho es que en lo que respecta a la condena tanto de Rocco como de Mimmo Gangemi, primo de Rocco y cuñado también de Pino Speranza, en segunda instancia, se anuló la pena de cadena perpetua y fueron puestos en libertad. Tanto es así que Mimmo Gangemi, antes de que fuera promulgada la sentencia de segunda instancia, y mientras que era fugitivo, se presentó, en forma de desafío, seguro de que sería absuelto, y así sucedió.

Fiscal: Este hecho también, ¿quién se lo cuenta? Me refiero a esta operación judicial, llamémoslo así.

Virgiglio: En primer lugar, lo viví casi en primera persona a través de Pino Speranza, tanto que una

---

114 Aglomeración mafiosa familiar, muy similar al "clan".
115 Por lo general, el reciclaje se realiza según un sistema de tipos de cambio del 20-50%. Es decir, 10 euros sucios se cambian por 7 euros o 5 euros. En este caso, puesto que hablamos de un cambio de liras por euros, teniendo en cuenta también la comisión de Robelo, se gastaron más de 125 millones de euros para realizar el cambio.

vez pude acompañar personalmente al yerno de Speranza a ver dos abogados allí, en Reggio Calabria, al final de Viale Calabria, a un bufete que estaba ordenando los expedientes.

Fiscal: ¿Y estaba relacionado con este caso judicial?

Virgiglio: Relacionado con este asunto del juicio y también con el interés de los co-hermanos de la logia Alliata de Reggio Calabria. Entonces, Doctor, es inútil ocultarlo, cuando eres Venerable, aunque no gestiones directamente una logia, digamos, "retorcida", o invisible o eh[116]... de todas formas aprendes cosas, porque todo, para tener un sistema de poder, debe girar en torno al Gran Maestro, al Serenísimo Gran Maestro de la logia, no al Venerable Maestro, que yo lo era, sino a mi superior, que era el Serenísimo Gran Maestro. Todos los movimientos.

Fiscal: ¿Quién era el Serenísimo Gran Maestro?

Virgiglio: En ese momento, era Giuseppe Francica.

Fiscal: Giuseppe Francica, entonces. La persona de Vibo Valentia que menciono antes.

Virgiglio: En mi gran logia, sí.

Fiscal: Escuche un momento, déjeme entender una cosa más. Cuando asume el puesto de vértice de la logia en Reggio Calabaria, entra en contacto directo con la realidad, con los ambientes reggini[117].

Virgiglio: Por supuesto, yo dirigía la parte limpia, y, por lo tanto, los que estaban regularmente inscritos, donde nuestro listado estaba siempre a completa disposición de las fuerzas del orden, según la Ley Anselmi. Pero el Gran Maestro Pino Francica me dijo: "Mira que la sombra son los Alliata en Reggio Calabria y ciertos sujetos forman parte de ella".

Fiscal: ¿Qué significa "la sombra"?. Usted dijo "yo llevaba la parte limpia". Porque junto a la parte limpia ¿qué había?

Virgiglio: La parte limpia... entonces, en la parte limpia están las personas que se inician regularmente, así que aprendices, camaradas y maestros.

Fiscal: Y son los que están en las listas.

Virgiglio:Y son los que están en las listas, los que tienen que presentar cargos penales, vienen "tegolati[118]", se incorporan y casi siempre preferíamos gente profesional. Pues, sí, preferíamos a la gente que tenía un cierto nivel cultural. Entonces, la llamada "parte sombra", lo que vulgarmente se denomina desviación, estaba casi siempre ocupada por dos tipos de sujetos: los susurrados al oído y los sagrados sobre la espada[119]. Los susurrados al oído eran personas que, por su posición social o porque ocupaban cargos políticos o porque no les gustaba que se refirieran públicamente a ellos como masones, entonces se les "susurraba al oído" porque sólo el Serenísimo Gran Maestro, que formaba parte de allí, lo sabía[120]. Y se daban números de experiencias.

Fiscal: Así que está diciendo que, por lo tanto, sólo eran conocidos por el Gran Maestro.

116Ese "eh" asume el significado de "o lo que sea". Es una alusión.

117 De Reggio Calabria.

118 La "tegolatura" (singular) o "tegolature" (plural) son exámenes preliminares, es decir, entrevistas, para evaluar y verificar la idoneidad de la persona que desea ingresar en la Masonería.

119 Literalmente, en italiano, "sul filo della spada".

120La expresión es muy figurada: susurrado al oído, incluso literalmente, ya que nadie debía conocer su identidad.

Virgilio: Sí, luego era discreción del Gran Maestro decirlo al Venerable Maestro, por lo tanto, en estos casos, a mí. Si Francica quería, cosa que hizo varias veces, decirme "sabes, en Reggio Calabaria hay Mickey Mouse" - pongo un ejemplo, ¿no? - "que es un susurrado al oído, por lo que si algo, cualquier cosa, o alguien debe ser atendido en Reggio, que sepas que él es un hermano".

Los sagrados sobre la espada, en cambio, eran aquellos que, aunque merecían el conocimiento del evangelio, el evangelio de Matthias, o de san Juan, no podían ser parte por chocar con la Ley Anselmi, es decir, aquellos que habían sido condenados por un delito penal, aquellos que habían sido inscritos en la antigua Propaganda 2, por lo tanto, personas que, aunque lo merecían, nunca podrían ser inscritos en las listas. En fin, estas eran las diferencias, y estos también eran liderados por el Serenísimo.

Fiscal: Y entre los que formalmente no podían inscribirse en las listas, ¿qué categorías había en particular?

Virgiglio: Antiguos miembros de la P2...

Fiscal: Y esto lo dijo.

Virgiglio: Algunas personas que habían sido condenadas por 416-bis, por lo tanto, pertenecientes a una actividad delictiva asociativa, 'ndranghetistas, cómo queremos definirlos, y otras personas que, en definitiva, habían sido condenadas.

Fiscal: Aunque formando parte de este mundo.

Virgilio: Sí, ellos formaban parte de este mundo, pero como sagrados sobre la espada, no como inscritos regulares.

Fiscal: ¿Y usted conoció a alguno de estos sujetos, se le dio algún nombre de sujetos que formaran parte del circuito masónico, aunque no resultaran formalmente inscritos?

Virgiglio: Sí. En Gioia Tauro estaba Sorridenti, Luigi Tripodi.

Fiscal: ¿Sorridenti quien?

Virgiglio: Luigi Sorridenti, nieto de Piromalli. Pero su abuelo, Peppe Piromalli, fue quien quiso firmemente que entrara.

Fiscal: ¿Y después?

Virgilio: Luego estaba... un... muchos otros sujetos. Este era uno de los nombres más importantes de la llanura de Gioia Tauro, que formaba parte de este sistema de sagrados sobre la espada.

Fiscal: Así que este es un nombre que recuerda con certeza.

Virgiglio: Lo recuerdo con certeza porque luego hubo un pasaje en 2005 cuando él, a través de su abuelo moribundo, hizo un pasaje a Villa Wanda, es decir, a Licio Gelli para la reconstrucción del antiguo poder, y de allí nacieron los Templarios.

Fiscal: Que quiere decir, se explique.

Virgiglio: De acuerdo, entonces...

Fiscal: Estamos a Luigi Sorridenti.

Virgilio: Peppe Piromalli, alias "labio torcido", uno de los viejos progenitores de esta familia criminal, muere de problemas físicos, de enfermedad. Fue tratado, en su momento, por un médico que también había estado en las cárceles, de San Pietro en Reggio Calabria, que era el doctor Labate, Franco Labate, también masón, sin embargo, él también era un masón sagrado sobre la espada porque fue indicado varias veces por las diversas investigaciones como hombre de confianza de la familia Barbaro de la Costa Jónica calabresa. Después de eso, a través de Luigi Sorridenti, juntos acordaron que querían montar una entidad masónica como la P2, es decir, una agrupación de poder. El doctor Labate, que era mucho más culto que Sorridenti, dijo a Peppe Piromalli cómo podía llegar hasta Licio Gelli, a quien todos llamábamos el "brontosaurio", porque todos lo manteníamos alejado. Así que él escribió una misiva y acudieron a Gelli, porque este último había conocido a Piromalli en el pasado. Una vez allí, se organizaron Gelli, Luigi Sorridenti y Franco Labate para la reconstitución de una importante logia que debía agrupar a personas de cierto nivel social, donde al mismo tiempo resultaba vital el reconocimiento del Vaticano. Básicamente, quería copiar nuestro sistema, este Gelli. Y así se inventaron los Templarios.

Estos templarios llegan a Ugolini a través de la familia Cedro, y, por tanto, a nuestro grupo, ocultando absolutamente que el brontosaurio estaba detrás, es decir, Licio Gelli, pidiendo precisamente la reconstitución de estos templarios con el reconocimiento de la Iglesia. Aprovechando que el Papa Woytila estaba al final de su mandato, porque poco después moriría, pues aquí aceptamos, damos este "ok", nosotros, como grupo, y formamos estos Templarios. Y para dejar una huella, una huella muy importante, que a nivel simbólico, quizás, para los que desconocen ciertas simbologías, pueda ser una tontería, pero dado que los templarios, desde hace muchos años, desde 1300, están desterrados por la Iglesia, en definitiva, hacemos la primera sacración en la iglesia de Santa Prisca, que está en la colina del Aventino, en Roma, y a asistir estará un monje trajimos de Innsbruck, cisterciense, de la orden del primer caballero templario, Bernardo de Claraval, y allí se forman, se dan paso, a las primeras sacraciones.

En las sacraciones, Labate y Sorridenti... que no vendrá Sorridenti a las sacraciones porque seguirá oculto, llega una multitud de personajes: buenos, malos e incluso feos[121], desde generales, a Guardia di Finanza, pasando por princesas, cónsules y mafiosos. Y parece que le he proporcionado pruebas fotográficas de todos estos miembros. Las sacraciones a las cuales participamos son dos. La primera fue en marzo de 2005; la segunda, en mayo. Luego, en mayo, Ugolini decide distanciarse, porque al bajar a Calabria, Ugolini se aloja en el famoso Hotel 501, obtiene información inmediata y se da cuenta de que detrás de este sistema está la 'Ndrangheta de Gioia Tauro, que quiere blanquear dinero, y en definitiva se trataba de un complejo perverso de la situación.

Fiscal: Es decir, básicamente... intento a través de esta última pregunta aclararlo mejor: básicamente, los Piromalli, y en particular Luigi Sorridenti, junto con Franco Labate, habían creado una nueva obediencia vinculada a Licio Gelli.

Virgilio: Eso es, pero en el proceso nos encontramos con algo extraño, y es la muerte de Peppino Piromalli. Con la muerte de Peppino Piromalli, Molè da el salto, también porque la familia Molè quiere meter mano en esta reconstrucción del vínculo de poder, tanto es así que Mommo Molè, desde la cárcel, envía una carta a Luigi Sorridenti, porque Luigi Sorridenti, abramos y cerremos un paréntesis, era también co-hermano masón, antes de las famosas detenciones del '93, y le dice: "Asegurate de mantener unidos a mis hijos". Bueno, la referencia es a los co-hermanos. Así que, con la muerte de Piromalli, Rocco Molè patalea, está fuera, y quiere tomar lo que es el poder de toda la actividad criminal de la familia Molè-Piromalli. A este punto, Luigi Sorridenti dice: "Sí, vale. Al fin y al cabo tú también eres mi primo", porque Luigi Sorridenti se casó con una Molè y también era primo de Rocco Molè. Así que si antes el poder Gelli, Piromalli, Templari estaba

---

121 Una clara referencia de Virgiglio a la película "Il buono, il brutto, il cattivo".

vinculado a los Piromalli, más tarde será Molè. Y allí lo primero que hacen es constituir unos bancos, y luego establecerán créditos cooperativos.

Fiscalia: Es decir, el proyecto también fue más allá, por lo que también invadió el sistema bancario.

Virgilio: Uno de los principales proyectos era ese: reconstituir lo que ya habían hecho en el pasado en Calabria con otros créditos cooperativos. Todo esto, sin embargo, fue bloqueado por Ugolini, que incluso, bajando, el mismo período, boicoteó la elección de Ioppolo que era candidato en Forza Italia: él mismo Ugolini revolucionó todo. Tanto es así que, incluso dentro del grupo, decían: "¿Pero qué hace Giacomo? ¿Por qué lo está revolucionando todo?

Fiscalia ¿Qué bancos, si usted dice, quiero decir, que estos bancos existían, han sido creados, de qué bancos cooperativos estamos hablando?

Virgiglio: El principal era el Crédito Cooperativo del Tirreno de San Ferdinando, en la provincia de Reggio Calabria.

Fiscal: ¿Y quiénes fueron las personas que participaron directamente en este proyecto?

Virgiglio: En aquella época, el director era Lucisano, pero se interesó sobre todo el grupo Molè, a través de Speranza, tanto que pusieron a su sobrino[122], hoy uno de los alcaldes. Conviene precisar que había varias familias interesadas en este crédito cooperativo. Consiguieron 3.000 millones de las antiguas liras[123], que era el mínimo para que el Banco de Italia diera el visto bueno, tenían el aval del director Cosentino, que era originario de Cittànova, en la provincia de Reggio Calabria, pero era el jefe del departamento nacional de crédito cooperativo, y así siguieron adelante. El sistema era siempre el mismo: reciclar, reciclar, reciclar. Así que hicieron una multitud de socios, que participaron con su pequeña y gran aportación, y formaron este fondo inicial de 3.000 millones de antiguas liras, y abrieron este crédito cooperativo. Luego la hicieron quebrar. Y luego quisieron empezar de nuevo cuando se produjo el advenimiento de los Templarios...

Fiscal: Empezar de nuevo con ese proyecto.

Virgilio: Comenzar de nuevo con ese proyecto allí.

Fiscal: ¿Y usted sabe si ese proyecto empezó de nuevo o no?

Virgiglio: No, el proyecto no se puso en marcha porque Ugolini rechazó inmediatamente la cosa, dijo: "Son cosas viejas, está el brontosaurio de por medio, ya no queremos al brontosaurio" - cuando digo brontosaurio me refiero a Licio Gelli - "Son cosas viejas, pasadas, ya no nos interesan estos sistemas", tanto que es en aquel momento que Molè dice, a través de la familia Cedro: "Vale, ¿me cambias este dinero de alguna manera? ", y entonces Ugolini dice: "Vale, no hace falta que montes el teatro de la banca como este", para él pueril, infantil, y de ahí se pasa a hablar del paso de dinero por Suiza.

Fiscal: Entiendo, siempre nos encontramos en ese periodo, así que: 2005-2006.

Virgilio: Mire que con los Templarios, que nosotros, le repito, dimos, el "OK" y que lo hicimos simbólicamente en aquel lugar, demostramos que era posible volver a traer a los Templarios, es decir, la masonería en la Iglesia; esto se hizo para demostrar el poder que teníamos en aquel momento, pero sólo hubo dos investiduras: el 17 de marzo y luego en mayo. La última vez, cuando

---

122 O nieto, no se especifica.
123 Actualmente, un millón y medio de euros.

participaron también los mafiosos y fueron sacrados[124], y, en aquella ocasión, Ugolini ni siquiera se puso la capa. Entonces, se celebró un banquete en la Villa Vecchia, y coincidió con el año que la familia Cedro proporcionó los billones para el campeonato nacional de billar allí en la Villa Vecchia, y luego cortó con cada contacto: quemó todo.

Fiscal: Dice usted que ese día había "mafiosos". Así es como les definen. ¿Por qué se los presentaron así? ¿Por qué los conocía? ¿Por qué puede decirnos quiénes eran?

Virgilio: Si usted mira en una de las muchas fotos que le proporcioné, había un tío, un Cedro, uno de los "Cedros", no hermanos, sino unos primos, que fueron condenados por asociación y otros delitos. Por tanto, hablo de uno para referirme a todos y para hablar también de una persona en concreto.

Fiscal: Entonces, básicamente, ¿quiere decir que la familia era la familia Cedro y gente relacionada con ellos? ¿Es eso lo que quiere decir cuando hace esa referencia?

Virgilio: Sí, pero los Cedros eran la manifestación en la época de la familia Molé. También porque Giovanni Cedro se había casado con una prima de Rocco.

Fiscal: Entonces, siempre hablamos de sujetos relacionados con los Molé, a eso se refiere cuando habla de los Cedros?

Virgilio: Sí, pero... (las voces se cruzan).

Fiscal: Por favor. Si necesita completar, hágalo.

Virgilio: No fueron sólo los Cedros... Ugolini cuando bajaba a Calabria, no bajaba solo porque estaban los Cedros. Cuando Ugolini bajaba a Calabria, conocía desde la familia Arena de Isola Capo Rizzuto hasta los Morabitos de la Costa Jónica. Tenía una gran, gran relación con estas familias.

Fiscal: Sobre la ciudad de Reggio Calabria, ¿quiénes eran los referentes? Si es que los había, dentro de la 'Ndrangheta, por supuesto.

Virgiglio: Los De Stefano. Tenía las referencias con los De Stefano, sólo con los De Stefano. Y uno de los antiguos también... me parece que estos eran de Villa San Giovanni, fueron los Latella. De los cuales había un tal Zumbo, pero no el famoso Zumbo de las crónicas. Hay otro Zumbo.

Fiscal: Otro Zumbo. Así que tenía tratos con un Zumbo conectado a Latella, ha dicho.

Virgiglio: Sí, era... creo que se llamaba Giovanni y tenía los camiones, pequeños camiones, de distribución, de Parmalat, algo así.

Fiscal: Estas relaciones que Ugolini tenía con Reggio Calabaria, los De Stefano-Latella, ¿dijo que eran independientes de usted, Virgiglio? ¿Eran anteriores a su cargo o llegaron a través de usted?

Virgiglio: No, no, no. Todo era independiente. Ugolini no fue el primero en llegar al sistema. Era una persona...

Fiscal: Será no fue el último en llegar.

124Que participan en el ritual de iniciación.

Virgiglio: Sí, perdón, no era el último en llegar, no era una persona que... nunca le había gustado la publicidad periodística, pero tenía mucho poder.

Fiscal: Completemos esta referencia, porque usted en un momento dado asume un rol masónico importante en Reggio Calabria, y creo que ya ha dicho que hay una parte limpia y una parte sucia, es decir, hay dos componentes, dice usted, ¿dos componentes que se mueven codo con codo o que tienen objetivos diferentes?

Virgilio: No, no, tienen objetivos diferentes. La primera es la parte limpia y tienen como objetivo el perfeccionamiento del hombre y por ello, en las distintas asambleas se hablaba de ciertos problemas de la humanidad, del hombre, en definitiva, de los sistemas clásicos de la organización masónica pura. El paralelismo, así llamado, gestionaba, en cambio, lo que era un sistema de poder, es decir, el sistema electoral, el sistema de nombramientos.

Fiscal: Entonces, ¿sólo la parte encubierta gestionaba el poder tal y como usted lo define?

Virgilio: Sí, pero una no tenía forma de existir sin la otra.

Fiscal: Entiendo.

Virgilio: Es decir, la parte encubierta, sin una vinculación de hermandad, se iba a desvanecer, se iba a acabar.

Fiscal: Entiendo. Hay otra referencia que me gustaría que ampliara. Usted afirma: "Sabía que Peppino Piromalli tenía relaciones con Licio Gelli".

Virgilio: Sí, y eran viejas las relaciones que tenía. Los habían tenido en el pasado. Porque Gelli, contrariamente a lo que era la directriz de la llamada parte reservada del sistema Ugolini, daba la mano a todo el mundo, por poner un ejemplo, y, por tanto, también a los mafiosos, cosa que Ugolini no hacía, porque siempre intentaba filtrar las cosas. Otro ejemplo: si Ugolini tuviera que hablar con Colarena, que era uno de los líderes de la costa de Crotone, no iría a darle la mano a Colarena, sino que hablaría con el abogado de Colarena o con quien fuera. Gelli, en cambio, si tenía que ir a comer o cenar con Piromalli, lo hacía.

Fiscal: ¿Usted todo esto lo afirma hoy, basándose en su propia experiencia, o usted tiene conocimiento de que exista contacto directo Gelli-Piromalli?

Virgilio: No, no, es un hecho.

Fiscal: ¿Tiene entonces conocimiento de esto?

Virgiglio: Nunca tuve la oportunidad de conocer a Piromalli. Tuve la oportunidad de conocer a Gelli. Y puedo decirle que Gelli solía actuar de esa manera.

Fiscal: Me explique mejor. ¿Tenía Gelli una persona, un referente en Calabria? ¿Cómo operaba en Calabria? No creo que estuviera permanentemente presente en este territorio.

Virgilio: Gelli tenía como única referencia y que desgraciadamente también formaba parte de nuestro sistema era Antonio Campana, que era cosentino[125] y era expresión de Gelli. Eso. Pero, Antonio formó parte de nuestro sistema durante muy poco tiempo.

125De la ciudad de Cosenza.

Fiscal: Es decir, Antonio Campana también formaba parte del sistema Ugolini del que usted mismo fue un sujeto importante.

Virgiglio: Sí.

Fiscal: ¿Y por qué se creó esta mezcla? Entiendo que Gelli lo mantuvisteis a distancia.

Virgiglio: Por haberse ocultado de nuevo, él junto con otros, como los modeneses de Livorno, habían repudiado su pertenencia a Gelli, pero en realidad eran los clásicos personajes que, como se dice en Calabaria, se aferraban a las dos ramas. No eligieron una rama a la que agarrarse, sino las dos. Sin embargo, al ser descubiertos, fueron "quemados" inmediatamente.

Fiscal: ¿Hubo una fase histórica en la que el sistema Ugolini se hizo pasar de alguna manera por la nueva Propaganda 2[126]?

Virgiglio: Ugolini no actuaba, no se presentaba y no se hacía pasar por un sistema oculto de poder similar a la Propaganda 2. Nosotros, es decir, el sistema Ugolini estaba por encima del sistema Propaganda 2. Y a partir de los años 80, era él, Ugolini, quien regentaba todo lo que era un sistema de poder, al final.

Fiscal: ¿Cómo se explica esto? Usted declara a partir de los años 80. ¿De la disolución formal de la P2 querrá decir?

Virgiglio: Por supuesto, sí. Desde que se disolvió la P2, las cosas cambiaron un poco. Y Ugolini con su mente, una mente no sé si equivocada, pero era una mente inteligente, había logrado involucrar a un poder donde ni siquiera el poder judicial puede entrar hoy, y ese es el Estado Vaticano. Pero lo consiguió de forma tan limpia, tan correcta, que había poder, pero no había posibilidad de ser investigado. Así que estaba por encima de todo y de todos. Tenía la información en sus manos, tenía los servicios de seguridad en sus manos: sabía cómo reunir a los poderes, eso es todo.

Fiscal: Es resumen, básicamente, usted afirma: "Formalmente, la P2 había dejado de existir, pero en realidad continuaba en el proyecto Ugolini". ¿Es eso lo que quiere afirmar? Un poder más oculto porque relacionado con el Vaticano.

Virgiglio: Y los que formaban parte de ello también estaban contentos porque nunca figurarían en la lista y, por tanto, nunca serían investigados. Jamás serían descubiertos.

Fiscal: Usted, que vivió ese mundo desde dentro, digamos, ¿puede definir mejor las relaciones entre Gelli y Ugolini? Porque dijo "lo mantuve a distancia" pero básicamente ahora está diciendo "continuando el proyecto".

Virgiglio: Continuó con el proyecto de amalgamar el poder, pero no lo soportaba en absoluto, no lo quería, lo consideraba un ignorante, un extremista, es decir, nada que ver con lo que era Ugolini como capacidad intelectual. Pero ese era el concepto: poder. Agrupar el poder.

Fiscal: ¿Hubo una fase en la que este sistema se ocupó de la liberación de Mommo Molè?

Virgiglio: Sí. Trabajaban para que Mommo Molè fuera reconocido incompatible con el régimen penitenciario por una patología que decía padecer. Y así, utilizando esta excusa, sirviéndose de un médico, creo que era el Dr. Ceraudo, que era de la zona de Crotone, o, en pocas palabras, de origen

---

126Nombre completo de la logia masónica P2.

calabrés, estaban intentando realizar este plan, y el interés era un interés del cual se hacía cargo, en pocas palabras, el sistema de poder.

Fiscal: ¿Y a través de quién, aparte de este médico, intentaron actuar? Es decir, ¿quiénes eran los intermediarios en esta operación?

Virgiglio: Previti estaba implicado en ese momento.

Fiscal: ¿Previti?

Virgiglio: Cesare.

Fiscal: ¿Usted cómo sabe estas cosas? ¿De quién lo aprende?

Virgiglio: Digamos que este interés se intensifica tras el asesinato de Rocco Molè. Así que, inmediatamente dice: "Lo que se empezó hace unos años, ahora hay que ponerlo en práctica. Mommo Molè" – dice - "debe salir de la cárcel". Y aquí Boccardelli trata de reanudar estos contactos para que esto suceda, y así se pone en contacto con Cesare Previti, y añade que debemos ver con este Ceraudo la manera de arreglar esto.

Fiscal: Por lo que usted sabe, ¿se produjo la excarcelación?

Virgiglio: No, nunca tuvo lugar.

Fiscal: Así que nunca ocurrió. Sólo hubo un intento.

Virgiglio: (Las voces se cruzan) Sí, tuvieron que trasladarlo del centro clínico penitenciario de Parma a Pisa o viceversa, no quiero equivocarme, de todas formas tuvieron que trasladarlo donde el médico pudiera operar mejor con sus informes médicos.

Fiscal: ¿Así que Boccardelli también estaba implicado en este asunto?

Virgiglio: Boccardelli también se ocupaba de ello, sí.

Fiscal: ¿Y otros sujetos? Usted ha mencionado varios nombres. ¿Hay otros que operaron en ese contexto?

Virgiglio: Mmm... ¿En ese contexto concreto de excarcelación por incompatibilidad?

Fiscal: Sí.

Virgiglio: Ahora, en este instante, no me acuerdo.

Fiscal: Porque el 24 de marzo de 2015, además de los sujetos que ha mencionado hoy, y, por tanto corresponden, también se refiere al tal Balestrieri.

Virgiglio: Ah, sí. Ahí estaba Ugo. Sí, sí, Ugo también, sí estaba.

Fiscal: ¿Y quién es Balestrieri?

Virgiglio: Balestrieri es un ex piduista, y además se había convertido en ciudadano estadounidense, y se ocupaba de alguna tecnología de inteligencia dentro del Estado Estadounidense. Sin embargo, era un sujeto muy bien introducido en el sistema desviado de la masonería, tanto que nos lo presentó el marqués Caldirola. Caldirola es un gran empresario vitivinícola, y fue 33°. Así pues, el "trigésimo tercer" es el grado más alto de la pirámide iniciática en la masonería. Gran amigo de Ugolini, a través de Giorgio también se interesó por el traslado de los Nini - los Nini son los dos hijos de Mommo y de Mico - a Estados Unidos para protegerlos de cualquier acción tras la muerte de Rocco Molè. Y también se preocupaba por la excarcelación de Mommo.

Fiscal: ¿Cuáles eran las relaciones entre Balestrieri y Estados Unidos? ¿Por qué dice que en cierto momento se convirtió en ciudadano estadounidense.

Virgilio: Fue presidente del Rotary Club de Nueva York.

Fiscal: De Nueva York. Así que un Rotary Club de segunda.

Virgiglio: Sí, de segunda (contesta riéndose de la ironía[127]). Y además, era una persona muy experta en los sistemas de seguridad de la CIA. Era un experto en el campo de la tecnología, junto con un tal "Peter", así que no es que pueda decir que formaba parte de la CIA, pero era una persona, por lo tanto, que tenía su propio pasado respetable. (Se cruzan las voces y Virgiglio da la palabra al Fiscal) Adelante.

Fiscal: Usted lo define de manera muy... muy clara, muy seca. Permítame usar este término, un "piduista". ¿Cómo sabe usted que era un piduista?

Virgilio: Era inscrito. Tenía el carnet de la Propaganda 2 a todos los efectos. Un miembro oficial, público.

Fiscal: Y en la fase posterior a la Propaganda 2, ¿qué relación mantiene Balestrieri con Ugolini? Es decir, con respecto a Ugolini, ¿en qué se convierte?

Virgilio: Ugolini lo mantenía a distancia. Y lo mantenía a distancia porque lo consideraba responsable de ciertas situaciones desagradables. Pero siempre fue promocionado por este Cardirola, por el marqués: "Vamos, Giacomo, es una persona que puede ser útil" – "Pero a mí no me interesa este tipo de personaje". La relación que Ugolini quería mantener con Balestrieri no era la mejor.

Fiscal: (Se aclara la garganta) A ver si lo he entendido. Porque usted sólo se ha referido al GOI, digamos, en la parte inicial de su exposición. Es decir, cuando por muy poco tiempo usted llega a ser parte de ese mundo, luego lo deja porque Aguglia, si no recuerdo mal, le dice "mira, te voy a dejar entrar en otras obediencias". Sin embargo, en cierto momento, se refiere a su nueva entrada en la masonería, llamémosla oficial, a través de los Garibaldini d'Italia, y nos dice antes que los Garibaldini tenían entonces relaciones con el sistema Ugolini, y a través de ese sistema también con los Molè-Piromalli. Pregunta: ¿en todo esto, el GOI, dónde estaba?¿Dónde se coloca?

Virgiglio: El GOI es una obediencia "per se", así que no formaba parte de nuestra federación, pero la hermandad universal hace que yo Garibaldino y tú del GOI somos hermanos, así que en todo momento, con los signos crípticos, tú y yo somos hermanos y debemos ayudarnos mutuamente.

Fiscal: Esto significa que la relación con el sistema Ugolini la mantenían los Garibaldini de Italia, que a su vez eran hermanos del GOI. ¿Eso es lo que está diciendo?

127Llegar a ser presidente del Rotary Club de Nueva York significa no sólo ser un destacado ciudadano estadounidense, sino una figura muy importante en el mundo para-masónico.

Virgiglio: Sí, pero recordemos que Ugolini era también Gran Maestro del Gran Oriente de San Marino, que no es más que una rama del propio GOI.

Fiscal: Así que ¿tenía una doble vertiente?

Virgilio: Por supuesto.

Fiscal: ¿Y eso fue a partir de cuándo? Por lo que respecta a Ugolini.

Virgiglio: Ugolini siempre fue, desde los años 80, un gran masón, un masón excepcional.

Fiscal: No, no, estoy diciendo en relación con su papel con respecto al GOI con sede en San Marino. ¿Entiende? Si podemos fechar el momento en que...

Virgilio: No entendí, Doctor. ¿Quién? ¿Ugolini?

Fiscal: Usted dice que Ugolini era también Gran Maestro en el GOI de San Marino, en el Gran Oriente de San Marino. ¿Es así?

Virgilio: Sí.

Fiscal: ¿Qué es una rama del Gran Oriente de Italia o es algo diferente?

Virgiglio: Burocráticamente, es diferente. Porque para montar una actividad masónica se necesita la autorización... es una asociación y, por lo tanto, necesita una escritura, una auténtica escritura notarial. Una legalización notarial. Así que el notario de San Marino no puede legalizar una actividad en Italia o viceversa, porque son dos naciones diferentes, pero absolutamente iguales... No quiero decir iguales, porque cada una tiene su caja, sus directivas, sus rituales, pero siempre, digamos, el Gran Oriente de Italia se puede identificar como el Gran Oriente de San Marino y viceversa.

Fiscal: También quería entender utilizando sus conocimientos. Es decir, el Gran Oriente de Italia tiene una estructura y tiene su propio vértice. ¿No?

Virgilio: Sí.

Fiscal: Que en su día fue Di Bernardo, lo ha citado antes. Dice: "No nos gustaba lo que había hecho Di Bernardo", dijo en un momento. ¿He oído bien?

Virgilio: Sí.

Fiscal: Así pues, Di Bernardo, en un determinado periodo histórico, es el vértice del GOI, el Gran Oriente de Italia. Lo que quiero preguntarle y que me interesa saber, ¿tiene el Gran Oriente de San Marino su propio vértice aparte de Di Bernardo o de quién tenía el rol de Di Bernardo?

Virgiglio: Sí, sí, sí.

PM: Aquí, esto. Así que, básicamente, contextos masónicos conectados pero con dos estructuras separadas.

Virgilio: Perfecto. Así como los Garibaldini.

Fiscal: ¿Entonces, en el sistema Ugolini, que luego se convirtió en un sistema italiano también a través del Vaticano, usted me corrija si digo tonterías, el componente masónico "Gran Oriente" no es el de Italia sino el de San Marino?

Virgiglio: Llamémoslo así. Aunque, incluso allí, estamos en otro estado: en el Vaticano. Es decir, la Orden Ecuestre no está bajo las leyes del estado italiano, pero, sí, sí, digamos que sí.

Fiscal: Hay otro aspecto que me gustaría que aclarara. También habla de operaciones financieras-bancarias de interés para la 'Ndrangheta, y no sólo para ella. Pero ¿hablamos también, ya que se refiere varias veces al Vaticano, de los círculos financieros vaticanos?

Virgiglio: Las salas del Vaticano se utilizaron principalmente en el pasado, y siguieron utilizándose. No se utilizó exclusivamente el IOR[128], porque ya se había "charlado[129]" en el pasado del Instituto para las Obras de Religión, es decir, como ya le he dicho antes, cuando hice la presentación general de la Orden Caballeresca del Santo Sepulcro. El método era el siguiente: yo, caballero, llego mañana por la mañana al Santo Sepulcro y traigo 100.000 euros en efectivo. No hay paso, no hay rastro, no hay recibo, así que, dentro de esa Orden Caballeresca, yo puedo poner lo que quiero, considerando que el dinero puede llegar liquido; y a partir de ahí la Orden Caballeresca puede decidir de invertirlo con sistemas financieros de forma diferente.

Fiscal: Disculpe, ¿cómo se garantiza al componente 'ndranghetista que determinadas transacciones en las que interviene su capital tendrán éxito y que esos capitales no se dispersarán?

Virgiglio: Siempre hay un sujeto que hace de palanca y radio, que actúa como planificador. Uno de ellos, por ejemplo, en años pasados fue Nino Gangemi, que asumió la responsabilidad con los dos componentes. Es decir, actuaba como una especie de catalizador entre garantes, llamémoslo así, tú me das el dinero y yo te garantizo que ellos lo invertirán y viceversa, luego tendrás que devolvérselo con el paquete electoral. Sí, había este "bypass".

Fiscal: Entiendo. Siempre digo en una esfera específica, porque creo que lo ha dejado claro, la 'Ndrangheta había entrado en ese mundo.

Virgiglio: Había entrado indirectamente, quiero decir que no significaba que allí en ese mundo estaba Rocco Molè sentado al lado de los participantes de la Orden Ecuestre. Pero en lugar de Rocco Molè tal vez estaba el abogado "pepinillo"; Leone, que participaba y era la manifestación de ese sistema. Eso era...

Fiscal: ¿Pero quién era ese abogado Leone del que habla? Antes ha mencionado al abogado Leone.

Virgiglio: Era Vario, el hijo de nuestro viejo Presidente de la República.

Fiscal: ¿Y qué relaciones tenía con la Calabria?

Virgiglio: Él tenía el estudio en Roma, muy buenas relaciones con Nino Molè, perdón Nino... Gangemi.

Fiscal: Es decir, ¿era el abogado de Nino Gangemi? No lo he entendido.

---

128 IOR es el acrónimo de "Istituto per le Opere di Religione", es decir, Instituto para las Obras de Religión. Es el banco de la Iglesia católica. Sus orígenes se remontan a la "Commissione ad pias causas" establecida por el Sumo Pontífice León XIII en 1887.
129 El término utilizado por Virgilio es "chiacchierato".

Virgiglio: Era el despacho de confianza de Nino Gangemi y tenían una relación especial de amistad, de intercambio mutuo. Pero estamos en los 80, hasta los 80, en fin. Nino Gangemi era una persona muy importante en el sector de la 'Ndrangheta.

Fiscal: Eso es exactamente lo que iba a preguntarle. Ahora sí que debemos detenernos en Nino Gangemi, porque lo ha mencionado varias veces y sé que tiene muchos detalles que contar sobre Nino Gangemi. Mientras tanto, ¿es Nino Gangemi un hombre de la 'Ndrangheta? ¿Y si es así, donde se coloca?

Virgiglio: Sí, es un hombre de 'Ndrangeta. Es sobrino de... "era" el sobrino, porque está muerto; de toda manera, era el sobrino de Nino Molè, el padre de Rocco Molè. Su madre es albanesa y la esposa de Nino Molè era albanesa. Sin embargo, incluso antes, de niño, estaba impaciente por tener un puesto de honor, digamos, en el "sector". A medida que crece, demuestra poseer increíbles capacidades. Aunque no haya estudiado, aunque no tenga un título, es una persona muy aguda, muy inteligente. Se viste bien... (le interrumpe).

Fiscal: ¿Usted le conoció personalmente?

Virgiglio: Sí, un par de veces, porque luego, entre otras cosas, hizo una vida en prisión. Su hermana es la mujer de Pino Speranza, por eso le conocí. Le conocí porque me lo presentó Pino Speranza, o en una o dos ocasiones en su tienda de ladrillo y cemento.

Fiscal: Vale.

Virgiglio: En Gioia Tauro. Pronto asume el papel... (le interrumpe).

Fiscalia: ¿Así que es un sujeto, Nino Gangemi, un sujeto de 'Ndrangheta en el sentido de que pertenece a la "cosca" Molè y, por lo tanto, también a los Piromalli?

Virgiglio: Se convierte en el consejero, o "consigliori[130]" como ellos se definen, de Mommo Piromalli, es decir, el creador de la 'Ndrangheta Piromalli. Se convierte en el consejero oficial. Tanto es así que Nino pronto... (le interrumpe).

Fiscalia: ¿Qué significa eso, Virgiglio? Y perdone que le interrumpa, le prometo que no le dejaré perder el hilo.

Virgiglio: En absoluto.

Fiscal: ¿Qué significa convertirse en consejero o "consigliori", ¿qué término es ese dentro de la 'Ndrangheta?

Virgiglio: Es como el gran maestro de ceremonias del Papa. Es decir, Mommo Piromalli tenía cara de jefe del gallinero, jefe de la 'Ndrina[131], pero en realidad todas las decisiones las tomaba Nino que le aconsejaba: "Mommo, haz esto, haz lo otro. Establece relaciones con esta familia, estos que ves son gente malvada o gente que no son buenos, tu dinero inviértelo así", es decir, todos los consejos principales se los daba Nino.

Fiscal: Es decir, la cabeza pensante básicamente era Nino, y luego obviamente lo que pensaba Nino Gangemi, Mommo Piromalli u otros lo convertían en orden, ¿eso es lo que está diciendo?

---

130 En castellano, fonéticamente, sería "consillori".
131 Una 'ndrina es una organización criminal calabresa perteneciente a la 'Ndrangheta. Está dirigida principalmente por una familia, es decir o un grupo de consanguíneos. 'Ndrina y cosca se utilizan casi como sinonimos.

Virgiglio: No tanto el ejecutar las órdenes, sino que todo el mundo sabía que seguir el consejo de Nino Gangemi era algo bueno y justo, como ellos decían. También porque, repito, Nino Gangemi muy pronto se sentó en las mesas de todos las camarillas del crimen organizado de la Calabria. Principalmente, este hombre tenía la capacidad de arreglar verdaderas disputas, como sucedió en Locri con los Cordì, como sucedió en Siderno con los Commisso y los Costa. Incluso, fue el creador de aquel gran grupo de 'Ndrangheta en Isola Capo Rizzuto. Y consiguió unir a todas las familias de esos territorios, hacer que se sentaran en una mesa, y hacer que compartieran pacíficamente sus negocios, porque su lema era este: "hay que guardar silencio aquí en Calabria".

Fiscal: Perdóneme, déjeme entender algo más, porque son aspectos muy importantes. Usted ha vivido ese mundo, quiero decir que también ha vivido las decisiones judiciales relativas a ese mundo, en particular los Molè-Piromalli. Es decir, son las familias con las que ha tenido relación, pero ¿cree que todo esto, es decir, este papel que describe de Nino Gangemi resulte de los juicios que le concernían o no?

Virgiglio: Nino Gangemi murió en prisión, justo por asociación mafiosa...

Fiscal: Como sujeto de 'Ndrangheta. Pero lo está retratando como un sujeto que tenía un papel particular dentro de la 'Ndrangheta. ¿Era conocido este papel suyo, o no? ¿Incluso dentro de las organizaciones criminales?

Virgiglio: Por supuesto. Sí, todas las familias conocían a Nino. "Ninu u signorinu" le llamaban, el "signorino", de Cosenza a Sicilia sabían que Nino Molè era una persona... Nino Gangemi, perdón, era una persona... una cabeza pensante. Bueno, no es que ordenaba los asesinatos. Sin embargo, él era el que sabía relacionarse con estas familias, pero no era abogado, era portador de un poder criminal que eran los Molè-Piromalli, ojo.

Fiscal: ¿Usted conocía a otras figuras vinculadas a otras familias de la 'Ndrangheta que de algún modo pudieran compararse con Nino Gangemi?

Virgiglio: ¿Conocidas personalmente?

Fiscal: De forma personal o indirecta, o quizás alguien que le habló de ello.

Virgiglio: Yo en aquella época... entonces, era inútil ocultar que conocía... es decir, viviendo en aquella zona, conocía a todas las familias que fueran criminales o no. Así, en Rosarno supe que, con la muerte de Peppe Pesce, su sobrino, Nino, había tomado el relevo. En Limbadi fue Mancuso Luigi, y así sucesivamente. No es que yo tuviera relaciones directas con ellos.

Fiscal: No era esto lo que quería. Mi exigencia era comprender si usted había conocido en aquellos años, cuando era un hombre de la 'Ndrangheta, a otras personas que desempeñaran el papel de consejero o "consigliori" y, por tanto, que desempeñaran el papel de Nino Cangemi también en otros lugares. No sé si me explico.

Virgiglio: No, por el momento no. Al nivel de Nino, no. Ni siquiera creo que hubiera. ¿Alguien con la capacidad que tenía él? Seguro que no. Tanto es así que, por abrir y cerrar un paréntesis, fue él quien asesoró sobre cómo gestionar la continuación del secuestro de Paul Getty. Tanto es así que luego le reconocieron los de Castellace, es decir, los Mammoliti, 200 millones[132] de las viejas liras, sólo por haber sabido gestionar el asunto, es decir, les asesoró sobre cómo tenían que hacer y cómo tenían que limpiar el dinero en su momento.

---

132 Para la época, casi un millón y medio de euros.

Fiscal: ¿Conoce alguna relación entre Nino Gangemi y Cosa Nostra?

Virgiglio: Cuando murió Nino Gangemi, al cabo de poco tiempo, una mañana me llamó su cuñado Pino Speranza, era domingo, y me dijo: "Minuccio, por favor, ¿puedes venir a mi casa?". En aquel momento vivían en el edificio ehm... es decir, aunque Nino Gangemi ya había construido su chalet más arriba de donde yo vivía, en el momento de esta historia estábamos en la zona de la Marina, la zona de Calcare. Allí estaban las fábricas que producían ladrillos. Y allí habían construido un palacio, donde la mitad era de Speranza y la otra mitad de Nino Gangemi.

Fiscal: Vale.

Virgiglio: Fui allí a recogerle y me dijo: "Vamos al almacén, acompáñame al almacén." - "De acuerdo, pero ¿por qué no tenéis coche, compare Pino?". - "Sí, pero no quiero que me sigan porque hay algo que no encaja. Pero esperemos un momento". - "De acuerdo". Y al cabo de un rato, llegaron dos coches. Uno paró justo delante de la casa, y era un "Lancia Integrale", y se bajaron una señora y un chico, y otro se quedó a una distancia prudencial. Él me dijo: "Esta es la hermana de Pippo Calò", el siciliano, y Pino Speranza me dijo que habían venido a hablar con Mimmo Gangemi, el hermano de Nino Gangemi, que en aquel momento era fugitivo, siempre por el famoso proceso del que hemos hablado hace un momento. Así que, como Nino tenía esas relaciones tan importantes con ellos... y ellos querían seguir con Mimmo... Así que Nino Gangemi tenía conexiones con el crimen organizado siciliano, eso seguro.

Fiscal: ¿Así que deduce estas conexiones del episodio que nos acaba de contar?

Virgiglio: Sí. Sí.

Fiscal: Entonces, ¿alguien le dijo algo más? Es decir, después de presenciar esa reunión. Por tanto, básicamente, dice que hubo una reunión entre el Calò y su hermano.

Virgiglio: La hermana de Pippo Calò.

Fiscal: La familia, entiendo. La familia Calò y Mimmo Gangemi, que había ocupado el lugar de Nino. Pero, no entendí esto. ¿Por qué Mimmo Gangemi?

Virgiglio: La hermana se presentó en casa de Silvana Sorrenti, que era la mujer de Nino Gangemi. Llegó también la hermana, que era la mujer de Speranza, y ella, esta señora Calò, necesitaba hablar con Mimmo Gangemi, que tenía que entregarle una nota de parte de Pippo Calò. Sin embargo, dado que Mimmo era un fugitivo, las mujeres de la familia Gangemi se mostraron reticentes. Decían: "Sabemos tanto quien eres como quien no eres, no os conocemos en definitiva". Sin embargo, el designado para continuar las obras de su hermano fue Mimmo Gangemi, también porque Mimmo Gangemi se había casado con una chica perteneciente a los Luppino, creo. No, un Luppino, un... lo que sea, cuyo padre o suegro era también un miembro destacado del distrito de Cirello, también de la llanura de Rizziconi-Gioia Tauro. Y así Mimmo tuvo que ocupar el lugar de su hermano...

Fiscal: El papel del hermano.

Virgiglio: El interés del hermano. Sí.

Fiscal: Esto le explicaron básicamente.

Virgiglio: Sí.

Fiscal: ¿Qué ocurrió entonces?

Virgiglio: No lo sé. Sólo sé que tenían relaciones en Palermo, de hecho también puedo contarle otra historia. Hubo un tiempo en que en Bel Vedere Spinello, en la provincia de Crotone, la 'Ndrangheta de la zona tenía que comprar a Eni[133] una mina donde se extraía sal. Sin embargo, un abogado de Palermo, que tenía en sus manos todas las minas de sal de la zona de Trapani, tenía intención también a comprarla. Entonces la 'Ndrangheta, los miembros de la familia Arena, se dirigieron a Pino Speranza, y en aquella ocasión yo acompañé a Pino a Isola Capo Rizzuto, y le dijeron: "Compare Pino, mira a ver si puedes relacionarte con tus amigos y del difunto Nino Gangemi para que este abogado salga de esta licitación, porque esa mina nos interesa por muchas razones". Y luego Pino Speranza me hizo llevar a su mujer un día a una tienda de ladrillos en Palermo, estaba justo a la entrada de Palermo, pero no me diga quién era porque nunca lo supe. Yo llevé a la señora allí, y hablaron entre ellos.

Fiscal: ¿Y en qué época estamos?

Virgiglio: Todavía estamos en 2004, algo así. Entonces tenía el "Passat[134]". Sí, 2004 debía ser. 2003/2004.

Fiscal: Ha explicado muy bien el papel de Nino Gangemi y en lo que también se convirtió potencialmente su hermano. Sin embargo, me gustaría entenderlo mejor. He comprendido bien su posición en el seno de la familia Molè-Piromalli, sus relaciones con Mommo Piromalli, por tanto, el hecho de que ciertos programas fueran realizados por Nino Gangemi, y que él fuera el consejero. Sin embargo, me gustaría entender mejor si Nino Gangemi, a su vez, estaba vinculado a estos contextos masónicos de los que usted habla.

Virgiglio: Sí, sí. Estaba metido, estaba dentro de las logias de la ciudad de Palmi, y, de hecho, fue uno de los creadores de la primera logia cubierta, la "Ettore", me parece, "Ferrari", creo, siempre en Palmi. Y más tarde, gracias a la mediación de algunos abogados, entre los que figuraba el abogado Misasi, con el cual, siempre si me acuerdo bien, eran "compari", algo del estilo.

Fiscal: ¿Misasi o Minasi?

Virgiglio: Minasi, sí, creo que sí. Perdóneme si me confundo, pero... sí, para ser más correcto, fue el abogado que estuvo involucrado el procedimiento Tirreno de 1993.

Fiscal: Entonces, ¿qué había hecho a través de este abogado Minasi?

Virgiglio: Había montado lo que era una tapadera para la "Ettore Ferrari" de Palmi y luego trasladó otra base a Milán. Es decir, otra logia en Milán.

Fiscal: ¿Siempre a través de este abogado?

Virgiglio: Sí. Pero las principales conexiones de Nino eran con Mario Leone, el abogado Leone, que gestionaba lo que acabamos de comentar, en resumen.

Fiscal: Es decir, otras conexiones con este sistema, en referencia a Leone, este sistema se veía

---

133 Eni S.p.A., originalmente acrónimo de Ente Nazionale Idrocarburi, es una empresa multinacional creada por el Estado italiano como organismo público en 1953 bajo la dirección de Enrico Mattei, que fue presidente hasta su asesinato en 1962, convertida en sociedad anónima en 1992. Definición extraída principalmente de Wikipedia, 08/06/2023. Fuente: https://it.wikipedia.org/wiki/Eni

134 Se refiere al nombre del coche, el Volkswagen Passat.

fortalecido de esta esfera masónica, ¿es esto lo que entiende?

Virgiglio: Leone formaba parte de nuestro grupo en aquel momento. En el sentido que él formaba parte del grupo Ugolini. No es que Leone fuera la última persona en llegar en ese momento.

Fiscal: Concretamente, el papel de Nino Gangemi y el hecho de que se moviera en un contexto que mezclaba varios componentes, por lo tanto, desde el típicamente criminal al masónico, ¿cuál era la finalidad de todo lo ocurrido y que le han contado, de lo que usted ha vivido?

Virgiglio: Tenía que servir para asegurar el poder político y, por lo tanto, como le he dicho, la 'Ndrangheta proporciona el dinero, el componente reservado invierte el dinero y lo asegura. A cambio, el componente reservado quiere el consenso electoral de la 'Ndrangheta. Sean de derecha o de izquierda, les da igual. Cuando el componente reservado decide dónde canalizar estos votos, se activaran en este sentido. Así que ese era el sistema: poder político, poder económico.

Fiscal: ¿Pero este sistema también se alimentaba de subvenciones públicas?

Virgiglio: Por supuesto, cuando empezó a llegar el primer dinero a Calabria para invertir, para revitalizar el turismo, fue el propio Nino quien empezó a meter las manos en este sistema. Así que cuando empezó la construcción de las principales villas turísticas, una de las muchas se situaba en Le Castella, el Tucano, fue el propio Nino quien intentó calmar los ánimos de todos aquellos pequeños focos de delincuencia de la zona, porque la estructura, en su construcción, comprendía cinco o seis municipios, pero luego fue él quien suministró todos los materiales necesarios, con la excusa de dichas financiaciones. Y aquí también está el sistema de blanqueo de dinero. Dinero sucio. Así que, con la financiación pública, también se producía una forma de blanqueo de dinero.

Presidente: Fiscal, disculpe, ¿podemos hacer una breve pausa?

Fiscal: Sí, por supuesto. Presidente.

*Después de un rato

Presidente: Podemos continuar (...).

Fiscal: Hablábamos de Nino Gangemi, y usted nos estaba explicando que su fuerza particular, en ese mundo, también estaba ligada a sus relaciones con el abogado Leone. Estaba a punto de preguntarle, pero ¿tenía Gangemi otros referentes a los que aludir?

Virgiglio: Tenía una multitud de referentes, tanto del abogado Minasi como de... (el Presidente interrumpe por un supuesto problema técnico) (...).

Fiscal: Entonces, repito su pregunta. Usted se ha referido a Gangemi como una persona importante en ese contexto masónico-mafioso[135] que ha mencionado antes, especialmente por sus relaciones con el abogado Leone, o en todo caso también por estas relaciones. Le pregunto: ¿pero era Gangemi la única figura de referencia o tenía otras?

Virgiglio: Tenía una serie de referencias. Del ingeniero Coscarello, al abogado Minasi, al abogado Veneto, a una serie de sujetos. Leone era el vértice en ese momento.

Fiscal: El vértice. Usted también hablaba antes de esto de las financiaciones; financiaciones se refiere a lo público.

---

135 El término utilizado originalmente es "masso-mafioso".

Virgiglio: Sí.

Fiscal: Cuéntenos más sobre cómo funcionaba, porque usted se refirió durante la declaración de esta mañana al Fingeston o al Fingestum (Fingestus ndr) de San Marino.

Virgiglio: Sí, las financiaciones públicas, antes de desembolsarse, se sabía cómo se iban a conceder y con qué fin. En la costa jónica estaba entonces el Sr. Zito, Sisinio Zito, que también formaba parte de su grupo, y cuando llegaron estos fondos, principalmente, hubo un momento en que la 'Ndrangheta estaba interesada en utilizar estos fondos para el negocio de la hostelería. Y así fue como nacieron una serie de complejos turísticos donde, obviamente, si tengo un negocio de construcción, si vendo mis azulejos, el dinero está limpio, porque he recibido ese dinero de una actividad lícita, y así hacemos referencia, una entre tantas, a cuando Nino Molè... Nino... lo siento por este error...

Fiscal: Gangemi.

Virgiglio: Nino Gangemi se fue, dejó Gioia Tauro, para ir a Isola capo Rizzuto, para dirigir la construcción de un gran complejo turístico, "Il Tucano alle Castella", donde había un tal Fabiano, que tenía que construir, y que no hubiera podido construir si Nino no hubiera ayudado a unir a estas familias, ponerlas en paz y decirles: "Tú te encargarás del transporte, tú de la excavación del terreno, tú te ocuparás de...", en resumen dividió las tareas para la construcción de este gran complejo.

Fiscal: Entiendo. Usted se refiere a estas inversiones turísticas en la zona de Isola Capo Rizzuto, pero ¿experimentaron la misma lógica las inversiones turísticas en la zona de Vibo Valentia, e incluso en la zona cercana a Rosarno?

Virgiglio: Hubo, sí, financiaciones que se destinaron a la zona costera de Nicotera, y luego hasta llegar a Tropea, Parghelia, Zambrone. Eran una serie de inversiones que, si las aportaciones no hubieran llegado, o si no hubieran conseguido cubrir los costes sólo con las aportaciones estatales, entonces los intereses de estas instituciones financieras ad hoc habrían tomado el relevo, proporcionando crédito para la finalización de las obras, y así se crearon una serie de estructuras... No sé si quiere que demos nombres también.

Fiscal: Si conoce alguno en particular, sí.

Virgiglio: De Paraelios y muchos otros, en fin.

Fiscal: Así que usted dice que detrás de estas contribuciones canalizadas hacia determinadas áreas, por lo que usted sepa, seguía existiendo la figura de Nino Gangemi.

Virgiglio: Sí, a través de una conexión directa durante aquella época, que era un tal Laganà, que era consejero de turismo, creo que de la Región de Calabria.

Fiscal: ¿Cómo lo sabe? Es decir, ¿de dónde sale este nombre?

Virgiglio: Era la época en la que Speranza iba siempre de un lado para otro... así que de Speranza, en resumen, lo aprendí.

Fiscal: Entonces, de Pino Speranza.

Virgiglio: Sí, sí.

Fiscal: Usted se refiere repetidamente a Nino Molè. Pero Nino Molè es una figura que existió de verdad.

Virgiglio: Sí, era el tío.

Fiscal: Porque a menudo usted le confunde con Nino Gangemi, pero en realidad Nino Molè no es una figura imaginaria.

Virgilio: Desgraciadamente, hace diez años que tengo a este Nino Molè en la cabeza. Y así... mi lengua siempre está ahí. Pero, en realidad, era el tío.

Fiscal: ¿Y qué peso tenía Nino Molè dentro de la familia Molè?

Virgiglio: Era el jefe de la familia Molè, según la voluntad de Mommo Molè.

Fiscal: Así que cuando hablamos de Nino Gangemi estamos hablando del sobrino del jefe.

Virgilio: Claro. Digamos que, en general, sí, estaban emparentados, porque Nino Molè era sobrino de Mommo Piromalli y vivían en el distrito de Sovereto, en el bosque, uno frente al otro, en dos viviendas. Pero fue Nino Molè quien proporcionó la educación criminal a sus primos Mommo y Mico Molè, es decir, fue él quien les dio ese carisma primordial. Y entonces se creó el gran séquito Molè-Piromalli. Así que Nino no era tonto, era "u signorinu giacca e cravatta[136]", cuerpo siempre bien cuidado, manos perfectas, y, sin embargo, tenía una gran mente.

Fiscal: ¿Puede especificar acerca de un detalle? ¿El encuentro que tuvo lugar con la hija de Pippo Calò, usted precisa que fue poco después de la muerte de Nino Gangemi. ¿O sea? ¿En qué año tuvo lugar?

Virgiglio: No es la hija, Sr. Fiscal, es la hermana.

Fiscal: La hermana, perdón, perdón. Sí, la hermana.

Virgiglio: ¿Tuvo lugar...? Yo no... (entendí) ¿la pregunta?

Fiscal: ¿En qué año? Usted dice "poco después de la muerte de Nino Gangemi".

Virgiglio: Estamos alrededor de los años 1994-1995.

Fiscal: '94-'95.

Virgiglio: Porque Nino muere en la cárcel de Milán y... entonces ese es el periodo.

Fiscal: ¿Le hablaron de otras reuniones además de esa?

Virgiglio: No, entre la hermana y... no.

Fiscal: No.

Virgiglio: Con su hermana, no.

---

136 Literalmente, "señorito traje y corbata".

Fiscal: ¿Con otros sujetos procedentes de Palermo o de otros lugares de Sicilia?

Virgiglio: Con otras personas, sí. Repito que cuando fuimos a Isola Capo Rizzuto, a reunirnos con Carmine Arena, que luego falleció, el que mataron con el bazooka, para que conste en acta, y con otros personajes, Pino Speranza, cuando volvió, me dijo: "Y ahora, ¿con quién hablo?". Me dice, "ok", e inmediatamente llamó a este cuñado, Mimmo Gangemi, que en ese momento se había asociado con Ettore Gangemi, otro hermano que se mantuvo siempre un poco alejado de estas lógicas a decir la verdad. A final, le llamó y le dijo: "Tengo que llamar a Palermo, necesito esto", y así fue como Nino y Mimmo Gangemi abrieron este camino... Y acompañé a Caterina Gangemi junto con mi esposa...

Fiscal: Lo que nos contó antes.

Virgiglio: Para derrocar, alejar, en definitiva, a este abogado.

Fiscal: Virgiglio ¿usted ha oído hablar de la dote de la Santa?

Virgiglio: Sí.

Fiscal: ¿Y qué escuchó, quién se lo contó?

Virgilio: Entonces, quiero aclarar esto. En el grupo, me enteré en el grupo oculto, después del '95. Identificaban la forma de relacionarse con esta criminalidad llamada 'Ndrangheta, criminalidad organizada, a través de un paso. Y en nuestra jerga, por parte de ese grupo, se denominaba "Porta Pia[137]", como una brecha, es decir, una abertura, a diferencia de los 'ndranghetistas, por tanto, de los delincuentes que la habían identificado como "Santa". En resumen, ¿qué era? Al menos, como yo la conocía, era una forma en la que la parte reservada, que era la parte masónica que luego transmitiría el interés hacia este poder, se enfrentaba a una persona perteneciente a estas lógicas criminales, por lo tanto, a la 'Ndrangheta.

Ahora bien, por nuestra parte, a estas personas se les denominaba "gente de chaqueta, corbata y graduado", chaqueta, corbata y grado, por lo tanto, pongamos un ejemplo, dentro de la familia de 'Ndrangheta de los Piromalli, su jefe tenía que nombrar a una persona capaz de relacionarse con estas lógicas, pero no se trataba de que llegara y se presentara el "mafiosito" de turno, tenía que ser una persona culta y alejada de cualquier investigación en curso. Alguien que, en definitiva...

Fiscal: Un "insospechado", llamémosle así.

Virgiglio: Eso es. Casi siempre los abogados y unos pocos médicos que se relacionaban con este sistema. Así que para nosotros lo que los criminales llamaban Santa era esto.

Fiscal: Era una especie de cremallera entre el contexto de 'Ndrangheta y el contexto masónico del que habla.

Virgiglio: Exacto. No era la 'Ndrangheta la que buscaba este contexto, sino que era al revés, al menos como yo lo viví, es decir, era el concepto masónico el que estaba interesado en entrar en la 'Ndrangheta, porque la 'Ndrangheta comparada con Cosa Nostra era más cerrada, no se "movía",

---

137"Porta Pia es una de las puertas de las murallas aurelianas de Roma. Situada en el barrio Nomentano, es conocida sobre todo por el acontecimiento del Risorgimento de la toma de Roma el 20 de septiembre de 1870: ese día, el tramo de muralla adyacente a la puerta de la ciudad fue escenario de la batalla entre las tropas del Reino de Italia y las del Estado Pontificio. Esta batalla marcó el fin del Estado Pontificio y la anexión de Roma a Italia, que pudo así completar su unificación". Wikipedia, Porta Pia, 02/05/2023

tenía pocos colaboradores, pocos "arrepentidos" y etcétera. Y, por lo tanto, dice: "tenemos que quitarle su paquete de intereses electorales", así que no fue como se describe, al menos por como yo lo viví. Después, a saber... (se superponen las voces).

Fiscal: Sí, por supuesto. Esto nos interesa.

Virgiglio: Siempre se ha dicho en las crónicas judiciales que la 'Ndrangheta un buen día llega y dice "hagamos la Santa, esta brecha y vamos a buscar el poder". No, ha sido todo lo contrario, por lo que yo siempre supe dentro de nuestro grupo.

Fiscal: Es decir, básicamente, es el contexto masónico el que busca el contacto con la 'Ndrangheta y la 'Ndrangheta abre la puerta a través de la Santa.

Virgiglio: Sí, digamos que esto es, sí. Y nosotros lo llamábamos brecha, es decir, Porta Pia, cuando hablábamos.

Fiscal: Y este interés, por lo que le han contado y ha vivido, este interés en el contexto masónico, que llama reservado, hacia la 'Ndrangheta ¿cuándo nació?

Virgiglio: Pues esto ya empezó en los tiempos de Nino Gangemi. Es principalmente él quien da esta aportación para abrir esta brecha, así que retrocedamos un poco en los años, por lo que estaríamos hablando de la década de 1980, cuando hay este interés en abrir los dos mundos, llamémoslo así: "interés de los dos mundos[138]".

Fiscal: ¿Y el contacto surgió principalmente por el discurso que pronunció antes, es decir, el blanqueo de dinero, por un lado, y los flujos electorales, por otro?

Virgiglio: Exacto, sí. Ambos grupos, los sistemas, llamémosles los sistemas, tienen un interés común, que es el siguiente. Es absurdo pensar que la 'Ndrangheta se presenta en la masonería llevando un personaje turbio, lleno de tatuajes (risas); que llega en la masonería y dice "Oiga, necesitamos favores en los tribunales". Vamos, eso es absurdo. El discurso es un poco más complejo, siempre por como lo he vivido yo, señor Fiscal. Ojo, yo hablo de mi experiencia.

PM: No, no. Absolutamente. A nosotros sólo nos interesa lo que usted ha vivido.

Virgiglio: Así que dice "la masonería busca a la 'Ndrangheta". Pero en la relación que entonces se crea, porque me parece entender por sus palabras que entonces se creó esa relación y además se estabilizó con los años, es decir, ¿en qué se convierten los dos componentes? O sea, ¿entra la masonería en la 'Ndrangheta o surge un sistema diferente?

Virgiglio: En mi opinión, se convierte en un sistema de poder absoluto en nuestro País.

Fiscal: ¿Qué significa?

Virgilio: Si la masonería, a través de esa parte reservada, es capaz de gestionar los puertos, gestionar las finanzas, gestionar el paquete electoral, gestionar los altos cargos, teniendo además el

---

138 La masonería proeuropea evoca constantemente la figura de Giuseppe Garibaldi, un mercenario a sueldo que, en esa época, fue pagado para unificar Italia. Garibaldi fue llamado el "héroe de los dos mundos", ya que también operó en América Latina. La propaganda de la época glorificaba a este personaje, culpable de crímenes horrendos, sólo para beneficiar al reino del norte Italia, tras la conquista de los reinos del Sur. Estudios recientes han desvelado la realidad que se esconde tras las enormes mentiras que se contaban sobre la unificación de Italia. Imagínese la desinformación que pudo haber habido sobre el tema de la masonería, dado que el propio Garibaldi, y sus financieros, eran miembros de la hermandad.

poder económico del crimen organizado, al unirse se convierte en una pólvora explosiva de poder.

Fiscal: Usted ha dicho que "este tipo de relación", por lo que a usted le resulta, "tenía lugar a través de abogados". ¿Le han mencionado algún nombre?

Virgiglio: Es decir, eran sobretodo los abogados los que iban a transmitir cuáles eran los intereses. Peppino Piromalli, por poner un ejemplo, si tuviera que tratar con... (alguien) enviaba a su abogado. Ahora, no es que quiera acusar, estoy poniendo un ejemplo, pero no porque lo haya mandado él de verdad. Quien acudía por Peppino Piromalli no era un abogado cualquiera, era un abogado muy seguro, muy estimado, que tenía un interés interno dentro de la misma familia. Por esta razón, en mi logia preferíamos primero abogados y luego médicos. Así que abogados y médicos fueron los más codiciados para entrar en la logia limpia.

Fiscal: Usted ha dicho al principio de su testimonio que en ese proyecto de reestructuración del '93 también tuvieron que cambiar la disposición de los magistrados, ¿recuerdo mal?

Virgilio: Sí, a los magistrados ya no se les podía ni susurrar al oído. Los magistrados ya no debían formar parte del sistema. No les querían.

Fiscal: Es decir, se les excluía.

Virgiglio: Ya no eran creíbles, según sus palabras. Decían "no nos importan".

Fiscal: ¿Alguien ocupó su lugar?

Virgilio: Los abogados, porque eran los que tenían más influencia y los que podían acercarse más al magistrado. Sobornando, desde luego.

Fiscal: Una aclaración más. Nos habló de la Logia de los Dos Mundos en Reggio Calabria, ¿verdad?

Virgiglio: Sí, la mía.

Fiscal: De la cual usted fue el sujeto principal. Puede contarme algo más sobre cómo estaba estructurada esta masonería de la que nos habla y que me parece que tenía unas almas muy particulares en su interior para el territorio calabrés.

Virgiglio: Mi logia de los Dos Mundos, "Héroe de los Dos Mundos", estaba estructurada por un primer supervisor, un segundo supervisor, varios aprendices y ningún maestro, y compañeros de arte. No sé, ¿qué quiere...? ¿Nombres?

Fiscal: No, usted se ha referido a dos partes de esta logia. Usted ha dicho de tener el "carnet limpio", ¿he entendido mal?

Virgiglio: Sí, la logia Héroe de los Dos Mundos estaba formada por todas las personas que estaban debidamente inscritas, en fin, ya sabe, "tegolate", limpias, por utilizar la jerga genuina.

Fiscal: Eso significa que había un "carnet sucio".

Virgiglio: No, en la logia de los Dos Mundos de Reggio Calabria había tanto sagrados en la espada como susurrado al oído, que fueron debidamente dirigidos por el Serenísimo Gran Maestro. Cuando llegué a Reggio con mi logia limpia, mi Serenísimo Gran Maestro, que no estaba obligado a hacerlo, pero lo hizo de todos modos, me dijo: "Mira que allí tenemos una logia que está formada por los reservados. ¿De acuerdo?". Como logia reservada había... "el fénix", el nombre era "el fénix".

Fiscal: ¿En los reservados había...?

Virgiglio: En las zonas reservadas había mucha gente, incluso de Reggio Calabria.

Fiscal: ¿Entraban en las categorías que ha mencionado antes?

Virgiglio: Sí, sí, desde luego.

Fiscal: Obviamente, ¿conocía a algunas de estas personas? ¿O alguien le habló de ellos?

Virgiglio: A algunos los conocí, de otros hemos hablado, y de otros... me hablaron de ellos...

Fiscal: ¿Y qué relación tenían estos sujetos con, por ejemplo, la Gran Logia de Alliata?

Virgiglio: Estos sujetos eran un "traide d'union[139]" con empresarios, políticos, la Alliata y también la mafia de Reggio Calabria. Algunos de estos tenían una tarea específica de "traide d'union" con este componente.

Fiscal: ¿Qué significa? Intente explicarse mejor. "Traide d'union" ¿qué significa eso? ¿Es decir, actuaba permanentemente como intermediario?

Virgiglio: Exacto. Ha dicho la palabra correcta.

Fiscal: ¿Y puede decirnos quién es? Según lo que sabe.

Virgiglio: Uno era Montesano, que tenía relaciones tanto con la alta dirección del Medcenter Contship de Gioia Tauro, y estaba a cargo de todo el manejo de contenedores. Y también con Amedeo Matacena, que en aquella época tenía que traer barcos para reformar, para hacer trabajos de modernización, pero también con... No recuerdo los nombres, pero el apellido era De Stefano de Reggio. Por lo tanto, esta persona se acercaba como una forma de favor. Es decir, Matacena se dirigía a él y le decía: "Escucha, tengo que ir a Gioia Tauro. Pero, ¿cuál es la situación en Gioia Tauro? ¿A quién debo dirigirme? ¿Está la 'Ndrangheta?". Y él respondía: "Sí, están los Piromalli". Y nuevamente: "¿Puedes echarme una mano?. Respuesta: "Sí, de acuerdo". Y llamaban a una persona de Reggio que a su vez llamaba a Piromalli. De este modo, Piromalli les daba su aprobación. Este es un ejemplo que podría también ser la verdad, Fiscal.

Fiscal: Así que, básicamente, el medio se creaba de esta manera.

Virgiglio: Sí, se creó así. Siempre fue así. El sistema se elaboró de esta manera. Por ejemplo: el Serenísimo Gran Maestro de Vibo, que era Francica: "Necesito un gran favor en Roma, porque quizá mi hijo necesite entrar en medicina". El examen de admisión a medicina tiene un número limitado de admitidos. Así que me dirijo a Francica; Francica en ese momento no conoce la comisión, pero ¿qué hace? Llamará a la logia Alliata en Roma, y dirá: "Necesitamos esta situación allí", entonces el Serenísimo Gran Maestro de la Alliata preguntará a sus contactos, se moverá, para encontrar la manera de llegar a la comisión y conseguir que su hijo entre en medicina. Este es el

---

139"Persona que actúa como intermediario o enlace; elemento, hecho que constituye o establece una relación, un vínculo entre otros hechos o situaciones". Trait d'union, definición extraída del diccionario en línea Treccani de la lengua italiana. Fuente: https://www.treccani.it/vocabolario/trait-d-union/

ejemplo. El poder en resumen era este.

Fiscal: Sí, lo he entendido. Me interesaba la conexión con la 'Ndrangheta para entender cómo funcionaba.

Virgiglio: Sí, en la 'Ndrangheta era lo mismo. Le he puesto el ejemplo de Montesano.

Fiscal: Me parece que usted, al principio de su testimonio, refiriéndose a sus primeras experiencias en Mesina, se refiera a la Universidad. ¿Es eso cierto?

Virgiglio: Es cierto

Fiscal: ¿Tenía conocimiento de eventuales vínculos entre el entorno universitario de Mesina y la 'Ndrangheta calabresa?

Virgiglio: En los años 80, sí. Primero fueron los intereses de la familia Mancuso, a través de Ciccio Corso, luego fueron los de Gioia Tauro a través de Fanciulli, me parece, pero, al final, fue esa compra-venta de exámenes e intereses de gestionar las obras universitarias y demás. Pero, quien tenía una gran conexión era el director Caratozzolo y su hijo. Por ejemplo, Marcello tenía muy buenas relaciones con la familia Borgese y, por lo tanto, con Piromalli de Gioia Tauro.

Fiscal: Pero, lógicamente, ¿esta conexión era a través de esos circuitos masónicos de los que usted ha sido miembro o eran conexiones de otra naturaleza?

Virgiglio: Principalmente, eran los circuitos masónicos, y también decidían el nombramiento de quién debía ir a la cátedra del profesorado o no, por lo que se refiere a los asistentes de los profesores. Pero eso lo descubro más tarde, porque llego más tarde y entiendo cómo funcionaban las cosas, más bien, después de terminar mis estudios.

Fiscal: Entonces, Virgiglio, corríjame si me equivoco. En los muchos ámbitos en los que usted ha estado en contacto con la masonería, siempre ha habido constantes referencias a los Molè-Piromalli. ¿Es así?

Virgiglio: Sí. En lo que yo experimenté, sí.

Fiscal: Junto a estas familias, y a las que ha mencionado durante el discurso de hoy, ha hablado de los De Stefano, ha hablado de los Arena, ha hablado de los Mancuso. Otras familias de la 'Ndrangheta, me parece de los Barbaros, otras familias de la 'Ndrangheta que tenían un papel interno en este sistema mixto... ¿es así? Tal y como lo reconstruyó, ¿hubo o no familias de 'Ndrangheta que tuvieran un papel como este, o sólo fueron ya las mencionadas?

Virgiglio: Todas las familias de la 'Ndrangheta que se podían definir como tales, es decir, los líderes reconocidos, siempre tuvieron intereses, porque todos juntos... (lo interrumpe).

Fiscal: Sin embargo, no le pido una evaluación. Ojo. Le pido que nos diga, como testigo de aquel mundo, de qué familias de 'Ndrangheta ha oído hablar, es decir, sólo de las que nos ha indicado hoy o también de otras que no ha enumerado, porque quizás, en aquel momento, no le venían a la mente. No sé si ha entendido mi exigencia.

Virgilio: Que yo recuerde, había los Arena de Isola Capo Rizzuto.

Fiscal: Sí, y ya les mencionó.

Virgiglio: Estaban los Morabitos, el llamado 'Tiradritto[140]'.

Fiscal: ¿Que más?

Virgilio: Tanto es así que uno de los hijos, me parece, había sido iniciado. Los 'Mbroglia, los Mancuso y había, luego, los De Stefano, los Latella. Ahora no me acuerdo, pero había varios...

Fiscal: Ya hemos mencionado varias veces a los Piromalli.

Virgiglio: Sí.

Fiscal: ¿Así que no ha escuchado a ningún otro?

Virgiglio: No.

Fiscal: No es un examen universitario, no es que yo le vaya a poner nota.

Virgiglio: No (y se ríe).

Fiscal: En otras palabras, le pregunto si recuerda otros nombres.

Virgiglio: No, no (se ríe), en aquel momento, estos eran los nombres, pero, repito, dado el contexto, no es que se excluyera, se entendía que... habían creado un sistema tan perfecto que no era posible que una familia dijera "no, yo no participo en este sistema", es decir, había una conexión con todas las familias de la 'Ndrangheta que tenían un vértice, un jefe.

Fiscal: Por poner un ejemplo, ¿ha oído hablar alguna vez de la familia Papalia en este contexto?

Virgiglio: No, nunca he oído hablar de ellos en este contexto.

Fiscal: ¿De la familia Pelle?

Virgiglio: La familia Pelle, sí.

Fiscal: ¿En qué tiempos?

Virgiglio: Estaban los Pelle y estaban los Strangio. Luego estaban los Barbaro, bueno, ya hablamos de ellos, en referencia a Franco Labate. Estos pertenecían allí.

Fiscal: ¿Estos eran? Así que también estaban vinculados a la esfera masónica.

Virgiglio: Sí, la "cordata[141]" de los tíos... estaban todos, de los Morabito, al menos de los que eran leales a los Morabito.

Fiscal: Entonces, ¿la zona jónica?

Virgiglio: La zona jónica, sí. De hecho, me parece... (Lombardo le interrumpe).

140Tira (todo) recto, o hacia delante.
141Del italiano "cordata". En sentido figurado, "grupo formado por empresarios o políticos que se unen para hacerse con el control de una empresa, una entidad, un paquete de acciones y similares". Definición extraída del diccionario en línea Treccani de la lengua italiana. Fuente: https://www.treccani.it/vocabolario/cordata/

Fiscal: ¿De los Nirta?

Virgiglio: No quiero equivocarme... No quiero equivocarme, pero él estaba realmente a la cabeza de esa "cordata", por así decirlo. Había un médico de los Morabito, que debía de ser hijo o nieto del llamado Morabito del alias "u tiradrittu[142]".

Fiscal: ¿De la familia Nirta?

Virgiglio: No, no me acuerdo. No.

Fiscal: Está bien. Me gustaría que me explicara, pero de verdad en muy pocas líneas, cómo llega a la parte final de su relación con este mundo, o sea, ya nos lo ha contado, es decir, en un momento dado. Ugolini empieza a tener problemas y creo que en 2006, si no recuerdo mal, muere.

Virgiglio: Sí.

Fiscal: ¿Por qué empieza a tener problemas? ¿Y qué pasa?

Virgiglio: Ugolini tiene problemas cuando decide comprar una villa en los Castelli Romani. Quiere comprar una villa que pertenecía a Guendalina Ponti, la hija de la famosa actriz Sofia Loren, pero tras una precompra resulta que fue una estafa. Ugolini pone en marcha a una serie de contactos suyos, incluyendo al maestro de ceremonias del Papa; también a Pizza, que era un "faccendiere[143]", hermano del conocido... diputado creo que era. Sin embargo, más adelante sufre otra pérdida de unos 380 mil euros, desiste de esto, pero, antes de dejarlo se dirige a la 'Ndrangheta, de hecho sube de la Calabria un emisario de la familia Arena, y también le dan una paliza a este de la familia de Guandalina Ponti, pero no recupera el dinero, y este es uno de los principales factores que lo afectan en la forma y en la sustancia. En fin, empieza a tomárselo a pecho, después de lo cual compra Villa Vecchia y luego, poco a poco, empieza la decadencia. En fin, en poco tiempo muere. Estos son los principales problemas que tuvo.

Fiscal: Entonces, ¿no hubo ningún problema con otros círculos masónicos que competían con el suyo?

Virgiglio: Sí, se creó al mismo tiempo, es decir, además de esta situación de la que hablamos. Tuvo un enfrentamiento, un enfrentamiento interno, porque yo le acompañé un día, siempre en los Castelli Romani, en un lugar que no era más que un centro de rehabilitación para drogadictos, pero en su interior había otros personajes, donde prácticamente estaban creando una escisión, pero en realidad querían echar a Ugolini, querían eliminarlo, porque a una cierta edad Ugolini no podía gestionarlo todo, y salió de aquella reunión realmente dolido, porque había un cambio de liderazgo, un cambio de poder.

Fiscal: Es decir, en el sentido de que el sistema no desaparecía, sino que sería gestionado por otros sujetos, digamos que estaba prevista su gestión por parte de otros sujetos.

Virgiglio: Sí, eso es. Debía ser gestionado por otros sujetos.

142Aquí es dialecto calabrés ("u" tiene función de articulo), en italiano es "tiradritto" o "tira dritto", como mencionamos en la nota anterior.

143"Faccendiere" puede traducirse como factótum (o fachendiere), del verbo "fare", hacer. Un "faccendiere" es una persona que se dedica a hacer negocios, tráficos, proporcionar servicio, a menudo de forma ilegal. Originalmente, el término designaba a un comerciante, un hombre de negocios o un administrador. En las últimas décadas, ha adquirido una connotación negativa cuando se refiere al mundo de la política.

Fiscal: ¿Y ese es el momento en el que usted sale de ese mundo?

Virgiglio: Me alejo de ese mundo porque al mismo tiempo, casi simultáneamente, pierdo a mis dos pilares más fuertes: Franco y Giacomo. Y en ese momento también dejo a Vibo con una carta de distanciamiento... "puesta en sueño[144]". Pues, técnicamente, nunca me quemaron, entonces estoy puesto en sueño. No podía ir más lejos. Ya no quería estar allí, porque ese mundo ya no me gustaba. No había entrado para presenciar ese mundo que se había creado. Así que lo dejé y me dediqué exclusivamente a emprender durante dos años. Y fue entonces cuando los ataques del mundo criminal comenzaron inmediatamente, se agudizaron. No sé si estaban relacionado, o si todo fue una coincidencia. Y luego pasó lo que pasó.

Fiscal: ¿Corrían los años 2005-2006?

Virgiglio: Sí, sí. Sí, desde finales de 2005, Ugolini estaba enfermo. El último encuentro que tuvo fue con el Presidente Ciampi, en Villa Vecchia, donde patrocinó un campeonato de bridge directamente con el Presidente de la República, y se reunieron con Ugolini. Al día siguiente, Ugolini estuvo al borde del coma, y así continuó hasta principios de 2006. Donde luego murió.

Fiscal: De acuerdo, le agradezco mucho Virgiglio.

Presidente: Permítame una aclaración. Me parece que lo ha dicho de todas formas. ¿Cuándo acompaño a la mujer de Speranza a Palermo, me parece que dijo en 2004?

Virgiglio: Señor Presidente, sí. Debe haber sido ese período. Recuerdo bien el coche que tuve alrededor del 2004. Sí, porque luego, en 2005, lo cambié. Sí, no quisiera equivocarme, pero ese era el periodo.

Presidente: Disculpe fiscal, no tenía ninguna otra pregunta, ¿verdad? Entonces, como contactos entre la 'Ndrangheta y Cosa Nostra están los episodios que usted ya nos ha mencionado. Cuando llegó la hermana de Pippo Calò, usted enmarcó este periodo en torno al '94-'95, si no me equivoco... Es decir, ¿después de la muerte de Gangemi?

Virgiglio: Sí, Sí.

Presidente: ¿Y luego, más allá de este episodio, usted dijo que estuvo en Palermo para acompañar a la esposa de Speranza en 2004, más allá de eso no puede decirnos algo más?

Virgiglio: No.

Presidente: Digamos, en cuanto al periodo de los '90, principios de los '90, hasta el '94, usted, de lo que fueron los contactos de los Piromalli con el mundo de la masonería y los De Stefano, ¿puede informar de algo en particular o no? Porque en aquella época, creo que usted seguía en Messina, ¿o no?

Virgiglio: Me quedé en Messina hasta el '93-'94, luego me retiré del todo, y volví a Calabria.

Presidente: Entonces usted estuvo en Messina porque tengo entendido que estudió allí, en la Universidad, vivió allí, así que ¿usted supo algo de lo que estaba pasando en Calabria, en particular sobre los contactos de la familia Piromalli y la familia De Stefano, con este mundo de la masonería, aunque sea de oídas, o incluso más tarde?

---

[144]La expresión utilizada es "messa in sonno".

Virgiglio: Siempre ha habido contactos, acuerdos, tanto que cuando hubo que abrir un concesionario de coches... por ejemplo: la familia Frascati tenía que abrir un concesionario BMW en Gioia Tauro. A través de los De Stefano, se dirigieron a los Piromalli. Molè, sin embargo, se opuso porque ya existía otro concesionario de la Mercedes. Es cierto que este mundo es un mundo que ha sido siempre torbellino. Siempre ha habido acuerdos. Mimmo Gangemi tenía, en cambio, relaciones con Condello, alias "el supremo", esto es seguro, porque lo recuerdo. Estos eran los contactos que tenían en la provincia de Reggio Calabria.

Presidente: Con respecto a las relaciones entre las diversas camarillas del mundo, incluida la masonería, ¿sabe usted algo en particular en referencia a ese período?

Virgiglio: Como referencia en ese período, entre Reggio y Gioia Tauro, no. Goia Tauro-Messina, sí en ese periodo. Pero Reggio, no.

Presidente: Gioia Tauro-Messina es lo que nos ha contado también a través del mundo universitario.

Virgiglio: Sí, pero también hay un episodio en el que el propio Mico Piromalli llegó al despacho de Marcello Caratozzolo, en el número 9 de Via Nino Bixio, que estaba cerca de donde yo compartía habitación con otros estudiantes. Ya se lo he dicho a la fiscalía. Si quiere, se lo repito.

Presidente: Y ¿por qué se fue a ver a Caratozzolo?

Virgiglio: Piromalli tuvo que hacer una visita, una investigación, en el policlínico. Entonces, al pasar por allí, como Marcello Caratozzolo lo había convocado por algunos problemas que había tenido con algunos estudiantes, eran estudiantes de Palmi, él llevó propio al jefe, Mico Piromalli, en ese momento, con el alias del "orbo[145]". Y lo llevó para arreglar este asunto, y Mico Piromalli dijo: "Yo me encargo, no se preocupe, Profesor, que aquí está todo resuelto". Dado que existían vínculos con Mimmo Borgese, hasta el punto de que se llamaban "compari" con Marcello Caratozzolo, este último (Caratozzolo ndr) utilizó a la 'Ndrangheta para solucionar ciertos problemas con los estudiantes mencionados.

Presidente: Entiendo. Y cuando habla del abogado o abogados que los Piromalli utilizaron de todos modos, que actuaron como una especie de bisagra, quiero decir ¿quiénes eran estos abogados? ¿Usted también sabe quiénes eran?

Virgiglio: Fueron varios, señor juez, pero la verdad es que no recuerdo los nombres, porque no les asistí personalmente. Sin embargo, fueron los abogados quienes se hacían cargo de estos asuntos.

Presidente: Muy bien. No hay más preguntas.

Fiscal: Sí, pero, sólo una, perdón, sobre la pregunta del Presidente. ¿Así que eran los abogados de los Piromalli de aquella época, no he entendido, o eran abogados, digamos, que operaban sin mandato?

Virgiglio: Eran abogados que trabajaban en ese momento para los Piromalli, y otros también sin mandato. Yo, me parece, incluso hice alguna mención, en alguno de mis interrogatorios, al abogado Politi de Reggio Calabria, cuando vino a verme en la cárcel. Su bufete, en los últimos años, había defendido a los Piromalli y a los Molè, por lo que también era una referencia ese bufete.

Fiscal: Siguiendo con la pregunta del Presidente, entonces, ¿las únicas referencias que tiene en relación con este mundo, a principios de los '90, son las relativas a la reunión del '93 en Cabo

---

145Tuerto.

Verde?

Virgilio: Esa es la más importante, sí.

Fiscal: ¿Sin embargo, si puede aclararnos un poco, es decir... después de esa reunión, usted ya había entrado en el contexto masónico? ¿No es así? En aquellos años...

Virgiglio: Yo entré en el '92.

Fiscal: Después de esa reunión, las relaciones de las que nos ha hablado, es decir, de esta masonería encubierta o reservada, como usted la llama, que penetra en la 'Ndrangheta y tiene relaciones con la 'Ndrangheta, ¿esas relaciones ya existían?

Virgiglio: Sí, eran relaciones que ya existían desde los años '80 por obra de Nino Gangemi.

Fiscal: Y paralelamente, porque me parece que ya lo ha dicho, cuando le pregunté si era sólo la 'Ndrangheta, usted dijo "no, otras mafias también". Es decir, en este momento histórico, ¿había relaciones con Cosa Nostra?

Virgilio: Sí.

Fiscal: ¿Siempre desde los años '80 o desde distintas épocas?

Virgiglio: No, no, ya desde los años ochenta estas relaciones siempre habían sido explícitas.

Fiscal: Así que, básicamente, empiezan en la década de 1980. Y ¿usted lo sabe por su relación con Nino Gangemi?

Virgiglio: Sí, hay que pensar, y usted tiene que saber, que el señor Provenzano, ya fallecido, le regaló a Ugolini dos perros, no recuerdo la raza de estos perros, que envió como señal de buena voluntad.

Fiscal: ¿O sea, está hablando de Bernardo Provenzano?

Virgiglio: Sí. De Provenzano, que era el jefe de aquella organización criminal.

Fiscal: ¿Y cuándo envió estos perros a Ugolini?

Virgiglio: Así que fue en los años '90, y siempre estaban presumiendo de esto.

Fiscal: Es decir, ¿se lo contó Ugolini?

Virgiglio: Sí, sí, sí.

Fiscal: ¿Le dijo que recibió dos perros como regalo de Bernardo Provenzano?

Virgiglio: Sí.

Fiscal: ¿Y por qué, quiero decir, había necesidad de decirle, digamos, semejante confidencia? ¿Es decir, estábais hablando de las relaciones con la mafia?

Virgiglio: No, fue un comentario. Entonces, la raza tenía que ver con el Etna. Era una raza de perro bastante peculiar. Le dije: "Excelencia, ¿y estos perros? Y dice: "Me los mandaron justo de Sicilia", añadiendo "y usted no se imagina quién" y yo pregunté "¿quién?", y él "Bernardo". Y dado que él nunca afirmaba...

Fiscal: No sé si podría hacer un recuento de todos los nombres existentes, pero seguro que debe haber más de un Bernardo (en toda la Sicilia)... ¿Es decir, aquel Bernardo? Esa es la cuestión.

Virgilio: Sí, sí, Provenzano.

Fiscal: ¿Es decir, le dijo su nombre y apellido?

Virgilio: Viniendo de él, claro. Tenga en cuenta que Ugolini nunca hizo una broma alegórica...

Fiscal: Fuera de lugar...

Virgilio: Fuera de lugar. Ni siquiera estaba permitido. Ahora bien, si cogió los perros, los metió en la jaula y se los llevó personalmente, o se los envió, no se lo puedo decir. Yo le estoy repitiendo lo que oí de los labios de Ugolini.

Fiscal: Muy bien.

Virgilio: Que, luego, en los últimos tiempos, también he encontrado estos perros allí en Villa Vecchia, ya mayores.

Fiscal: Muy bien. (Las voces se superponen) Eso era para entender, en los años '90, la profundidad de su conocimiento de estas situaciones. Entonces, las referencias a los años '90 son las que usted ha hecho, no hay otros hechos aparte de la reunión, obviamente, con la hermana de Pippo Calò que ya se ha mencionado. Aparte del proyecto de Cabo Verde y demás, ¿no tiene otras referencias que contar en esos años?

Virgilio: Algunos comentarios que hizo el tío... eso, Gangemi, cuando salieron las noticias en la televisión sobre los atentados contra los magistrados Falcone o Borsellino, es decir, el primero fue Falcone, en el cual dijo: "Ya está: la última estupidez", en una forma mucho más despectiva, "que los sicilianos podían hacer es esta".

Fiscal: ¿Y cuándo dijo eso?

Virgilio: Durante la transmisión, porque tenía un televisor allí en la tienda y dijo precisamente eso: la última bobada...

Fiscal: ¿Quién era? No he entendido.

Virgilio. Él, el propio Nino, al escuchar la noticia dijo esta frase.

Fiscal: ¿Hablando con quién?

Virgilio: Con Pino Speranza. Eso es, allí en la reventa.

Fiscal: Quiero decir, ¿no estaba usted presente en estas situaciones?

Virgilio. No, no, no. Fui yo una vez, hablando con Pino Speranza, que dije: "¿Pero Nino qué opina de todas estas cosas que están pasando ahí abajo (en Sicilia)?" - "Dice que han sido unos auténticos estúpidos". Pero, utilizando términos mucho más despectivos, dice que todo esto lo único que hace es llamar la atención...

Fiscal: Perdóname, Virgiglio. ¿Por qué se hizo este tipo de referencia a una persona como usted?

Virgiglio: Fui el ahijado de Pino Speranza. Hablando, como yo conocía el calibre, y también lo conocía Pino Speranza, sabíamos quién era Nino Gangemi, le dije a Pino Speranza... la referencia fue esta: "Pero qué opina Nino de todo lo que han hecho allí en Sicilia?". Así, y me dijo: "Nino dice que no está muy contento. Dice que ha sido una enorme estupidez lo que han hecho, la última estupidez que han podido hacer los sicilianos dice que ha sido esta".

Fiscal: Sí, pero ¿en relación con qué episodio? Usted estaba hablando de Falcone y Borsellino.

Virgiglio: O Falcone o Borsellino. Ahora no me diga cuál, creo que fue el primero, cuando hubo el atentado contra el juez Falcone.

Fiscal: Así que lo supo por Pino Speranza, quien a su vez lo supo de Nino Gangemi.

Viriglio: Sí, un comentario.

Fiscal: ¿Hubo algún otro comentario sobre los episodios que siguieron en esos años o fue sólo esta frase?

Virgiglio: No, no. No hablamos más de ello. Fue así, un comentario, porque fue un momento importante para nuestra nación, estábamos hablando y yo dije "¿Y Nino?". En referencia al hecho que Nino era un líder y todo el mundo sabía que era un líder, incluido Pino Speranza, y le hice esta pregunta.

Fiscal: O sea, que no hubo más comentarios.

Virgiglio: No. No, no, absolutamente, no.

Fiscal: En el '93, ya que introduce este año, también hubo episodios violentos en Calabria. En los años '93-'94. ¿Hubo comentarios en ese entorno?

Virgiglio: No, en el '94, según recuerdo, se produjeron aquellos asesinatos y yo estaba aquella tarde en Piazza Antonello en la redacción del periódico y llegó la noticia de que allí se había producido aquella fechoría de los dos carabinieri que habían sido asesinados allí en Scilla en la autopista.

Fiscal: ¿Y hubo algún comentario en su entorno?

Virgiglio: No, no. Sin comentarios en ese momento.

Fiscal: Perdóneme. Una cosa más. Usted, para ser claros sobre la época, ¿en el '93-'94 no era un hombre de 'Ndrangheta?

Virgiglio: Absolutamente, no. No. Yo, como le dije al principio, empecé a definirme como un hombre de 'Ndrangheta en el momento en que conocí a Molè.

Fiscal: Así que, casi 10 años después.

Virgiglio: Sí.

Fiscal: Aunque tuvo relaciones con Pino Speranza. ¿Habló Pino Speranza alguna vez de hechos de 'Ndrangheta en los años '90?

Virgiglio: Pino Speranza solía hablar conmigo, de vez en cuando íbamos a hacer competiciones, sí era un poco... se ponía chulo, porque era cuñado de Nino Gangemi.

Fiscal: Esa no es la pregunta. Me interesa saber si Pino Speranza, que se ponía chulo, como usted ha explicado, en los años '90, cuando usted no era un hombre de 'Ndrangheta, solía hablar con usted sobre hechos de 'Ndrangheta.

Virgiglio: Sí, hizo algunas referencias. Pero de una manera tan superficial, dado que era un gran hablador.

Fiscal: ¿Cómo qué? Déjeme entender qué referencias hizo.

Virgiglio: Que Mommo Molè no era el jefe. Que Nino Gangemi era el verdadero jefe de toda la estructura. Que todo venía de él. Que cuando alguien llegaba de Cosenza para hacer regalos pasaba primero por la casa de Nino. Siempre hacía estas referencias para alabar la figura carismática de su cuñado y luego, cuando se produjo el compromiso de su hija con Rocco Molè, también de Nino Molè, y también de Mommo Molè.

Fiscal: Además de la indicación de los cargos, que eran sujetos que usted conocía y que también estaban vinculados por relaciones de parentesco, me interesa saber si alguna vez le habló de hechos de 'Ndrangheta, es decir, si le habló de asesinatos, de estrategias, de relaciones de cierto tipo.

Virgiglio: No, no. No.

Fiscal: Por ejemplo, ¿alguna vez le habló de las relaciones entre la 'Ndrangheta y Cosa Nostra?

Virgiglio: No, a mí no.

Fiscal: Muchas Gracias[146].

---

[146]Audizione presente in youtube al seguente enlace: https://www.youtube.com/watch?v=PTHK682NAPM

CAPÍTULO IV

¿QUÉ ERA LA MAFIA?

ENTREVISTA CON GASPARE MUTOLO

Aprovechando las numerosas y actuales apariciones televisivas protagonizadas por el ex colaborador de justicia Gaspare Mutolo, os propongo un trabajo realizado en 2018 para enriquecer, en su día, mi tesis de grado, convertida posteriormente en una publicación llamada "Storie di Prima Repubblica". A continuación la entrevista que tuve con Gaspare Mutolo, a quien sigo agradeciendo su disponibilidad.

Entrevista con Gaspare Mutolo, ex mejor amigo de Totò Riina, ex hombre de honor de Cosa Nostra y colaborador de justicia. Mutolo fue el último miliciano de Cosa Nostra que habló con Borsellino antes de su asesinato.

¿Cuáles eran los referentes que tenía entonces? ¿Eran sólo democristianos? ¿O más bien eran los "famosos" de la izquierda DC que han ocupado los titulares de nuestro tiempo, o eran también socialistas, comunistas o figuras relacionadas con estos dos últimos?
«Al menos, que yo recuerde, los primeros referentes con los que más se relacionaron los mafiosos fueron con la DC, pero no porque la izquierda no quisiera entrar en contacto con nosotros. Eran los mafiosos los que no querían tener nada que ver con la izquierda, porque nosotros teníamos el apoyo de la Iglesia, el apoyo del Gobierno y, por tanto, la izquierda no nos interesaba en absoluto. Pero no porque la izquierda no estuviera preparada. Algunos venían por unos votos, por algo, pero había órdenes estrictas de no escucharles, porque no les necesitábamos y hacían más mal que bien. Ese era el concepto en los años '65-'70».

¿Y con el tiempo?
«Que yo recuerde, hubo muchas críticas tanto con la derecha como con la izquierda. Incluso con el padre de Piersanti Mattarella[147]. Lógicamente, en Sicilia los personajes más "importantes" eran otros, pero porque crecieron en su tierra. Era más una cultura de estar cerca de los mafiosos.

Sin embargo, no hay que identificar a los mafiosos como los de los años ochenta y noventa, porque éstos arruinaron por completo la cultura mafiosa. La cultura mafiosa de entonces eran los "benpensanti", los que pensaban bien, los que tenían cultura, los que servían a los intereses de su ciudad. Esto se debe a que Sicilia siempre ha sido una tierra de conquista: antes estaban los españoles, los árabes, los griegos: no era una tierra enteramente de sicilianos. Cambiaban de cultura en cultura. Lo que entendí fue lo siguiente.

Si piensa en cuando fue la Segunda Guerra Mundial, los estadounidenses recurrieron a los sicilianos, a los mafiosos sicilianos, porque no eran los mafiosos de los años '80 y '90, de los que han actuado contra el Gobierno. Eran personas que tenían responsabilidades. Entonces, la cultura mafiosa de aquella época era una cultura completamente diferente. Tanto es así que hubo un tratado al final de la Segunda Guerra Mundial, precisamente porque los americanos quedaron contentos con su desembarco en Sicilia, gracias a la facilitación de la Mafia, y cuando se fueron hicieron un tratado amistoso, estipulando que los mafiosos no debían ser perseguidos en virtud de su ayuda en la persecución de los nazis.

---

147 O sea, el padre del actual Presidente de la República. Piersanti Mattarella fue, de hecho, hermano del actual Presidente de la República, Sergio Mattarella.

El único gobierno que había intentado luchar contra la mafia con cierta seriedad fue el Gobierno de Mori, con Mussolini. He oído a viejos mafiosos hablar de esta manera, porque, lógicamente, en mi juventud, cuando era joven, teniendo en cuenta la edad que tengo, conocí a gente que era mafiosa en la época de Mussolini. Tenía el padre de un cuñado que había estado exiliado en Augusta. Mussolini era alguien que quería gobernar él. La persecución de Mussolini, en este caso, ocurrió, que yo sepa, porque había cierto abogado que tenía un pariente que era de allí. Estaba Mussolini dando un discurso público, y le dice a Mussolini: "Compare, aquí no se mueve ni una hoja de árbol si no hay mi consentimiento". Pero cuando Mussolini se fue, después de terminar su discurso, al primero que mandó en exilio fue a él. Es decir: "Querido compare, en Italia sólo debo mandar yo". Esta es una buena broma que demuestra que Mussolini era el que realmente quería derrotar a este mal. Ahora, ¿era malo? ¿Fue bueno? Fue buena esta acción, el exilio, porque la mafia era una cultura que no le convenía a Mussolini. Sin embargo, hay que decirlo, la cultura de la mafia siempre ha sido la de ser obediente y estar al lado del gobierno. La mafia nunca ha luchado contra el gobierno. Sólo Riina intentó luchar contra el Gobierno. Y eso le llevó a la ruina, porque nacieron los colaboradores, pero la única diferencia es que la mafia siempre está ahí».

En cuanto a Riina, ¿cuándo se produjo esa transformación de mafioso ideal a bestia sedienta de sangre? ¿Qué le hizo cambiar tan repentinamente?

«Yo era uno de los hombres a los que Riina estaba morbosamente unido. Hace poco lo hice constar y formulé una interpelación a la prensa extranjera organizada por Marcelle Padovani, en la que dije que conocí a Riina en los años '64 – '65. Me encariñé con Riina y gracias a él sigo vivo, porque en realidad me salvó con lo que me enseñó. Me encontré con Riina varias veces durante ese periodo, y aunque yo no fuera mafioso, él tenía una... no sé, gratitud hacia mí. Quizá fuera porque en los años en que estuvimos juntos en el Ucciardone[148] había un palermitano, conocido como "la florecilla", que era una fiera, que se peleaba con Riina. Ahora Riina no era de los que se peleaban con las manos, le oí gritar a Riina y vi que Riina estaba todo muy rojo. Estábamos dando un paseo, y me di cuenta de que se trataba de sentarse, porque había asientos y a través de las rejas entraba el sol... En fin, Riina evitó, no dijo nada, se puso rojo y entonces lo entendí. Luego llamé a éste, le di una bofetada, un cabezazo, en breve el guardia dio la alarma, me llevaron a las celdas de castigo, y me dieron "mezzo vitto e pancaccio": aislamiento total. Así que Riina estaba muy satisfecho. Contento!».

¿Por qué decidió hacerlo?

«Riina tenía un encanto que me atraía, incluso hacía mucha gente, mucho mayor que él. En aquel entonces, Riina no era mayor, era joven y mucha gente se arriesgaba al castigo, a la denuncia, con tal de venir a saludarle. Y recuerdo que no hacía "discursos[149]", ni siquiera en los años en que nos vimos. Llegué a acompañarlo cuando se estaba organizando como mafia en los años '68 - '69, cuando yo no era "combinado[150]". Era de una dulzura... Mire, por ejemplo, cuando comíamos brindábamos por las mujeres, por todos los niños del mundo. En fin, tan dulce, tranquilo y pacífico y no le gustaba el dinero. Por aquel entonces yo era un ladrón, y con otros chicos de Palermo en Italia teníamos bases en Milán y Rimini, y más de una vez le regalé alguna cosilla, así que lo sé. Pero, en cualquier caso, era un tipo tan dócil que, cuando le acompañaba por los pueblos, llamaba a todas las mujeres, incluso a las jóvenes, muy jóvenes, de quince-dieciséis años, con el "vossìa[151]". Cuando hablaba, ¡le salía miel de la boca! Luego cambió en 1974.

---

148 Una cárcel de Palermo.

149 No pronunciaba discursos manipuladores con el objetivo de convencer o condicionar.

150 En italiano "combinato", es decir miembro oficial de Cosa Nostra, que realizó el rito de iniciación.

151 "Vossìa" se utiliza principalmente en el dialecto siciliano, y viene del italiano "vossignoria" (vuestra señoría). Del diccionario en línea de la lengua italiana Treccani, por lo que se refiere al significado de "vossignoria": "forma sincopada de Su Señoría, empleada, sobre todo en el pasado, con valor de pronombre de tercera persona, como forma alocutiva de respeto". Fuente: https://www.treccani.it/vocabolario/vossignoria/#:~:text=vossignoria %20%2Fvos%3Ai%C9%B2o'ria,parlan%20tutti%20insieme%3F...

Noto este cambio agresivo, y en el '74 ya soy un hombre de honor. Estoy a su disposición, como tantos otros que, tras unos años de cárcel, algunos murieron, otros fueron condenados a cadena perpetua, porque hicieron todo lo que Riina decía al pie de la letra. Yo, en cambio, tuve la suerte de librarme un poco, porque no quise traicionar a mi jefe. Riina, en realidad, no decía de traicionar a mi jefe, sino de incumplir alguna norma. ¿Cuál era el discurso? Por poner un ejemplo, un día estaba furioso porque el "compare" del diputado Mannino había enviado a Canadá la noticia de que Gaetano Badalamenti se había convertido en el jefe de los jefes. Estaba furioso y me mandó a llamar, y nos encontramos en el garaje de otro mafioso, un tal Marchetti Filippo, recientemente desaparecido, y me dijo: "Gaspare, ¿de qué está hablando? ¿Está diciendo que Gaetano Badalamenti es el jefe de los jefes? Verás, yo le daría a Gaetano Badalamenti una escoba y un cepillo y le obligaría a limpiar los baños de la mañana a la noche". Más tarde lo entendí.

También había otro amigo mío, que me dijo: "Gaspare, has entendido que Riina tuvo ese arrebato. Guárdatelo para ti". ¿Cuál era el fondo de todo esto? Estábamos autorizados, algunas personas, a estar a disposición de Riina, Provenzano y Luciano Liggio, pero sobre todo Luciano Liggio. El que mandaba, en definitiva, era Luciano Liggio. En el '74, pues, lógicamente había simpatías personales. Yo tenía simpatías por Totò Riina, otro tenía simpatías por Provenzano, pero, digamos, en la escala de mando entonces mandaba Luciano Liggio. Riina y Provenzano no contaban para nada. Eran sus brazos derechos».

¿Y Liggio? ¿Era consciente de la influencia carismática que Riina ejercía sobre usted?
«Liggio en aquel momento estaba entre Nápoles y Milán, porque contaba con el apoyo de los Nuvoletta[152]. ¿Y qué había hecho la mafia por comodidad? Dado que en la mafia existe la orden de que una persona debe ponerse a disposición de otra, es decir, si un mafioso tiene necesidad, el otro mafioso debe ponerse inmediatamente a su disposición. Pero hay reglas. Entonces, ¿qué había hecho la "Comisión[153]"? Para algunos personajes había establecido: "Vosotros saltad estas reglas, os ponéis a disposición, pero cuando acabéis, la noche que volváis, contad lo que ha pasado. Si veía a Riina, Provenza o Liggio en apuros, me subía al coche y les acompañaba. No informaba ni a mi jefe ni a mi subjefe ni a mi representante, pero cuando volvía inmediatamente tenía que poner las cosas en orden. ¿Me explico?

¿Qué quería Riina? Que nosotros, cuando salíamos a comer, entonces siempre teníamos mesas, comentábamos, cotilleábamos de eso y de lo otro, hablábamos de matar gente, porque era la época en la que todavía había gente de la antigua mafia que había luchado, que había sido enviada a la frontera... había un poco que hacer. ¿Y qué me dice Riina? Y en mi opinión también se lo dice a todos los demás. Me dice: "Oye, cuando vayamos a comer no le digas nada a tus jefes". Entonces, yo tenía una relación especial con mi amigo, un tal Riccobono. Entonces le digo: "No, yo estoy a disposición. Pero cuando veo a Riccobono por la noche" - yo vivía con su mujer y sus hijos, teníamos tres villas, para no estar solos - "¿cómo no le voy a decir 'hoy he ido a comer con Fulanito y Juanito? Me parece una traición". Y de hecho debajo estaba esto. Me parece una traición porque si te digo 'yo voy', pero es justo que cuando y si veo a Riccobono le diga inmediatamente lo que hice...».

Mentir habría tenido graves repercusiones.
«Bueno, era algo legítimo, no impresionaba, pero se ve que incluso a Luciano Liggio, en Milán, le llegó al oído que Riina quería tener este "discurso[154]", que quería guardarse para sí lo que estaba haciendo. En aquel momento hablábamos de los Santos, de comer, pero en mi opinión Riina tenía algún proyecto en la cabeza. Tanto es así que Liggio, al cabo de pocos meses, envió un mensaje desde Milán a las familias de Palermo: "Cuando tengáis que hablar conmigo, no habléis más con

---

152Clan mafioso de la comunidad autónoma de Campania.
153Estructura formada por los jefes de élite de la mafia, el órgano supremo.
154Aquí entendemos perfectamente el significado del término "discurso" utilizado anteriormente.

Salvatore Riina, sino con Provenzano, porque Salvatore Riina levanta el codo, hace demasiadas chorradas, y con un disparo de pistola mata a dos, a tres". En resumen, una charla. En mi opinión, Riina lo sabía, porque lógicamente lo que Riina me contaba me lo guardaba para mí, pero personas como Liggio también tenían sus informadores, sus secretos, y por eso tenía cuidado. Mientras tanto, no se vuelve a ver a Riina durante tres, cuatro meses y entretanto detienen a Luciano Liggio en Milán.

Mataron a dos hermanos, porque Riina dijo que eran los que lo habían detenido. Recuerdo que en casa de un tal Pietro Vernengo, un gran mafioso, con hijos todos mafiosos, un condenado a cadena perpetua, conocido como "ù tistune" (el cabezón), y con él estaban también Contorno, estaba Gambino, estaba Riina, se les había ocurrido ir a liberar a Luciano Liggio porque lo habían llevado a Lodine, una cárcel pequeña. Era fácil, en fin, para alguien de fuera hacerse con una cárcel pequeña, como demostraron los brigadistas y otros delincuentes comunes que hacían tantas fugas. Riina los oyó y dijo: "No se atrevan. Liggio es corleonés y los corleoneses debemos encargarnos de sacarlo de la cárcel". Sin embargo, en cuanto arrestaron a Liggio, Riina reapareció con su política, y poco a poco se fue convirtiendo en lo que era. Todos los que estaban presentes, aparte de mí, fueron, todos ellos, personas que en el '81 habían traicionado, digamos, a sus jefes y que habían gobernado. La prensa tituló "la segunda guerra de mafia", pero no es que hubiera sido...».

¿Un conflicto?
«Siempre he dicho "pero de que segunda guerra de mafia hablamos?!". Segunda guerra de mafia no existe, porque al menos uno del bando contrario tiene que morir. Ha habido purgas, traiciones, todo ha sido tomado. Sólo la familia Partanna-Mondello, a la que yo no quise unirme porque estaba a disposición de Riina, luego todos los demás se convirtieron en los jefes mafiosos de Palermo».

Pero volviendo a Riina...
«¿Por qué Riina se volvió así? Conocí a todos los parientes de Riina, su cuñado, hermano, hermanas, en fin a todos. Riina tenía un primo, un tal Pino Liggio, Giuseppe Leggio, que ha desaparecido. Este era un razonador, lo conocí antes que a Riina, a partir del '57 - '58. Tuve la oportunidad de conocerlo en Palermo con un amigo mío cuando fuimos a visitar al tío de Riina, Iacopo Riina, y nos hicimos amigos de Pino Liggio. Esta amistad duró hasta el '89. Él, Riina, lo hizo estrangular, ¡incluso a su primo! Porque para entonces no confiaba en nadie. Quiero decir, todos sus mejores amigos fueron eliminados, porque en mi opinión, cómo operaban, así los juzgaba.

Pensaba - y lo digo porque tuvimos unos debates - que lo que había hecho él, lo podía hacer algún otro amigo suyo. Riina decía, cuando yo le acompañaba: "Gaspare no lo hago por desconfianza, pero cambio de sitio cuando, después, te vas, porque si algún enemigo mío te coge y bajo tortura te hace decir dónde estoy, yo luego ahí no estoy".

Él, efectivamente, era un "guardino[155]" en el sentido benévolo, pero no era agresivo en la forma de hablar. Fue él quien inventó que se mataba a un mafioso después de haber comido con él: se comía, se bromeaba y después había dos o tres que sabían a quién eliminar. Los napolitanos, a Riina, lo tenían como un dios. Como un inventor: "¿Pero es posible que este tío invente estas cosas?". Y en cuanto a lo que decía, yo conocía a los personajes sicilianos más importantes, que eran todos mafiosos. Yo, cuando estaba en la mafia, en los años '70, estaba orgulloso. Pero no sólo yo, todo el mundo, porque venía toda la gente, buscaban trabajo, estábamos en contacto con todas las grandes distribuidoras. La mafia lo controlaba todo».

¿Y después?
«La mafia empeoró en términos de maldad. Un tal Madonia, Francesco Madonia, me dijo en una reunión: "¿Pero por qué tenemos que pedir dinero a los constructores? Tenemos que asociarnos con

---

155Una persona que hace de la precaución una virtud y una forma de vida.

los constructores, que ganan más. Si no quieren asociarse con nosotros, no construyen y si construyen sin nosotros, los matamos". Pero todos estos eran personajes cercanos a Riina, los más malos, los que metieron la maldad en el alma de Riina, y que se volvieron malos ellos también. Después, en mi opinión, digamos que fue el dinero lo que alteró un poco a la mafia».

¿No fue la droga la que lo alteró todo un poco?
«Sí, pero estos señores mucho más. Yo, en los años en que aún no era mafioso, tenía dos tíos: uno de ellos era guardián de terrenos, en Pallavicino, y tenía un piso pequeño, una habitación y un patio muy pequeño. Ellos eran felices porque les saludaban. Si había alguna chica cuyo novio la maltrataba, inmediatamente se llamaba al mafioso. Si el marido se emborrachaba, la mujer acudía al mafioso: "Que sepáis que mi marido se emborracha". Los mafiosos también hacían estas obras pías. Desde el momento en que entró la droga, los mafiosos ya no pensaban en estas cosas. Inmediatamente, pensaron en la villa al mar, la cuenta bancaria, el coche bonito. En otras palabras, los ideales desaparecieron».

Volviendo por un momento a lo anterior, ¿es posible, por tanto, que Riina hiciera detener a Liggio?
«Sí, sí. Tuve un debate en Mestre, creo que en el '93 - '94, y de hecho se lo dije a Riina, es decir, que nosotros, que éramos varios mafiosos, pensábamos que Riina había hecho detener a Liggio. Liggio creo que lo entendió y yo tuve confirmación de ello. 'Desgraciadamente', entre los colaboradores, tengo algunos amigos colaboradores que eran muy cercanos a Bagarella y Gambino. Mientras hubo el Maxijuicio, tenían órdenes de controlar a Liggio si se quejaba, y si se quejaba tenían gente preparada para matar a Liggio.

Recuerdo que un día, con un tal Mariano Agate, que era el jefe mafioso de Mazara, muy amigo de Riina, mientras hablábamos, Liggio tuvo un arrebato de cólera, diciendo: "En cuanto salga, hay para todos", porque su sobrino había venido a decirle a su tío que habían cortado el trigo, el heno, y que habían tenido que pagar 250.000 liras por la cosechadora[156]. El enfado no era por las 250.000 liras, sino porque era una señal para decir: "Tú no eres nadie. Tú has alquilado esta cosa y tienes que pagar por ella". Y Liggio se sintió decepcionado.

Después, tuve la confirmación, después de haber decidido colaborar, porque me dijeron "estábamos preparados, que si hablaba tenía que ser eliminado". El motivo lo había porque si Liggio hubiera salido, habría intentado matar a Riina, porque con las amistades que había... Entonces, Liggio entendí que lo mantenían en la cárcel porque era uno de los muchos convictos que habían pasado muchos años en la cárcel. En aquel momento existía la posibilidad de salir, y recuerdo que cuando hizo la movida de los cuadros, no sé si usted conoce esta...».

Sí, que firmó todos los cuadros con su nombre[157].
«Sí, bravo. En la época en que estaba con Liggio, yo era su vigilante, y él paseaba. Llevaba chaqueta, corbata, y le dije: "A estas horas ya no se sale más de la cárcel". Él estaba tan obsesionado que tenía que salir... Pero, por desgracia, no salió».

Disculpe, señor Mutolo, quería una aclaración. Mencionamos antes que uno de los hombres de Mannino había mandado a decir que Badalamenti era el jefe. ¿Así que ya había un contacto en ese momento?
«Mannino, el diputado Mannino, tiene un socio, que él dice que no sabe que era mafioso».

---

156 Alrededor de 125 euros.
157 Luciano Liggio se había atribuido los cuadros de Gaspare Mutolo por protagonismo, vanidad o esperando algún beneficio económico. Fuente: ATTILIO BOLZONI 21 ottobre 1992, https://ricerca.repubblica.it/repubblica/archivio/repubblica/1992/10/21/ma-quale-liggio-pittore-quadri-li.html

Es un poco extraño (me río con picardía).

«Es lógico».

No podía decir otra cosa...

«Este "compare" mandó a decir en Canadá, cuyo nombre es Caruana, que Badalamenti se había convertido en jefe de la mafia. Eso fue en 1974, así que estas figuras políticas estaban en contacto con los jefes de la mafia. Era de conocimiento común, era una cosa[158]...».

Normal, podemos decir.

«Pero, ¿normal? ¡Normalísimo! También había afiliados, porque desde que se acabó la Banda Giuliano, que casi quería una Sicilia independiente, la gente más importante hizo un paquete parapolítico. De hecho, la Banda Giuliano ya no eran bandidos, sino soldados. ¿Y quién estaba al mando? El barón (Stefano) La Motta y un montón de personajes con cierto "appeal[159]". Italia no cedió, porque Sicilia es una tierra muy importante[160]».

Por la economía, claro.

«Bueno, sí. Pero piense... Le haré una comparación. Luego deduce. El conde Arturo Cassina tenía como mano derecha en sus empresas a un tal Giovanni Teresi. Este Giovanni era el subjefe de la familia de Stefano Bontate. El hombre de la basura, el conde Vaselli, que es romano, tenía un mafioso en cada distrito para limpiar bien Palermo: un mafioso cualificado. No es que el mafioso currara; el mafioso controlaba y todo quedaba limpio. El diputado Marzotto, que tenía como referente a Peppe di Cristina, un mafioso, y que era, a nivel nacional, una de esas personas importantes que tenían mafiosos como mano derecha. Los primos Ignazio y Nino entonces, lógicamente, que eran personajes de una dulzura indescriptible... pero personajes mafiosos. Pero no hay que escandalizarse. En aquella época había cuestores que decían que la mafia no existía, o la Iglesia que decía que la mafia era una invención periodística».

Y usted con Riina, al principio, no fue sólo una casualidad o un interés entonces.

«Conocí a Riina porque le tenía cariño. Yo he amado a Riina. Alguien me criticó por no ir contra él, pero a estas alturas Riina está muerto. ¿Cómo debería importarme más? Está cara a cara con el Señor ahora, y se apaña con él. Fue el peor hombre de Sicilia: arruinó Sicilia. Fui el primer hombre que tuve un debate cara a cara con Riina. No sé, fue una casualidad. No lo sé. Pero por decir que él de alguna manera no podía no aceptar que no me conociera. Intentaba decir "sí, pero pobrecito" delante de los jueces, y que yo decía esas cosas para acusarle, aunque después hubo una cosa muy bonita. Cuando apagaron las cámaras, este diálogo continuó entre Riina y yo, con Riina intentando decirme "mira que aún estás a tiempo de volver a ser lo que eras antes". Pero yo seguía repitiendo las mismas cosas una y otra vez. Y él, en un momento dado, perdió los estribos, porque comprendió realmente que yo estaba decidido a no volver atrás, y me dijo: "Acabarás como Matteo lo Vecchio". Entra el tribunal y la juez nos dice: "Señor Riina, perdone, pero ¿qué le ha pasado a Matteo Lo Vecchio?". Riina no me dice "te matarán, te dispararán, te estrangularán". No. Me dice: "Acabarás como Matteo Lo Vecchio", porque sabía que yo sabía lo que le había pasado a Matteo Lo Vecchio: porque estábamos juntos. Y cuando el juez le preguntó qué le había pasado, dijo "no lo sé". Y acabó a risas. Una broma, así, divertida. En fin, ¿puedo decir esto?».

Sí, por supuesto. Faltaría más.

«Que la gente más importante de Sicilia, de toda Sicilia, no de Palermo, eran mafiosos. Palermo, en el mundo, hasta que nacieron los colaboradores, era el abanderado».

158*Politici e mafia: da Calogero Mannino a Subranni, 23 Ottobre 2015, Salvatore Petrotto e Salvo Vitale, antimafiaduemila,* https://www.antimafiaduemila.com/home/di-la-tua/238-senti/57375-politici-e-mafia-da-calogero-mannino-a-subranni.html

159Atractivo.

160Los británicos y los franceses siempre han obstaculizado el desarrollo italiano con fines coloniales. Y, tras la conquista del Viejo Continente por Estados Unidos, se les unieron Alemania y la entidad israelí.

Suena extraño, pero los últimos "hombres de honor" parecen haber sido los colaboradores más importantes. ¿Cómo puede explicarse este fenómeno? Y, después, ¿qué transformaciones han sufrido la ideología, la cultura mafiosa y Cosa Nostra?

«Incluso en la "malavita" hay ciertos códigos. Algunas cosas, por ejemplo, en el mundo de la malavita es difícil que sucedan, como alguien que viola a un niño o que viola a una niña: qué hace cosas malas como esa, sabe? La Mafia era la que tenía esta disciplina, y de todas era la más bella. Por ejemplo, incluso en la época de los secuestros, cuando Liggio estaba en Milán, la mafia no secuestraba niños ni mujeres, la mafia solo secuestraba hombres. Otros, los marselleses, los sardos, secuestraban mujeres, niños. Nosotros mafiosos, en el mundo, éramos los que mantenían la disciplina más correcta».

Una moral de asociación secreta. Casi masónica. Sin embargo, había una clara distinción, a pesar de los intentos de Bontate por incorporarla dentro de Cosa Nostra.

«¿Por qué existía esta distinción entre la masonería y la Mafia? Porque los masones tenían un respeto especial por la Mafia. Nos llamaban "los primos malos", porque si uno cometía un error lo mataban. Pero sabían que no hacíamos cosas horribles, también porque, al fin y al cabo, la masonería es la que manda en el mundo y dirige todo el tráfico mundial. Tan fuerte es que está autorizada y no le hacen nada».

En aquellos años, ¿cómo era la situación en el Norte? Si no me equivoco, ¿también intentasteis secuestrar a Berlusconi?

«Bueno, le diré lo siguiente. De aquella época se habla de dos equipos en Milán: están los de, digamos, la corriente buena, que sería la de Badalamenti y Stefano Bontate, y la de Liggio, de Riina. Yo pertenezco a la de Badalementi y Stefano Bontate. Ya habíamos hecho dos secuestros, porque éramos unas quince personas con otras que estaban allí, en Milán, y que tenían talleres y tiendas de tejidos. Ya habíamos hecho algunos secuestros e íbamos a hacer otro que ya estaba organizado. Cada secuestro que hacíamos duraba 15 días, un mes. Luego se subía y se organizaba. Subimos desde Palermo, lo organizamos todo, cogimos almacenes, porque en Milán había muchos almacenes con sótanos, y estaban las trastiendas, así que, en fin, había esta facilidad (tose)... Disculpe».

No, no. No se preocupe.

«Y así, lo habíamos organizado todo y sabíamos que había que secuestrar a un constructor, uno que estuviera haciendo Milán 2[161]. Estábamos allí listos en cualquier momento y también sabíamos que esta persona iba a las oficinas de vez en cuando para comprobar, y todo estaba listo, los coches estaban listos, las furgonetas estaban listas. De repente, llegó la orden de retirada, de bajar a Sicilia. En aquella época se tardaba un poco en localizar a una persona, porque no se elegía a alguien al azar. Nos pareció un poco extraño porque, en definitiva, gastamos mucho dinero. Más tarde comprendimos enseguida cuando Mangano se fue de mozo de cuadra, porque lógicamente Berlusconi había encontrado la manera de salvarse, para no ser secuestrado. Pero no sólo eso, fue tan listo, digamos, por la presencia de Mangano que ni siquiera las otras bandas pudieron hacer nada. Como en Milán estaban los calabreses, los sardos, estaba también la banda de Francis Turatello que hacía los secuestros relámpago, Mangano estaba allí para decir "aquí están los sicilianos, no toquéis a este personaje"».

¿Y quién se lo dijo a Berlusconi? ¿Dell'Utri, Cosa Nostra o se enteró él mismo?

«Después de que Mangano y yo estuviéramos juntos en la cárcel, era un hecho bien conocido. Por desgracia, Berlusconi es un hombre que sabe moverse. Berlusconi no es un político, Berlusconi

---

161 "Milano 2" es un barrio residencial situado en la ciudad italiana de Segrate, en la metrópoli de Milán, y construido en la década de 1970 por Edilnord, de Silvio Berlusconi.

cuando entra en política entra con un ejército. No es que entre solo. Entra con militares, con abogados, con guardias».

¿Así qué le avisaron?
«Se enteró, se dio cuenta e inmediatamente encontró el remedio. Y lógicamente este remedio es como cuando entró en política. ¿A quién se dirigió? No se dirigió a los calabreses, sino sobre todo a la mafia. Lo sé no porque alguien me lo haya dicho, sino porque en aquella época escuchaba las interceptaciones. El período en el que colaboré. Y hay interceptaciones en las que dice que hay que votar a Forza Italia[162]».

¿Como con los socialistas?
«Eso fue cuando se quiso dar un empujón por lo que respecta al Maxijuicio, porque se estaba perdiendo el tiempo. Pero, mire, el discurso de Berlusconi es diferente. Le diré que yo fui uno de los que le llamó el pío Berlusconi, pero no tengo nada personal porque le admiro. Es decir, haciendo un cálculo entre Berlusconi político y otros políticos, lógicamente siento simpatía por Berlusconi, aunque haya quince o dieciséis leyes que se han hecho para Berlusconi. Sin embargo, cuando él entró en el campo tenía los mejores abogados que fueron todos colocados en los puntos centrales. Berlusconi aparte de masón y P2... Son personajes, por desgracia, que tienen poder económico e intelectual. En resumen, supieron moverse».

En cuanto a la negociación Estado-Mafia, seré franco. Creo que fueron los círculos empresariales financiero-masónicos los que se acercaron a Riina y le empujaron a hacer la guerra contra el Estado. Bien mirado, esta clase financiera-empresarial se infiltró en la Mafia, en el Estado y en la política. ¿Cree que Falcone fue asesinado porque había descubierto, hacia atrás, los hilos que conectaban las matrices de este sistema y que llegaban incluso al tráfico de drogas y de residuos? Al respecto, tanto Cossiga como Rino Formica hablaron de la supervisión del FBI...
«La mafia americana y, digamos, aunque es independiente, tiene lazos de sangre por completo con los sicilianos, por lo que se podría decir que es una sola entidad, aunque sean dos cosas independientes. Por ejemplo, cuando la mafia siciliana está necesitada, recomienda una persona a los americanos y viceversa. Ciertas corrientes, de hecho, que estaban allí en Sicilia, los palermitanos (de Palermo), los trapaneses (de Trapani), los calabreses (de la Calabria), también estaban allí en América. Además, yo le puedo decir lo siguiente: con el dinero que hemos ganado los sicilianos, por responder a otra pregunta, al menos que yo sepa, nunca hemos tocado la basura. Nosotros teníamos el negocio de los cigarrillos con los napolitanos, pero mientras "hacíamos" los cigarrillos, los napolitanos ya trabajaban con la basura. Tal vez era una cuestión de... territorio, tal vez porque Nápoles está más cerca y Sicilia más lejos. Sin embargo, teníamos la sensación de que había un gran tráfico de basura, con las grandes fábricas que había en Italia y Nápoles.

Pero no sé si los sicilianos estaban dispuestos a hacer lo que hicieron los napolitanos, es decir, envenenar la tierra, porque se puede decir "Ah, ¿por qué no vendieron las drogas para envenenar a los chicos?". Bueno, la droga se podía pensar[163]. Mientras que la basura era algo totalmente distinto, porque envenenaron deliberadamente sus tierras y porque luego las generaciones futuras acabarían pagando las consecuencias. En Sicilia, nunca he oído hablar de basura. Tráfico ilegal, incautaciones, sí. Pero basura, nunca. La droga eran los sicilianos con los americanos, en el periodo de los años '75 hasta los '80 y '85. Después de Marsella, los sicilianos se hicieron cargo del refinado. El comercio mundial evolucionó con los sicilianos, así que el dinero que ganaron los sicilianos con la droga fue inmenso».

¿A nivel mundial?

---

162 Partido de Berlusconi.
163 Podías pensar si drogarte o no.

«En todo el mundo. ¿Por qué se pasa de los cigarrillos a las drogas? Quiero decir, mientras que antes todo eran cigarrillos, en Italia, en cuanto la gente supo lo que era este refinado, vinieron individuos que... ¿por qué a veces el dinero lleva a la ruina? Como los franceses, como los marselleses, se hicieron ricos y empezaron a matarse entre ellos. Hubo un tal Gerlando Alberti que contrató a ciertos químicos para que refinaran droga y que luego los pillaron en Sicilia, tanto que hasta mataron a un juez. Después estos, que sabían hacer drogas, sabían transformarlas, aprendieron de los sicilianos. Un tal Mannoia, por ejemplo, trabajó con su primo, un hombre conocido como "il testone" (el cabezón), y así nació una de las refinerías más grandes de Europa, que tenían los Corleonesi. En Trapani encontraron una refinería que producía un mogollón».

¿Cuántas refinerías había en Sicilia?
«Digamos que casi cada jefe del mandamento tenía su propia refinería: llegaba la morfina y ellos la procesaban. Yo tenía contactos con un tal Koh Bak Kin para la droga. Hubo un tiempo en que todos los chinos que venían a Italia me traían droga, y me traían una droga que era bellissima, muy pura, casi hasta el 97 por ciento».

La heroína?
«Heroína. Y más tarde, en el '83, se tomó un barco en Suez, con un tal Palestini, un barco récord, que hacía la travesía de Giulianova a Yugoslavia, en el que Falcone estaba interesado. Falcone, tras tomar este barco, se sorprendió porque sólo encontró en él a siete griegos y un italiano con 230 kilos de droga más 50 kilos en la bodega. Todo esto al principio no le convenció, y venga a buscar y venga a estudiar, ve que en un momento dado yo había estado en Giulianova en semilibertad. Entonces me interroga y me dice: "Gaspare, han requisado el barco". Yo le digo: "¿Y yo que soy armador? Me responde: "Había droga dentro del barco". Era una prueba para ver cuánta droga cabía en el barco, porque en Tailandia sólo tenían el problema de la acetona para refinar la morfina que había que enviar a América, y para ganar el dinero que ganaban, que era mucho».

¿También usted cree que alguien empujó a Riina, ese día, a matar a Falcone y Borsellino?
«No, no, no. Eso estaba en su mentalidad, que por desgracia conozco desde hace mucho tiempo. ¿Cuál era el concepto de la mafia? Un personaje que molestaba, a través de la política, sería transferido. En cambio, la mentalidad de Riina, pero también de Liggio, aunque luego Riina le supera, era que si había una persona que molestaba, tenían que eliminarla, porque pensaban que no había nadie más que pudiera sustituirla. No pensaban que matando a uno, los demás irían a vengarlo. Se sentían tan fuertes, incluso políticamente, porque sabían cómo tenían que moverse».

Última pregunta. ¿Qué crees que se podría haber hecho para cambiar algo, para evitar la degradación y degeneración de Riina y Cosa Nostra. ¿Qué se podría haber hecho que no se hizo?
«Mira, lo único que se podía hacer era matarlo. Pero, para entonces, Riina ya estaba blindado. Es decir, Riina se volvió tan peligroso no porque se blindara, sino porque en su círculo de personajes, que tenía muchos fieles a su alrededor, en un momento dado, en cuanto alguien se volvía más importante que los demás, lo hacía eliminar, porque le preocupaba que le robaran el puesto. Riina se vuelve tan criminal no porque tenga miedo de algo, sino porque teme que lo maten. Y la razón es el inmenso poder que posee. A pesar de que, lo que no tiene sentido es lo que quiso hacer contra el Estado».

ACLARACIONES

¿Qué es la Mafia?

La Mafia es una organización secreta de carácter masónico y criminal cuyo objetivo es la adquisición de poder, ya sea económico, político o social.

La Mafia se originó como una asociación secreta, una secta, destinada a salvaguardar y perseguir intereses considerados legítimos por un grupo específico. El control del territorio en el que opera se considera indispensable para la supervivencia de la organización y su futuro desarrollo político y económico. La Mafia basaba su legitimidad dentro de un Estado en un principio de necesidad: la utilización de la organización criminal respondía a una función de política exterior y de disuasión.

Concretamente, una organización para delinquir organizada se define como mafia cuando concurren cuatro elementos[164]:

- Control del territorio;
- Relaciones de dependencia personal;
- La violencia como regulador supremo de los conflictos (económicos, sociales, políticos);
- Relaciones orgánicas con la política.

Los elementos en los que una mafia basa su fuerza son los siguientes[165]:

1. La legitimidad, es decir, la aceptación, activa o pasiva, de que goza por parte del entorno y su potencial de "justificación";
2. La invisibilidad material, es decir, su capacidad para camuflarse y hacerse percibir de forma diferente y no peligrosa (que se sublima - escribe el sociólogo - en la clásica afirmación de que "la mafia no existe");
3. La invisibilidad conceptual, que se diferencia de la anterior, consiste en la capacidad de ser confundida con otros fenómenos, incluso contiguos o relacionados, como la corrupción, el clientelismo o la criminalidad económica;
4. La expansividad, es decir, la capacidad de expandirse y arraigarse, tanto en nuevas áreas geográficas como en nuevos sectores de actividad;
5. La impunidad, tanto política como judicial.

Desde un punto de vista jurídico, la mafia se define en el artículo 416-bis:

> *"Una asociación es de tipo mafioso cuando los integrantes de la misma se valen de la fuerza intimidatoria del vínculo asociativo y de la condición de sometimiento y 'omertà' que de ello deriva para cometer delitos, para adquirir de forma directa o indirecta la gestión o el control de actividades económicas, concesiones, autorizaciones, contratos y servicios públicos o para obtener beneficios o ventajas injustas para sí o para otros, es decir para impedir u obstaculizar el libre ejercicio del derecho de voto o para procurar votos para sí o para otros en caso de consultas electorales[166]".*

Por último, una definición más genérica, pero cercana al mundo jurídico, es la siguiente:

---

164 Definición de Fernando dalla Chiesa, disponible en el sitio web WikiMafia, 21/05/2023. Fuente: https://www.wikimafia.it/wiki/Mafia

165 Definición extraída de la web Wikimafia, que utiliza la clasificación de Fernado (o Nando) dalla Chiesa. Fuente: https://www.wikimafia.it/wiki/Mafia#cite_note-15

166 Articolo 416 bis Codice Penale (R.D. 19 ottobre 1930, n. 1398) [Aggiornato al 31/03/2023] Associazioni di tipo mafioso anche straniere. Traducción realizada por el autor del texto. Fuente: https://www.brocardi.it/codice-penale/libro-secondo/titolo-v/art416bis.html#:~:text=L'associazione%20%C3%A8%20di%20tipo,comunque%20il%20controllo%20di%20attivit%C3%A0

Una asociación criminal organizada de tipo mafioso es una asociación compuesta por tres o más personas capaces de llevar a cabo un programa delictivo. Se caracteriza por un vínculo asociativo que tiende a ser permanente, destinado a durar incluso más allá de la realización de los crímenes previstos, gracias a una estructura organizativa capaz de llevar a cabo los objetivos criminales establecidos. Bajo este último perfil, no es necesaria una organización formal, con jerarquías internas y una distribución precisa de cargos, ni es relevante la existencia de una compleja disposición de medios, siendo suficiente la conciencia por parte de cada asociado de formar parte de la asociación y de participar, con una contribución causal, en la realización del programa criminal.

¿Qué es, en definitiva, la mafia? En pocas palabras, la perspectiva teórica más consolidada es la que considera la mafia como una forma específica de poder.

¿Cómo se lucha contra la mafia?
El marco jurídico que permite la persecución de las asociaciones mafiosas es el artículo 416-bis.

El delito de asociación para delinquir se rige por el artículo 416-bis. Este artículo ha sido objeto de ataques por parte de políticos y miembros de la Mafia, y con el tiempo se ha vaciado de contenido, con el objetivo de suavizar la acción del Estado contra los detenidos.

La Ley nº 646, de 13 de septiembre de 1982, introdujo el artículo 416-bis del Código Penal, titulado "Asociación para delinquir de carácter mafioso". Los promotores y creadores fueron el magistrado, y secretario regional del Partido Comunista, Pio La Torre y el democristiano Virgilio Rognoni. El Parlamento italiano aprobó el 416-bis el 13 de septiembre de 1982, sólo después del asesinato de Pio La Torre (30 de abril de 1982), y del prefecto de Palermo Carlo Alberto dalla Chiesa, (3 de septiembre de 1982).

La ley Rognoni-La Torre también introdujo la confiscación de los bienes de la mafia.

El artículo 416-bis supone un peligro para cualquier asociación mafiosa organizada, desde los servicios secretos desviados a los grupos terroristas yihadistas, pasando por los cuerpos de policía corruptos o las logias masónicas. El art. 416-bis permite definir una organización criminal y perseguir, según la justicia, los delitos asociados a ella, rompiendo definitivamente la relación entre el poder detentado y los bienes poseídos.

El 416-bis fue mejorado posteriormente por Giovanni Falcone y Paolo Borsellino, que precisaron la definición de asociación mafiosa.

Otro artículo muy importante en la lucha contra el fenómeno mafioso es el 41-bis, cuya definición se debe al trabajo de Giovanni Falcone y del ministro socialista Claudio Martelli:

"El artículo 41 bis del Ordenamiento Penitenciario italiano establece un régimen especial para los reclusos acusados o condenados por delitos graves como terrorismo, mafia, asociación para delinquir ilícita y tráfico de drogas. Se trata de una detención extremadamente restrictiva cuyo objetivo es impedir que los reclusos mantengan contactos con el exterior y realicen actividades criminales desde la cárcel[167]".

---

[167] Regime penitenziario 41 bis: cos'è e come funziona, Giovanni Battista De Blasis, 1 Marzo 2023. Fuente: https://www.poliziapenitenziaria.it/regime-penitenziario-41-bis-cose-e-come-funziona/#:~:text=Che %20cos'%C3%A8%20il%20regime%20penitenziario%2041%20bis&text=Si%20tratta%20di%20una %20detenzione,svolgere%20attivit%C3%A0%20criminali%20dal%20carcere.

El 41-bis, también conocido como 'cárcel dura', ha sido atacado por mafiosos y delincuentes internacionales y vaciado de contenido para debilitar su "dureza[168]". Algunos mafiosos, como Giuseppe Graviano, habían recibido noticias desde la cárcel de que la Unión Europea trabajaría para hacer ilegítimo el 41-bis por ir "contra los derechos humanos". Hay que señalar que la Unión Europea es un auténtico paraíso para las mafias, y que se beneficia enormemente de las lagunas legislativas de los Estados miembros, de los paraísos fiscales y del desplazamiento de la riqueza criminal. A pesar de que muchas instituciones internacionales y países, como paradójicamente las Naciones Unidas y los Estados Unidos, adopten las disposiciones elaboradas por Falcone, la Unión Europea, y en primer lugar Alemania y Francia, siguen negando la existencia de organizaciones criminales internacionales y transnacionales organizadas, y, por lo tanto, no incorporan a sus códigos las normas antimafia necesarias para luchar contra el fenómeno mafioso y el narcotráfico.

Mafia de Estado

La mafia siempre ha actuado en sintonía con una institución legal que utilizaba la asociación delictiva como chivo expiatorio para la realización de fines bien definidos (tráfico de armas, residuos, droga y uranio).

Los códigos que conformaban la cultura de las mafias eran de impronta predominantemente católica hasta la década de 1990-2000, y la iniciación tenía lugar según un ritual esotérico de carácter casi religioso.

A partir de los años 80, y del desarrollo económico en sentido globalizado del escenario internacional, las asociaciones criminales más conocidas (Camorra, Cosa Nostra siciliana y estadounidense, 'Ndrangheta y Yakuza) han evolucionado en sentido financiero y han pasado a formar parte oficialmente de la masonería. Hay que señalar que en el pasado, sólo los altos cargos de Cosa Nostra formaban parte de la masonería, mientras que en las últimas tres décadas, incluso los miembros menores han sido identificados como participantes y miembros activos de la masonería nacional e internacional. Esto representa una enorme diferencia respecto al pasado, ya que antes sólo los altos cargos podían estar al tanto de ciertos secretos.

Cabe señalar que, desde hace 50 años, existe una estructura especial que permite a los delincuentes infiltrarse en la masonería, las fuerzas del orden y cualquier otra institución reconocida anteriormente como hostil. Esta estructura adopta diferentes nombres según la organización a la que pertenezca.

Otra transformación se refiere a la estructura inicialmente democrática de la Mafia italiana. Cosa Nostra tenía una estructura democrática, pero vertical, mientras que la 'Ndrangheta, en su evolución masónica hacia una Cosa Nuova (unión de Cosa Nostra y 'Ndrangheta en un aglomerado masónico), se ha convertido en una estructura con representación federal, unificada e integrada dentro de un contexto masónico mundial.

Finalmente, el componente cultural 'tradicional' de la Mafia fue suplantado, ya que la estructura militar, aquella compuesta por hombres de honor, estuvo durante mucho tiempo mal tolerada por los

---

[168]"El fiscal de Catanzaro, Nicola Gratteri, habla del 41 bis, defendiendo la medida que acabó en el centro de la polémica por el caso Cospito. *"Creo que el 41 bis sigue siendo actual, útil, es más, indispensable, porque el objetivo para el que se instituyó fue impedir que las personas destinataria de la medida de la carcel dura se comunicaran con el exterior, enviaran mensajes de muerte al exterior y, por tanto, que no siguieran mandando en comparación con lo que hacían antes"*, dijo el magistrado en primera línea en la lucha contra la 'Ndrangheta. Declarando a LaPresse, el fiscal añadió: *"Desgraciadamente, el 41 bis, respecto a cuando se instituyó, se ha vaciado un poco de contenido porque ha habido algunas circulares, algunas directivas interpretativas cada vez más amplias por parte de los distintos directores del DAP (Dipartimento Amministrazione Penitenziaria) que se han sucedido"*. Según Gratteri, *"el 41 bis es cada vez menos duro, no había estructuras carcelarias equipadas para el 41 bis. Hay una adaptación de las cárceles al régimen del 41 bis"*. https://www.lapresse.it/cronaca/2023/02/03/41-bis-gratteri-indispensabile-anche-se-svuotato-di-contenuti/

servicios de inteligencia italianos y atlánticos. Una estructura como la Mafia era en todos los sentidos análoga a un servicio secreto, con una disciplina, unos medios y una formación incluso más eficientes y eficaces que un organismo estatal. No es cierto que la Mafia haya sido derrotada en EE.UU. e Italia. Hubo muchas detenciones, es cierto, facilitadas por la caída del Muro de Berlín y el hecho de que para entonces la Mafia había perdido su justificación nacional e internacional. Pero también hubo otros mafiosos, otros poderes, que se legalizaron antes de que fuera demasiado tarde, hasta el punto de convertirse en poderes institucionales a finales de los años setenta, poniendo fin definitivamente a la temporada de ilegalidad. Al fin y al cabo, el objetivo último de un poder ilegal es legalizarse, convirtiéndose, si es posible, en un poder, o en el poder con capacidad decisiva por excelencia.

En cuanto a los principios, la llamada "cultura mafiosa", los preceptos morales típicos de la doctrina mafioso-religiosa, es decir, la ética del honor, la humildad y el respeto, fueron sustituidos por los principios de la economía, la máxima eficiencia y el desarrollo, en un contexto de espionaje internacional y guerras geoeconómicas.

¿Qué ocurre en los años noventa?

No es casualidad que toda la década de los 90 italiana no se estudie en los libros de texto de ningún país europeo, y tampoco es casualidad que se intente omitir en los libros de texto nacionales contemporáneos, cada vez más revisionistas y moldeados a la medida de la Alianza Atlántica y de la clase masónica vinculada a la corriente demócrata estadounidense.

Originalmente, la organización criminal organizada con más dinero, influencia y relaciones internacionales era Cosa Nostra. Tras la decisión de atentar contra la Primera República Italiana, la estrategia de la masacre marcó el final de la "Mano Negra" siciliana, debido a la forzada reacción del Estado italiano y a la dura represión que llevó a la detención de numerosas figuras destacadas. El propio Totò Riina fue entregado por Bernardo Provenzano a cambio de un acuerdo con el Estado, ya que ahora era incontrolable y estaba decidido a llevar a cabo su propia loca cruzada en detrimento de las instituciones. La estrategia de la masacre, sin embargo, continuó bajo la dirección de la corriente moderada liderada por Bernardo Provenzano, hasta que Silvio Berlusconi saltó al campo de la política y fundó el partido Forza Italia. Berlusconi estaba fuertemente influido por la estructura terrorista llamada "Falange Armata", de la que también formaba parte Cosa Nostra, que envió más de un mensaje de chantaje al gobierno de Berlusconi, recordándole que el verdadero decisor del destino de Italia nunca sería él, sino los Servicios Secretos.

Después de haber sido utilizada conscientemente como brazo armado de los Servicios Secretos, Cosa Nostra se convirtió en una proyección de inteligencia, y se hundió, tal y como Leonardo Messina supuso muy sabiamente, desapareciendo del "radar" de la justicia y de la opinión pública.

Una vez que la estructura puramente criminal de la organización delictiva adoptó una postura de discreción, Cosa Nostra siguió conspirando, pero cedió su posición de mafia más poderosa de Italia y Europa a la 'Ndrangheta, la mafia calabresa, que experimentó una evolución sin precedentes.

Ya en la década de 1970, la 'Ndrangheta pasó de ser una asociación criminal organizada vagamente unificada a convertirse en una entidad totalmente unificada a escala mundial. A los máximos dirigentes de la 'Ndrangheta, hoy en día, se les denomina "invisibles", y la jerarquía interna de la 'Ndrangheta es extremadamente articulada, con cargos que implican el ingreso obligatorio en la masonería a través de la admisión en la estructura de la "Santa".

En la actualidad, la 'Ndrangheta es la mafia financiera más poderosa de Europa, con unos ingresos de unos 45.000 millones de euros al año, y es capaz de establecer contactos con elementos estatales y criminales en el extranjero para la compra de armas y cocaína.

Hay que señalar que los mercados negros del planeta son, necesariamente, gestionados por los respectivos países, y que hay países como Albania, Marruecos, Colombia y Turquía que no diferencian entre mafia y Estado, combinando ambos en una única definición, ya que carecen, en la práctica, de una división de poderes clara y definida, y de un concepto de legalidad tal y como generalmente lo concebimos. Las únicas excepciones han sido Italia y Estados Unidos, con el uso de un organismo autónomo como Cosa Nostra, adoptando una política de hipocresía y acuerdo con las organizaciones criminales italoamericanas durante los años de la Guerra Fría[169].

En la actualidad, por lo que respecta a Italia (y a otros países), las asociaciones delictivas se han agrupado oficialmente en una aglomeración criminal definida "Cosa Nuova", suma de Cosa Nostra, 'Ndrangheta y otras asociaciones delictivas. Esta "Cosa Nuova", a su vez, forma parte de un circuito aún mayor, compuesto por el mercado negro, los servicios secretos, las finanzas y la masonería, que se define como "Sistema Criminal Integrado".

De la Carbonería al Sistema Criminal Integrado

La cultura mafiosa remonta el origen de Cosa Nostra a los Beati Paoli, una sociedad secreta fundada en Sicilia, muy probablemente en Palermo, rodeada de misterio y leyendas, que data del siglo XII y cuyos miembros eran asesinos y vengadores que actuaban como verdugos contra la prepotencia de la nobleza. Al no existir pruebas escritas en esa época, dada la transmisión oral de los relatos, es imposible emitir un juicio seguro al respecto.

Históricamente, las mafias se originaron como bandas criminales que se reunían como sectas secretas, con rituales, tradición y cultura fundamentalmente ocultistas. El secreto era un requisito imprescindible. Un grupo de asesinos tenía que reconocerse por su forma de caminar, de hablar, de vestir[170]. El desarrollo de códigos en los gestos, miradas y palabras a utilizar, en cierto sentido, anticipaban los signos de reconocimiento propios de la masonería, que también es una secta secreta, con la única diferencia de que sus miembros pertenecían a una clase social bastante más acomodada que la de los "briganti[171]".

Los famosos "briganti", de los que disponemos de numerosos cuentos y leyendas, evolucionaron con el tiempo hasta convertirse en Carbonería. El nuevo periodo histórico de referencia abarca desde los inicios de la Revolución Industrial hasta la degeneración del napoleonismo. Posteriormente, los grupos de bandidos evolucionaron hacia asociaciones secretas de carácter esotérico-ritualista, hasta llegar a la Segunda Guerra Mundial (con un paréntesis marcado por la primera hibernación debida a la represión de los veinte años fascistas), y finalmente a la Masonería y los Servicios Secretos con el auge económico italianos de los años 60 y la caída del Muro de Berlín.

La última etapa en la evolución de cualquier asociacionismo criminal, incluido el italoamericano, es su legalización, o mejor dicho, su ascenso a un papel institucional decisorio, principalmente referenciable al de una organización de espionaje, militar o financiera, a su vez caracterizada por un poder de decisión absoluto, y orientado a la progresiva agregación y mantenimiento de dicho poder.

Llegamos en este punto a la creación de una entidad mafiosa autónoma, un verdadero estado mafioso, lo cual no es una rareza en la historia de nuestro planeta, y en el escenario internacional

---

169Esta política se denomina "doble moral".

170Tenemos pruebas documentales irrefutables de que en aquellos años estaba incluso prohibido llevar el pelo de determinada manera. Si pensamos en la actualidad, en Japón, por ejemplo, está incluso prohibido mostrar tatuajes en algunos lugares públicos, ya que son un signo distintivo de la Yakuza, la mafia japonesa. También en Italia existen expresiones verbales típicas de ciertas asociaciones delictivas (de bajo nivel, claramente). Sin mencionar las de las "gang" de africanos, o latinoamericanos, que hacen de la apropiación de ciertas formas lingüísticas y frases un signo distintivo.

171"Bringante" singular, "Briganti", plural. También puede traducirse como bandidos o bandoleros.

actual. Tenemos ejemplos representados por narcoestados como Albania, Colombia, Holanda y Marruecos; regiones o comunidades autónomas mafiosas como Sicilia, Campania o Calabria; grupos mafiosos autónomos e independientes dentro de ciertas fronteras nacionales como los narcos; y países que instrumentalizan las organizaciones criminales con fines de política exterior, como Japón, Italia, Estados Unidos, China y Rusia. Esta última prerrogativa corresponde a Estados complejos y avanzados que, por razones igualmente complejas, deciden crear entidades autónomas capaces de garantizar determinados intereses. Estas entidades también pueden ser presa de la infiltración de terceros países, e instrumentalizadas en contra de sus países de origen. Esto sucedió en Italia en los años 90, y continúa hasta hoy con las infiltraciones francesas, israelíes y estadounidenses en nuestros aparatos criminales organizados. El narcoestado por excelencia que siempre ha estado activo en el mercado negro y en las entidades criminales de todo el planeta es el Reino Unido, con un servicio secreto altamente especializado en tráfico de drogas, blanqueo de dinero y armas[172].

A continuación, las definiciones pertinentes:

> Brigantaggio: «*Fenómeno característico de todos los países en ciertas fases de desequilibrio social y político, el "brigantaggio" ha superado a menudo el nivel de la delincuencia pura, configurándose como manifestación de un estado de malestar económico y social e insertándose en movimientos políticos más complejos.(...) La práctica del "brigantaggio" llegó a ser, como consecuencia de las guerras civiles, muy grave en el mundo romano de la época tardorrepublicana, extendiéndose especialmente en Italia y sus islas, en España, Asia Menor y Egipto. El azote aumentó en el Bajo Imperio, cuando los propios funcionarios participaban a menudo en empresas de bandolerismo. El bandolerismo volvió a manifestarse durante la crisis final de la Edad Media y alcanzó su apogeo en la Alemania del siglo XV y principios del XVI, cuando pequeños y grandes señores feudales, pero sobre todo caballeros, mezclaron el carácter de jefe de bandoleros con el de jefe de partido. Durante el mismo periodo, el bandolerismo creo un enorme desorden en las tierras sometidas a España, pero nutriéndose de las capas más bajas de la población, grupos de campesinos que, oprimidos por el fisco y acosados por sus amos, pasaron a la clandestinidad, formando la columna vertebral del bandolerismo catalán, calabrés y abruzzés. Desde el siglo XVI, en las tierras sometidas al Imperio Otomano (especialmente en Albania), el bandolerismo tuvo implicaciones religiosas y étnicas[173]*».

Sobre la Carbonería, con especial énfasis en el sur de Italia:

> Carboneria: «*Sociedad secreta de la primera mitad del siglo XIX. Surgió en el sur de Italia durante el reinado de Joaquín Murat (entre 1807 y 1812), probablemente como un cisma interno dentro de la masonería, que para entonces se había vuelto estrictamente napoleónica en su observancia. Después de 1815 se extendió también a Sicilia y al Estado Pontificio y, a través de Romaña, entró en contacto con las sectas democráticas del norte de Italia, encabezadas por F. Buonarroti. De Italia pasó a Francia (1821) y España. El punto culminante de la actividad de la C. fue el levantamiento napolitano de 1820; habiendo entrado en crisis tras una serie de fracasos, fue reorganizada por Buonarroti (C. reformada, C. democratica universal) y permaneció como una poderosa organización clandestina con un amplio alcance europeo hasta 1835. La última demostración de fuerza de la C. fueron*

---

172 Desde las guerras del opio en China hasta la infiltración en los servicios italianos para el asesinato de Enrico Mattei, Adriano Olivetti, el secuestro de Aldo Moro y para desacreditar a Berlusconi, los británicos siempre se han distinguido en actos de sabotaje y socavamiento, incluso contra España. No es casualidad que España e Italia fueran los dos únicos países de la UE que dijeron no a muchas locuras que venían de la Casa Blanca, y que fueron llevadas a cabo, sin ninguna crítica, por Alemania y Francia, y el resto de los países de la UE.

173 Diccionario de la lengua italiana Treccani, versión en línea. Fuente: https://www.treccani.it/enciclopedia/brigantaggio_%28Dizionario-di-Storia%29/

las insurrecciones del centro de Italia de 1831 y, en Francia, la revuelta de Lyon de 1834. La muerte de Buonarroti (1837) y la competencia victoriosa de la Giovine Italia de Mazzini acabaron por romper sus filas. La tarea de la C. era oponerse a los gobiernos absolutos y luchar por la concesión de un estatuto; más tarde (1818) surgió la reivindicación republicana y un vago programa social[174]».

Una definición de asociacionismo secreto, criminal y mafioso, tal y como lo entendemos hoy en día, puede atribuirse a la mafia siciliana de posguerra, concretamente a raíz del acuerdo entre Cosa Nostra italoamericana y Estados Unidos. En virtud de la ayuda obtenida para facilitar el desembarco en Sicilia, la administración estadounidense obligó a las autoridades del Estado italiano de entonces a otorgar un salvoconducto a la mafia y concederle la administración de Sicilia.

Cabe señalar que tanto la 'Ndrangheta como la Camorra forman parte originariamente de Cosa Nostra, que tiene sus raíces, como hemos dicho, en la masonería. Camorra y 'Ndrangheta son expresiones territoriales de Cosa Nostra, es decir, proyecciones de la cultura y el "modus operandi" de la Carboneria, que en el pasado ha tenido relaciones y conexiones en varias regiones italianas, pero se ha adaptado a diferentes contextos, costumbres y territorios de la Península.

La primera manifestación de la mezcla entre la Mafia y la masonería, como conglomerado de poder político, económico y financiero, se remonta a la figura de Stefano Bontade, destacado jefe de Cosa Nostra, o a la institución de la "Santa", un organismo específico de la 'Ndrangheta calabresa. Tanto en el caso de Stefano Bontade como en el de la 'Ndrangheta, nos ubicamos cronológicamente en torno a los años setenta.

A continuación, procederemos a la definición de la Santa, teniendo en cuenta el ascenso de la 'Ndrangheta en el contexto internacional y su afiliación al entramado mafioso y masónico nacional italiano:

La Santa es una proyección de la 'Ndrangheta, compuesta al menos nominalmente por 33 individuos, creada específicamente con dos fines:

- *Permitir a la organización de infiltrarse en las filas de la masonería.*
- *Facilitar las relaciones con los representantes de las instituciones y las fuerzas del orden.*

La creación de un organismo dedicado a este tipo de conductas se remonta a la prohibición vigente en la 'Ndrangheta en los años pasados y que hacía impensables las conductas definidas como "infames" (y que se castigaban con la muerte)[175].

La Santa adopta apelativos como "brecha" o "Porta Pia"; definiciones que pueden vincularse, culturalmente, a acontecimientos históricos que marcaron la historia de la unificación de Italia, y cuyos protagonistas fueron masones de la talla de Camillo Benso Conte di Cavour, Giuseppe Mazzini o Giuseppe Garibaldi.

Y, por último, el sistema criminal integrado[176]:

Un sistema criminal integrado es: (a) un organismo complejo, (b) evolución de un asociacionismo organizado de carácter mafioso, así como (c) la evolución/degeneración de

---

174Diccionario de la lengua italiana Treccani, versión en línea. Fuente: https://www.treccani.it/enciclopedia/brigantaggio_%28Dizionario-di-Storia%29/

175Definición de vuestro autor, Chris Barlati, extraída de su libro "Dis-Servizi Discreti".

176También en este caso, las definiciones proceden del libro de vuestro autor "Dis-Servizi Discreti".

aquella razón de estado que ve en las mafias un instrumento de política exterior y nacional. Este sistema (d) toma forma en un escenario caracterizado por unas amplias y consolidadas relaciones económicas y políticas internacionales; donde (e) predomina el paradigma de la economía globalizada; la absolutización de los principios económicos de la especulación financiera; (f) el sometimiento de la política respecto a la economía y (g) la acción de los servicios secretos. El pegamento que garantiza la agregación de los componentes es (h) la masonería, que asegura la coordinación a nivel mundial del sistema criminal integrado.

Podemos encontrar tales requisitos en casi todos los países más desarrollados del mundo occidental; históricamente a partir de la caída del muro de Berlín.

En resumen, un SCI (sistema criminal integrado) es:
- *Un organismo complejo, en el sentido de estar compuesto por varias secciones.*
- *La evolución de un asociacionismo organizado de carácter mafioso.*
- *Evolución y degeneración (al mismo tiempo) de la razón de Estado que justifica el uso y la existencia de la criminalidad, el mercado negro y las mafias como desahogo social e instrumento de política exterior y nacional.*

¿Dónde se desarrolla un SCI?
- *En un escenario caracterizado por unas relaciones económicas y políticas internacionales amplias y consolidadas.*
- *Donde predomina el paradigma de la economía globalizada, el absolutismo de los principios económicos y la especulación financiera.*
- *En un contexto en el que la política está subordinada al mundo de la economía y a las prerrogativas de la inteligencia.*

¿Qué garantiza su integridad?
- *El pegamento que garantiza la agregación de sus componentes es la masonería.*
- *La hermandad universal asegura la coordinación planetaria del sistema criminal integrado.*

El caso italiano

Es práctica habitual de nuestros órganos de inteligencia entrar en contacto con organizaciones criminales. Ocurrió con Cosa Nostra para fines principalmente anticomunistas; ocurrió con la Camorra para el control y la gestión de las cárceles; y ocurrió con los Casalesi en relación con el tráfico internacional de armas y residuos que salían del puerto de Nápoles.

Antes de la caída del Muro de Berlín, el Servicio Secreto estaba fuertemente condicionado por la política nacional, pero aún más por la política de los distintos representantes del Gobierno. Tres fueron los representantes de la Democracia Cristiana que, más que ningún otro, dieron forma a la política exterior italiana y, por tanto, a las respectivas divisiones de los Servicios: Aldo Moro, Francesco Cossiga y Giulio Andreotti.

Por otra parte, no debemos olvidar que, además de nuestros propios agentes, había otras organizaciones de espionaje presentes en Italia, con sus propios ejércitos: los servicios israelíes, los cuerpos especiales libios de Gadafi, los servicios alemanes, la inteligencia británica, los palestinos, Gladio atlántica y Gladio comunista (y muchos otros).

Así resulta que los acuerdos entre los servicios secretos y las asociaciones criminales estaban a la orden del día porque eran preferibles al peligro comunista, además de ser útiles para camuflar eventuales tráficos de armas, eliminar personalidades políticas vinculadas a la Unión Soviética e interceptar información sensible relativa a objetivos estratégicos.

¿Por qué el Sur?

Nuestro Sur siempre ha tenido una importancia estratégica para Italia, Europa y Estados Unidos.

Desde los tiempos del desembarco en Sicilia, donde los americanos pidieron ayuda al mafioso Lucky Luciano, hasta la actual protección de los cables submarinos de Telecom frente a posibles ataques terroristas, el Sur ha sido y sigue siendo un punto estratégico fundamental en el escenario económico, político y militar de los países del Mediterráneo.

Históricamente, los territorios pobres y discriminados del sur de Italia siempre han sido objeto de instrumentalizaciones y reivindicaciones muy peligrosas.

Sin retroceder demasiado en el tiempo, recordemos al lector que en la época de la monarquía las asociaciones mafiosas organizadas se utilizaban como instrumentos de control para imponer condiciones de trabajo esclavistas imposibles de establecer en otros lugares. La mafia se prestaba como ejecutor de la voluntad de la nobleza y actuaba para explotar principalmente a los campesinos que no tenían ningún derecho de opinión ni reivindicaciones salariales.

Tras el advenimiento del fascismo y la feroz represión de Mussolini, que obligó a los mafiosos a embarcarse hacia las Américas, las asociaciones criminales organizadas se convirtieron en el brazo armado del Estado, evitando la posible deriva comunista que habría encontrado un terreno fértil en el sur de Italia; una deriva favorecida por la extrema miseria en la que se encontraba la población, sometida a la opresión de la Iglesia y de la nobleza terrateniente; enemigos naturales de la ideología comunista[177].

Para impedir el avance de la infiltración de la izquierda, así como el temido ascenso del PCI al gobierno, ¿quién mejor que la histórica criminalidad regional habría podido contrarrestar las expresiones de los intereses soviéticos en Italia?

Con el paso del tiempo, la política democristiana comprendió que la potencialidad del fenómeno mafioso podía aplicarse también a las relaciones exteriores. Las estructuras criminales, teniendo en cuenta sus componentes genéticos de ilegalidad, podían contar con canales que traspasaban el umbral de las fronteras nacionales y favorecer el tráfico de armas de carácter geopolítico (basta pensar en los vínculos de Cosa Nostra con el resto del mundo en la época de la emigración italiana).

En cuanto a la 'Ndrangheta, esta asociación criminal también se utilizó por razones específicas de Estado[178], sobre todo teniendo en cuenta su poder militar y las oportunidades que ofrecía el puerto de Gioia Tauro.

¿Qué era la P2?

La logia masónica Propaganda 2, más conocida como P2, fue una logia masónica de carácter subversivo y secreto, que ejerció un fuerte poder condicionante en la historia política italiana, a través de su máximo exponente, Licio Gelli, que fue también Gran Maestro Venerable de la misma. Hasta el día de su suspensión por la Comisión de Investigación Parlamentaria presidida por Tina

---

177No es casualidad que el Sur, a partir de la unidad de Italia, siempre haya estado sometido a la Monarquía y a la Iglesia. Entre República y Monarquía, el Sur eligió la Monarquía; entre Comunismo y Catolicismo, el Sur eligió el Catolicismo. Entre Estado y Mafia, el Sur eligió la Mafia. Pero no por voluntad propia, sino al contrario. El Sur fue culturalmente debilitado y subyugado, obligado a vivir en una perenne condición de inferioridad e ignorancia en comparación con los centros culturales del Norte, vinculados a realidades extranjeras y a movimientos revolucionarios internacionales. En resumen, el Sur siempre ha estado bajo control, y más por intereses de terceros que por un deseo explícito de pertenencia. Y, por último, tampoco es casualidad que los principales puertos mediterráneos se encuentren en el Sur. ¿Y qué mejor medio que la pobreza para gobernar en territorios tan fundamentales y estratégicos?

178 Cada vez más en función de EE.UU.

Anselmi, la logia fue una encrucijada de protagonistas del mundo de la información, la política, el ejército, los servicios secretos y el mundo del espectáculo. La creación de una organización "secreta", "criminal" y "subversiva" (según la definición del informe final) hay que situarla en la época de la ascensión de Gelli al poder en la masonería, en particular a partir de la conquista del cargo de Maestro Venerable (1975), y también a partir de la intención de Estados Unidos de imponer una dictadura militar de inspiración latinoamericana por temor al ascenso del Partido Comunista Italiano.

La figura de Gelli está envuelta en muchos misterios y aún se desconocen los hechos, personalidades y circunstancias que ayudaron a esta masonería subversiva a imponerse en Italia y en el mundo. Sin embargo, es posible trazar históricamente el contexto en el que se formó el Venerable, al igual que los factores que contribuyeron a la infiltración de algunos de sus exponentes en los más altos cargos del Estado. Las maniobras descritas tuvieron como consecuencia última el estallido de una auténtica guerra en los servicios de inteligencia italianos por la conquista del poder político; guerra que desembocaría, a posteriori, en el ataque de la Falange Armada contra el Estadoa.

Cultura de la P2

Generalmente, se cree que la logia Propaganda 2 fue reconstituida después de la Segunda Guerra Mundial por Ugo Lenza tras la caída de Mussolini. El Duce, de hecho, prohibió todas las formas de asociacionismo secreto consideradas subversivas y peligrosas para el orden del Estado durante su gobierno de la Península.

Encontramos las primeras huellas de la actuación de la logia P2 en la investigación sobre la muerte de Enrico Mattei (1962), el empresario eliminado por los servicios británicos que, con su política, amenazaba la expansión de las petroleras anglosajonas y la hegemonía de la Corona en los países africanos.

En cuanto al componente ideológico de la P2, como podemos deducir claramente de las conexiones que nos ha ofrecido la historia y de los documentos que poseemos, esta basó su trabajo en preceptos fuertemente anticomunistas, con una influencia absolutamente protofascista, caracterizada por la deriva atlantista y personalista de Gelli, y por una dirección masivamente populista.

La "cultura" P2duista, en definitiva, se presenta sin ninguna duda como una cultura atlantista y anticomunista, en la que tuvieron una fuerte influencia dos corrientes de pensamiento en boga durante los años de su reconstitución:

- La teoría de la guerra psicológica.
- La teoría de la guerra revolucionaria.

Ambas fueron doctrinas oficiales de la presidencia de Richard Nixon que gobernó Estados Unidos de 1960 a 1974. Coincidentemente, en esa época se produjo el renacimiento y el desarrollo del poder de influencia de la P2 en Italia.

La cultura "golpista" y reaccionaria de la P2 fue, por lo tanto, un reflejo de la desconfianza característica de la presidencia de Nixon, que siempre prefirió las infiltraciones, las desestabilizaciones a las sutiles maniobras democráticas en suelo extranjero (los años de 1960 a 1973 fueron los que experimentaron el mayor número de golpes de estado en la historia).

Finalidad de la P2

Oficialmente, el objetivo de la logia masónica P2 era establecer un gobierno militar de derecha. El peligro de la creación de un centro-izquierda autónomo (aunque puramente occidental), y, por lo tanto, de una peligrosa entidad "amiga" de los soviéticos (Compromiso Histórico), era considerado por los reaccionarios americanos como una amenaza concreta que había que prevenir y erradicar absolutamente. El asesinato de Mattei, el intento de golpe de estado del '63, la alianza de Cosa Nostra con la Democracia Cristiana, representan fragmentos particulares de un conjunto tan fraccionado como complejo, que justificó la actividad de los aparatos de vigilancia, gestión y movilización de origen israelí y estadounidense en Italia; aparatos destinados a garantizar la aplicación de las directivas de la OTAN en materia de seguridad internacional y la protección de sus políticas energéticas, llegando incluso a actuar con estrategias de desestabilización y de guerrilla psicológica.

De todo ello se deduce que, por definición, la P2 no era más que un aparato de guerra revolucionario, que actuaba como disuasión y vigilancia contra los aparatos soviéticos ciertamente presentes en Italia, así como contra la actividad no siempre transparente del garante del Pacto Transatlántico estipulado por Alcide De Gasperi y Ronald Reagan: Giulio Andreotti.

Por último, encontramos la participación de Gelli en el periodo de la guerra al Estado de los años 90, aunque como aglutinante entre los mundos del crimen organizado y la masonería desviada.

Made in United States
North Haven, CT
02 August 2023

39803822R00102